本书配套资源

读者学习资源

1. 书中历年真题的参考答案。

2. 国家教师资格考试历年真题及参考答案解析（小学卷）。

3. 国家教师资格考试全真模拟题及参考答案解析（小学卷）。

4. 与国家教师资格考试相关的法律、法规、纲要等。

读者扫描右侧二维码，即可获取上述资源。

一书一码，相关资源仅供一人使用。

心理学（小学）
（第二版）
请刮开后扫描获取本书资源
本码2028年12月31日前有效

教师教学资源

　　本书配有教学课件，如任课老师需要，可扫描右边二维码，关注北京大学出版社微信公众号"未名创新大学堂"（zyjy-pku）索取。

·课件申请
·样书申请
·教学服务
·编读往来

普通高等教育"十四五"规划教材

教师教育"课证融合"系列教材

PSYCHOLOGY

心 理 学

（小 学）

（第二版）

组织编写　教师教育"课证融合"系列教材编委会
主　　编　范丹红
副 主 编　王　珺　邢　云　张玉中
参　　编　（按姓名拼音排序）
　　　　　蒋霞霞　李灿荣　刘晓峰　汤青娥

北京大学出版社
PEKING UNIVERSITY PRESS

图书在版编目（CIP）数据

心理学. 小学 / 范丹红主编. —2 版. —北京：北京大学出版社，2023. 9
教师教育"课证融合"系列教材
ISBN 978-7-301-34318-0

Ⅰ. ①心… Ⅱ. ①范… Ⅲ. ①心理学—小学教师—师资培训—教材 Ⅳ. ①B84

中国国家版本馆 CIP 数据核字（2023）第 149869 号

书　　　　名	心理学（小学）（第二版）
	XINLIXUE (XIAOXUE) (DI-ER BAN)
著作责任者	范丹红　主　编
策 划 编 辑	吴坤娟
责 任 编 辑	吴坤娟
标 准 书 号	ISBN 978-7-301-34318-0
出 版 发 行	北京大学出版社
地　　　　址	北京市海淀区成府路 205 号　100871
网　　　　址	http://www. pup. cn　　　　新浪微博：@北京大学出版社
电 子 邮 箱	编辑部 zyjy@pup. cn　总编室 zpup@pup. cn
电　　　　话	邮购部 010-62752015　发行部 010-62750672　编辑部 010-62756923
印 刷 者	三河市北燕印装有限公司
经 销 者	新华书店
	787 毫米×1092 毫米　16 开本　14 印张　350 千字
	2018 年 9 月第 1 版
	2023 年 9 月第 2 版　2023 年 9 月第 1 次印刷　总第 7 次印刷
定　　　　价	55. 00 元

教师教育"课证融合"系列教材

编　委　会

主　任　蒋　凯

副主任　陈建华　傅建明

编　委（按姓名拼音排序）

陈春莲　程晓亮　寸晓红　董吉贺

范丹红　胡家会　李妹芳　李　琦

刘恩允　罗兴根　皮翠萍　漆　凡

孙　锋　王俏华　肖大兴　谢先国

叶亚玲　虞伟庚

教师教育"课证融合"系列教材

第二版总序

教师教育"课证融合"系列教材牢牢把握教材建设的政治方向和价值导向，将党的教育方针全面体现到教材中，注重思想性与专业性的结合，强化教师教育"课证融合"，及时、准确反映学科发展最新成果，引导学生在掌握教育教学知识与技能的同时，提高思想政治素养，自觉践行社会主义核心价值观，实现知识掌握、能力培养与价值塑造的协同发展。

教师教育"课证融合"系列教材第一版出版后，受到了相关院校师生的充分肯定和欢迎，我们为之感到欣慰和鼓舞。本次修订深入贯彻落实党的二十大精神，坚持以习近平新时代中国特色社会主义思想为指导，在教材编写思路和理念上保持了原有特点，增加了学科理论与实践改革的最新成果和课程思政等内容，充分吸纳广大师生在教学中的意见和建议。

一、编写背景与意图

党的二十大报告指出，"教育、科技、人才是全面建设社会主义现代化国家的基础性、战略性支撑。必须坚持科技是第一生产力、人才是第一资源、创新是第一动力"，我们要"完善人才战略布局，坚持各方面人才一起抓，建设规模宏大、结构合理、素质优良的人才队伍"。培养造就大批德才兼备的高素质人才，是国家和民族长远发展大计，也是我国当前重要且迫切的任务。提升教育质量，培养优秀教师，又是培养人才的前提和基础。

2000年9月23日教育部颁布《〈教师资格条例〉实施办法》，标志着教师资格制度在全国正式实施。该实施办法规定："国务院教育行政部门负责全国教师资格制度的组织实施和协调监督工作"（第四条），"依法受理教师资格认证申请的县级以上地方人民政府教育行政部门，为教师资格认定机构"（第五条）。这个阶段教师资格认定的具体工作由地方政府教育行政部门负责。

2011年我国开始在浙江和湖北试行教师资格国家统一考试制度，并于2013年8月15日发布《中小学教师资格考试暂行办法》《中小学教师资格定期注册暂行办法》，明确规定，"教师资格考试实行全国统一考试"。

如此，师范生的培养将面临专业养成与资格证书获得的双重任务。师范院校就不得不思考一系列问题：职前教师教育与教师资格考试如何有机融合？教师教育的课程设置与教学方式应该如何适应国家教师资格考试？现有的教学大纲和内容如何与国家教师资格考试大纲相融合？职前教师教育的评估与考试如何进行？……为了应对上述问题，北京大学出版社经过多年的实地调查与理性论证，审慎地决定编写一套"教师教育'课证融合'系列教材"，力图保证教师教育专业的学术品位，同时又能兼容国家教师资格考试的考试大纲内容。

出于这样一种思路，"教师教育'课证融合'系列教材"在深入地分析了《教师教育课程标准（试行）》《幼儿园教师专业标准（试行）》《小学教师专业标准（试行）》《中学教师专业标准（试行）》，以及国家教师资格考试标准、教师资格考试大纲等若干文件的基础上，结合现有的师范院校全日制本科生及研究生所开设的相关教师教育类必修课程的知识结构梳理出编写框架，希望其既能具有学科的逻辑体系，又能覆盖教师资格考试大纲的知识要点，让师范生在获得毕业证的同时又能够获得教师资格证书；既能符合师范类各专业人才的培养目标，适应当前我国对教师教育领域的人才需求，又能满足国家教师资格考试的要求，帮助师范生在获得教师教育专业知识与技能的同时获得从事教师职业的资格。

二、编写原则与体例

（一）编写原则

"教师教育'课证融合'系列教材"在编写过程中，遵循以下三个原则：

1. 专业知识与应试技能相结合

尽管通过国家教师资格考试是本套教材所追求的目标之一，但通过考试并不是最重要的目标。更重要、根本性的目的是通过本套教材的学习能够让学生系统地掌握教育的基本原理，理解并能运用教育的基本规律与原则，获得从事基础教育工作的基本技能与技巧，为成为一名优秀的人民教师奠定坚实的理论与技能基础。因此，我们在编写时既注意学科知识与原理的系统介绍，也重视资格考试知识点的梳理与解释，更加关注教育教学能力的培养与解决问题能力的形成，使本套教材既能用于正规的课堂教学，又适用于学生应对国家教师资格考试。

2. 理论思维与实战模拟相结合

一名优秀的人民教师需要有深厚的教育理论修养，必须具备教育学的思维，因此我们在编写时特别注意对学生进行教育学思维的培养，强调教育基本逻辑与基本范式的学习，使学生能够运用教育学的思维阐释教育现实问题，进而形成自己的教育思想。但"有知识的人不实践，等于一只蜜蜂不酿蜜"（古波斯诗人萨迪语），因此，我们在编写时特别注意理论知识与实践操作之间的联结，每节都有原理与知识点的概括，并有针对性的案例分析、试题举例和学习方法导引等。概括地说，本套教材既强调教育原理运用于解释现实问题的方法论引导，又注重教师资格考试的针对性训练。

3. 课堂讲授与课外练习相结合

教材是教师和学生用于教与学的材料，是师生双方共同使用的材料，只有师生配合才能获得最大的效益。任何优秀的教材都有两个特点：内容安排科学，符合教学规律，教师使用方便，即"能教"；学科知识逻辑清晰，练习形式多样，即时练习资源丰富，即"能学"。因此，本套教材在编写时既强调要方便教师的教（配套的教学课件、重点知识提示等提供了这个方便），又强调要方便学生的实践运用和复习巩固（配套的同步练习与模拟考试卷提供了这个保障），保证教师指导作用和学生主观能动性的充分发挥，有助于避免"教师只讲不听，学生只听不练"的弊端。

（二）编写体例

在编写体例上，"教师教育'课证融合'系列教材"由学习目标、学习重点、学习导引、正文、知识结构等部分组成。学习目标，让师生明确教学的方向与标准；学习重点，明确知识的逻辑结构与核心知识点；学习导引，指明学习路径与学习方法；正文，系统地呈现相关知识；知识结构，简明地呈现本章的知识要点。正文部分，首先由一个简短的案例导入，引出本章的学习主题，激发学习者思考的兴趣。每章最后都有一个简短的小结，让读者对本章的思路有一个总体的把握。

三、教材特色与使用建议

（一）教材特色

"教师教育'课证融合'系列教材"具有以下四个特色：

1. 内容体系完整

本套教材依据学科的逻辑结构，结合教师教育课程标准、教师专业标准、国家教师资格考试标准、教师资格考试大纲等进行编写，内容体系既保证有严密的学科逻辑，又保证国家政策文件规定的知识点的落实，力图将它们科学地加以融合，既保证学科内容体系的完整性，又兼具资格证考试的针对性。

2. 备考实用性强

本套教材在原有教材"学术性"的基础上增加"备考性"，即为通过国家教师资格考试做准备。教材通过真题的诠释，详尽细实地介绍各学科考试的基本内容、命题特点、考试题型、答题技巧、高分策略等，让考生对国家教师资格考试有一个具体而接地气的了解；书中罗列的真题与解析、练习题、模拟试题、知识结构图等，为考生提供模拟的考试环境，帮助考生在实战演练中提升自己的能力。

3. 考点全面覆盖

本套教材中知识点的选择基于两种路径：一是依据学科知识结构和教师资格考试大纲选择，二是根据对历年国家教师资格考试真题的考点梳理。据此梳理和确定每章每节的知识点，而后再根据学科的逻辑结构进行组织与编写。因此，本套教材几乎涵盖了国家教师资格考试的所有考试内容。

4. 线上线下融合

本套教材是一套创新型"互联网+"教材。教材在内容上力图融合学科内容与考试大纲规定的知识点；在体例上，坚持以学生为本，为学生掌握学科知识和应对教师资格考试提供支持；在呈现方式上，应用现代网络技术，教学资源立体配套，使教师和学生能够运用手机、计算机等电子设备随时随地学习。除了线下教学之外，手机二维码、微视频、在线咨询等拓宽了学生的学习时空。

（二）使用建议

"教师教育'课证融合'系列教材"是团队合作的产物，由北京大学出版社组织全国数十所高等学校联合编写，由于各校情况迥异，因而在使用时学校可以因校制宜，选择适合自己的方案。下面的使用建议仅供使用者参考。

1. 课时安排

课程	周课时	总课时	备注
教育学基础（中学）	2	36	不包括实践类课时
心理学（中学）	2	36	不包括实验课时
教育学基础（小学）	3	54	不包括实践类课时
心理学（小学）	3	54	不包括实验课时
学前教育学	3	54	不包括实践类课时
学前儿童发展心理学	3	54	不包括实验课时
学科课程与教学论	3	54	根据学科性质调整

2. 教学方式

建议以讲授与讨论为主。讲授时注意：①讲清学科逻辑结构，给学生一个完整的理论框架；②梳理每章的知识逻辑，特别注意根据知识的内在逻辑讲授各知识点，教给学生特定的教育学思维；③讲授过程中注意方法论的引导，讲清各种题型的答题技巧；④每次课后灵活运用国家教师资格考试历年真题进行同步练习，并即时分析与评价，让学生在实战中理解与运用解决问题的技巧。

3. 考核评价

课程考核由三大类组成：平时成绩（主要是课堂表现、练习册完成的数量与质量）、课程论文与社会实践或实验、期末闭卷考试。

计分采用百分制。平时各类成绩占 60%，期末成绩占 40%。

希望本套教材的出版，能够帮助考生顺利通过国家教师资格考试，并为国家培养教师教育领域的优秀人才做出我们应有的贡献。

教师教育"课证融合"系列教材编委会

2023 年 7 月

目　录

绪　论

第一节　心理学概述 ……………………………………………………………… 2

第二节　小学心理学概述 …………………………………………………… 12

第一章　小学生的心理发展

第一节　小学生心理发展概述 …………………………………………… 20

第二节　小学生心理发展的基本问题 ………………………………… 31

第三节　小学生心理发展的基本规律 ………………………………… 37

第二章　小学生认知发展

第一节　小学生的注意 ……………………………………………………… 45

第二节　小学生的感知觉 ………………………………………………… 51

第三节　小学生的记忆 ……………………………………………………… 58

第四节　小学生的思维 ……………………………………………………… 63

第五节　小学生的想象 ……………………………………………………… 70

第三章　小学生言语发展

第一节　小学生言语发展特点及培养 ………………………………… 76

第二节　小学生双语学习 ………………………………………………… 85

第三节　小学生语言障碍及克服 ……………………………………… 87

第四章　小学生个性与社会性发展

第一节　小学生情意的发展 ……………………………………………… 93

第二节　小学生个性发展 ………………………………………………… 99

第三节　小学生社会性的发展 ………………………………………… 107

第五章　小学生品德发展

第一节　品德概述 ………………………………………………………… 118

第二节　小学生品德的发展 ……………………………………………… 121

第三节　小学生品德不良的矫正 ·· 127

第六章　小学生学习心理

第一节　小学生的智力发展 ·· 134
第二节　小学生的学习动机 ·· 137
第三节　小学生的学习策略 ·· 144

第七章　小学生身心健康

第一节　小学生身心健康概述 ·· 153
第二节　小学生的身体健康 ·· 156
第三节　小学生的心理健康 ·· 159

第八章　小学教师心理

第一节　教师职业心理特征 ·· 181
第二节　教师成长心理 ·· 190
第三节　教师心理健康 ·· 204

参考文献 ·· 209

绪　论

☞ **学习完本章，应该做到：**

◎ 明晰心理的起源。
◎ 熟悉心理的实质。
◎ 了解小学心理学研究对象、内容及方法。

☞ **学习本章时，重点内容为：**

◎ 心理发展的几个阶段。
◎ "心理是人脑对客观现实的反映"的内涵。
◎ 人的心理现象分类。

☞ **学习本章时，知识要点与具体方法为：**

本章从心理发展的阶段入手，分析了心理发生、发展的过程，阐述了人的心理概貌，阐明了心理的实质。本章属于小学心理学的基础理论部分，也是进一步学习后续课程内容的基础。本章的知识点主要包括了解并掌握心理的内涵及小学心理学的研究对象、内容及方法。

在学习过程中，应注重学习兴趣的培养，要结合生活经验，以常识、常情、常理去理解课程内容。同时，讲授和自学相结合，以学定教，先学后教，在理解心理学基本理论知识的基础上，可适当拓展学习内容，加强思维训练。

【引子】

20世纪30年代，美国的凯洛格夫妇曾把一只出生七个半月的雌猩猩和他们九个半月的儿子一起抚养，给予同样的训练。头五个月，黑猩猩学习对口语刺激的行为反应比小孩儿进步还快；可是在学习语言方面，黑猩猩就无法跟上小孩儿了，无论怎样训练，黑猩猩都无法产生人的心理。

第一节　心理学概述

心理学是研究人的心理现象（或心理活动）发生、发展及其规律的科学。人的心理现象是世界上最复杂的现象，如认知、情感和意志等，是人们能觉察又熟悉的现象。这些现象是如何发生、发展的，人的内心世界和行为变化有什么规律，人的心理在生活实践中起什么作用等，都是心理学的研究对象。

一、心理的起源

（一）心理现象是物质发展的产物

1. 反应是任何物质形态固有的特性

反应即对影响做出回答的能力，是任何物质形态所具有的特性。世界本源是物质的，在地球上还没有生物和人类之前，即还没有心理现象的时候，物质就已经存在了。任何物质都具有反应属性，并且有一定的反应形式，也就是指某种物体与另一种物体相互作用时所留下的痕迹。比如，雨水滴在泥土上，即有水迹；刀刻在木头上，会有刀痕。当物质不断从低级向高级发展时，它的反应形式也就从低级向高级发展。当生命物质出现时，反应形式发生质的变化，进化到一定阶段，就产生了人的心理这种反应形式。

2. 感应性是一切生物的基本特征

感应性是指生物以自己的活动或状态的变化对外界的影响做出反应，以维持新陈代谢正常进行的能力。在生物进化的各个阶段，所有生物都具有感应性这种基本特性。例如，单细胞原生物变形虫遇到细菌、藻类等营养物质，就伸出伪足将其裹入体内，经过一定的生化过程，同化为自己的组成部分；如果遇到刺激，就缩回伪足向相反的方向运动。变形虫对不同刺激表现出不同的反应活动，这样它才能同周围环境保持平衡，以维持新陈代谢的正常进行。一旦新陈代谢停止，生物的感应性也随之消失。

3. 感受性是心理的反应形式

动物种系在演化进程中，由单细胞动物发展到多细胞动物。多细胞动物的机体结构逐步分化，形成特殊的感受器、神经系统和效应器。这时，动物不仅对具有直接生物意义的外界影响产生反应，而且还能对原先是中性的，且具有信号意义的外界影响产生反应，这是一种比感应性更为高级的反应能力。例如，许多动物对声音具有反应能力。声音本身对动物的基本生活过程不会有任何直接的影响，但它却预示着对动物有重要影响的刺激物，如食物、配偶、敌害等即将来临。

反应有以下几种形式。

（1）无机物的反应形式。

两种无机物相互作用时（如粉笔写在黑板上的字体，盐溶在水中的溶液、铁遇到空气产生的铁锈等）留下的痕迹，就是无机物方面机械的、物理的、化学的反应形式，都是最低级的反应形式。

（2）生物的反应形式。

无机物经过长期演化发展，进入有生命的阶段，就出现了生物的反应形式，它又分为植物和动物的反应形式。

①植物的反应形式。

植物的反应形式都是属于感应性的，即有机体对能维持生存的物质做出直接反应的能力。例如，向日葵的向阳性、柳树的向水性、含羞草的捕虫性等，都是感应性反应，也都是低级的反应形式。

②动物的反应形式，即动物的心理反应形式。

生物演化发展至动物阶段，按动物有无脊椎骨形成的脊柱，分为无脊椎动物和脊椎动物，它们的反应形式随着生活条件和身体结构的变化，特别是随着神经系统、脑部的变化而发展。因此，动物的反应形式就较复杂多样。

（3）人类心理反应形式。

人类起源于动物，人的心理同样也是动物心理发展的延续，但人的心理与动物心理有着本质区别。类人猿通过长期的不断进化，从中分化出了人类，再由于社会化的劳动以及劳动中所产生语言的决定性作用，终于使猿脑逐渐发展为更大、更完善的人脑，这乃是物质发展至最高级的阶段。人脑具有特殊的反应形式，能进行抽象思维，并产生了人所特有的心理现象——意识，这是人与动物心理本质的区别。人的意识以心理过程为基础，其中抽象思维是意识的核心部分，情感和意志是意识的重要组成部分。意识是反映观客现实的总和，是比心理更为高级的反应形式，它具有自觉能动性，能改造客观现实。

 **拓展阅读**

> ➤ **劳动在人类心理产生中的作用**

恩格斯说："劳动创造了人类本身。"[1] 无论在人类身体结构的变化方面，还是在人类心理的发生和发展方面，劳动都起着决定性的作用。

劳动是人按照自觉的目的改造自然的社会化活动。它不同于动物改变自己的身体结构及活动方式以适应自然环境，人是在劳动过程中按照自己预定的目的来改造自然的。

古猿从原先的树居生活逐渐改变为地面生活，劳动促使人类祖先四肢的分化：前肢逐渐成为专门抓握和操作物体的器官，后肢则成为专门用于行走和支撑身体的器官。直立行走，使人类可以眼观六路、耳听八方，从外界接收更多的信息。手成为劳动的器官，使人类的祖先能触摸到更多的外物。在劳动活动中视觉和触摸觉之间形成了大量的联系，大脑皮质接受来自各种感官的信息与日俱增，联系也更加复杂，大脑皮质迅速地发展起来。直立行走的确立，还使人类祖先的口腔、鼻腔、咽喉形成了直角，于是呼吸道增长了，发音器官的活动灵活了，并使大脑皮质出现了言语机能区。

在劳动的过程中，人类祖先的手成了劳动的器官，直立行走最后确定下来，发音器官发生了质的改变，大脑皮质发生了巨大的变化，所有这些都为人类心理的产生打下了基础。[2]

① 恩格斯. 自然辩证法 [M]. 北京：人民出版社. 1971：150-151.
② 山郁林. 劳动在人类演化过程中的作用研究的回顾与思考 [J]. 西北成人教育学院学报，2019（3）：102-107.

（二）人的心理概貌

人的心理现象是一个多维度、多层次的系统，我们可以从不同的角度对其进行分析。这里主要从人的心理过程和个性心理两个方面加以描述。

1. 心理过程

相对于个性心理而言，心理过程是不断变化着的、暂时性的心理现象，包括认识过程、情感过程和意志过程。

（1）认识过程。

认识过程又称认知过程，是指人们在认识客观事物的过程中，为了弄清客观事物的性质和规律而产生的心理现象，也就是人们获取知识和运用知识的过程，它包括感觉、知觉、记忆、思维、言语和想象等。如看见颜色、灯光，听到声音，闻到气味，触摸到物体的软硬等都是感觉。在这些感觉的基础上，人能辨认出红旗、歌曲、食品，这就是知觉。人们对以前经历过的事物能回忆出来，如背诵古诗，记住朋友的话，在人群中认出同学、亲人等就是记忆。人不仅能通过感知觉对直接作用于人的事物进行认识，还能通过对已有的经验的加工去获得间接的、概括性的知识，认识事物的本质和规律，这就是思维。如老师根据学生的学习表现分析出该学生的学习行为特征，制定相应的教学策略，这个过程就是思维。人的思维活动和言语活动密不可分，通过言语活动将认识活动成果与他人交流、接受他人的经验。通过他人的描述，人能在头脑中形成从未有过的新形象，这就是想象。如阅读文学作品时，我们能想象主人公的形象、生活情景等。

（2）情感过程。

人非草木，孰能无情。人在认识周围世界的过程中，总会以某种态度来对待事物，如凡是能满足人的需要或符合人的愿望、观点的客观事物，就使人产生愉快、满意等肯定的情感体验；凡是不符合人的需要或违背人的愿望、观点的客观事物，就会使人产生厌恶、伤心等否定的情感体验。这些"愉快""满意""厌恶""伤心"等体验统称为情感过程，它总是和一定的行为表现联系着。人在认识客观事物时，不仅仅是认识它、感受它，同时还要改造它，这是人与动物的本质区别。

（3）意志过程。

人不仅能认识世界，对事物产生某种情绪、情感体验，而且人会在自己的活动中有目的、有计划地改造世界，这是人与动物的本质区别。人在活动中自觉设立一定的目的，按计划不断地排除各种障碍，力图达到该目的的心理过程称为意志过程。

认识过程、情感过程和意志过程都有其自身的发生、发展过程。但是，它们并不是彼此独立的过程，而是紧密联系、相互作用的。一方面，人的情绪、情感和意志受认识活动的影响。换言之，情感和意志过程中含有认知成分，如"知之深，爱之切"。另一方面，人的情绪、情感和意志也影响着认识活动。积极的情感对人的认识活动有促进作用，可以提高活动的效果，反之，消极的情感则会阻碍人的认识活动。情绪、情感既可以成为意志的动力，也可以成为意志的阻力，而人的意志也可以控制、调节自己的情绪与情感。

历年真题

【0.1】心理过程通常包括（　　　）、情感过程和意志过程三个方面。

A. 感觉过程　　　　　B. 记忆过程　　　　　C. 知觉过程　　　　　D. 认识过程

2. 个性心理

个性心理是每个个体所具有的稳定的心理现象。个性是指一个人的总的精神面貌，它是通过个人的生活道路而形成的，反映了人与人之间稳定的差异性特征。个性心理结构主要包括三个主要成分：个性倾向性、个性心理特征和自我意识。

（1）个性倾向性。

个性倾向性是推动人进行活动的动力系统，是个性结构中最活跃的因素，决定着人对周围世界的认识和态度的选择，包括需要、动机、兴趣、理想、信念和价值观等。需要是人对一定客观事物的渴求或欲望。动机是直接推动人去行动以达到一定目的的内部动力，如饥渴时求饮食，疲劳时求休息，其中饮食、休息是需要，而采取行动以获取这些需要的直接动因就是动机。兴趣是指一个人积极探究某种事物或从事某种活动的心理倾向。一个人如果从事自己感兴趣的工作，他就会积极地、富有创造性地投入进去，并容易做出成绩来。具有不同理想、信念、价值观的人，其活动表现各异，原因就在于不同的倾向性对其心理活动的组织和引导不同。个性倾向性对个体相关的活动起着支配和控制的作用。

（2）个性心理特征。

个性心理特征是人的各种心理特征的独特的组合，集中反映了一个人的精神面貌的稳定的类型差异。它是个体身上经常表现出来的本质的、稳定的心理特征，包括能力、气质和性格。能力是表现在完成某项活动的潜在可能性方面的特征，如有的人聪慧；有的人愚钝；有的人能歌善舞，具有很高的音乐才能；有的人能说会道，善于与人相处，具有较强的交际能力；等等。气质是表现在心理活动动力方面的特征，即人的性情或脾气，如有的人活泼好动、反应敏捷，有的人沉着稳重、反应迟钝等。性格是表现在完成活动的态度和行为方式方面的特征，如有的人做事果断、坚忍不拔，有的人优柔寡断、朝三暮四等。个性心理特征影响着个体的行为举止，集中体现了人的心理活动的独特性。

（3）自我意识。

自我意识是一个人对自己以及自己与他人关系的意识。从意识的活动形式上可分为具有认知的、情绪的和意志的形式。属于认知形式的有：自我感觉、自我观察、自我概念、自我分析和自我评价等，统称为自我认知，如"我是一个诚实的人""我是高个子""我是好学生"等。属于情绪形式的有：自我感受、自尊、自爱、自傲、自卑等，统称为自我体验。以体验的形式表现出个人对自己是否悦纳的情绪，如"我喜欢自己这个样子""我觉得自己很讨厌"等。属于意志形式的有：自立、自主、自制、自律等，统称为自我控制。自我控制主要表现为对自己行为的监督和调节过程，使之达到自我的目标。如"我要和懒惰作斗争""我要改掉做事马虎的习惯"等。个性结构的诸多成分不是无组织、杂乱无章的，它们是由自我意识进行协调和控制而成为一个有组织的、稳定的整体。

心理过程和个性心理这两方面是密切联系着的。一方面，个性心理以心理过程为基础。没有心理过程就没有个性心理的形成和发展，个性心理是在一定的社会影响和教育下，通过心理过程反映客观现实而逐步定型化的结果，是个体社会化的过程。另一方面，已经形成的个性心理又会反作用于心理过程并在心理过程中表现出来。换言之，既没有不带个性心理的心理过程，也没有不表现在心理过程中的个性心理。

历年真题

【0.2】（　　）是个性心理的一个重要组成部分，它体现了个体心理活动的动力性和选择性，是心理活动中最活跃的因素。

A. 情绪与情感　　B. 个性心理特点　　C. 气质与性格　　D. 个性倾向性

二、心理的实质

对心理的实质的解释历来存在两种根本对立的观点。唯心主义认为，心理是人脑之外不依赖于脑而独立存在的一种东西，是虚无缥缈、不可捉摸的东西。唯物主义认为，心理是物质活动的产物，心理起源于物质。在我国，有很长一段时间，人们以为心理现象是心脏活动的产物，汉字中有许多表示心理现象的词都带"心"旁，如思、想、情、意、恨等。这种观点认为心理产生于心脏，与事实不符。只有在马克思主义哲学指导下，人们对于人的心理实质才获得科学的理解。辩证唯物主义认为，心理是脑的机能，是客观现实的主观反映。

（一）心理是脑的机能

脑是人的心理活动的器官，心理是脑的机能。没有人脑这个物质基础，就不可能产生人的心理。

1. 反射和反射弧

脑产生心理活动，并不像肝脏分泌胆汁、胃分泌胃液那样。神经系统的基本活动方式是反射，这也是心理现象的基本产生方式。

反射就是有机体通过神经系统对内外刺激所做的规律性的反应。反射的具体程序是：刺激—感觉器官—感觉神经—中枢（脑和脊髓）、运动神经、效应器官（肌肉和腺体等）—做出反应。例如，强的光线作用于眼睛这个感觉器官，由视神经传入脑中枢，经分析综合觉得难受，然后支配相应的运动神经传递到眼球虹膜，做出缩小瞳孔的反应。

反射活动是有原因、有规律、有结果的活动。外界刺激作为原因，产生分析综合外界信息的心理活动结果。可见，作为反射活动中间环节的心理活动，是有前因后果、有规律可循的活动，并不是神秘莫测的东西。

实现反射活动的全部神经结构叫作反射弧。它由感受器、传入神经、中枢神经、传出神经和效应器组成。心理作为脑的反射机能，做出反应后并不意味着反射的终止，反应本身和所产生的结果，又作为一个新的信息引起一定的神经冲动而返回大脑，这叫作反馈。大脑根据反馈的信息再对反应行为进行必要的校正，使反应行为逐步精确，更加符合客观实际。可见，反射的结构不是一个简单的反射弧，而是一个复杂的有环形回路的反射环。

2. 无条件反射和条件反射

反射是多种多样的，有简单的，有复杂的，有先天的，有后天的。反射可分为两种，即无条件反射和条件反射。

（1）无条件反射。

无条件反射是动物和人都具有的一些不学而能、生来就会的从遗传获得的反射活动，如眨眼、吸吮、膝跳、呕吐等反射。

无条件反射的神经通路是固定的联系，引起反射的刺激是具有生物学意义的非条件刺激，不需要后天的学习和训练。这类反射活动为人或同一类的动物所共有，在中枢神经的低级部位也可以实现，因此无条件反射也称为本能的或种族的反射。

人的无条件反射主要有三种：食物反射，如母亲把奶头放在新生儿的嘴里，新生儿就会自动吮吸；防御反射，如开水滴在人的手上，手就会缩回；朝向反射，如幼儿把头和眼转向刺激的光源。这些反射是人和动物共有和与生俱来的。这些是维持有机体的生存、排除危险、避免伤害、种族延续所需要的反射活动。

（2）条件反射。

无条件反射只是有机体出生以后生长和发展的先天基础，无法适应异常复杂和经常变化的生活条件。于是，人在生活过程中形成了另一种反射——条件反射。条件反射是后天习得的，其神经联系是暂时的。人的心理活动都是后天学会的，其生理基础是条件反射。根据反射形成的方式不同，条件反射分为经典性条件反射和操作性条件反射两种。

①经典性条件反射。经典性条件反射是由俄国生理学家巴甫洛夫研究发现的，是指在无条件反射的基础上，经过后天训练和学习建立起来的反射活动。

巴甫洛夫用狗来做实验。当狗吃食时会引起唾液分泌，这是无条件反射；如果给予狗铃声，则不会引起唾液分泌。但如果每次喂食之前都出现铃声，这样反复多次之后，铃声一响，狗也出现唾液分泌现象。本来与唾液分泌无关的铃声，由于多次与食物结合，铃声也具有了引起唾液分泌的作用，即铃声成了喂食的信号，铃声已由无关刺激转化为信号刺激即条件刺激，这种反射就是条件反射。条件反射的建立需要一定的条件，即强化。强化是指无条件刺激和条件刺激在时间上多次结合。强化的次数越多，条件反射就越巩固。

条件反射的神经通路是暂时接通的，其刺激物是无关刺激在无条件反射基础上，通过后天训练、学习获得的信号刺激物。条件反射的建立除以无条件反射为基础外，在巩固一级条件反射的基础上，还可以建立二级条件反射，在二级条件反射的基础上，还可建立三级、四级以及语言信息的反射。

②操作性条件反射。经典性条件反射在揭示人心理和行为的生理机制方面具有重要的意义。但是高等动物和人的某些复杂的学习活动并不都是建立在无条件反射基础上，为此，美国心理学家斯金纳以他的实验为基础，于20世纪40年代又提出了一种与上述经典性条件反射相对应的操作性条件反射理论。

　　斯金纳主要是通过研究白鼠、鸽子等动物建立条件反射的实验并提出其理论的。他把动物放进一个特制的实验箱（又称斯金纳箱）内，箱内装有一个杠杆。只要动物碰压到这个杠杆，就会有一粒食丸弹落出来供动物食用。开始，把一只饥饿的白鼠或鸽子放在实验箱内，在东碰西撞的自由活动中，偶尔会碰到杠杆，每碰一次就会得到一粒食丸。在多次偶然获得食丸之后，它们就会越来越多地去碰压那个杠杆，以获得食丸。如此反复强化，最后混乱行为明显消失：每次把它们放到箱内，它们立即就去碰压杠杆。这表明动物最终学会了准确地碰压杠杆以获取食物的方法，即建立起了碰压杠杆的行为与食丸之间的暂时神经联系，从而形成条件反射。

　　斯金纳把这种动物通过自己的活动或本身的操作行为逐渐强化的条件反射称为操作性条件反射。操作性条件反射的特点是用奖励性的手段强化有机体的某种反应行为。斯金纳认为，操作性条件反射是行为改变的原则，换言之，通过建立这种条件反射可以改变机体的行为。

　　操作性条件反射与经典性条件反射既有联系，又有区别。二者的基本原理是相同的，都是随着强化的次数增多而巩固，如果得不到强化就会消退，也都有泛化和分化现象。二者的区别主要在于：第一，形成条件反射的条件与刺激物呈现的程序不同。在经典性条件反射中，刺激（铃声）在前，反应（狗分泌唾液）在后；强化物（食物）是同刺激物（铃声）结合出现的。在操作性条件反射中，动物的操作反应（碰压杠杆）发生在强化刺激物（食丸）之前，并且只有通过自己的活动或操作才能得到强化，强化物不是与刺激物相结合，而是与操作行为相结合的。所以，在经典性条件反射中，机体是被动强化的；在操作性条件反射中，是机体主动操作并通过自身的操作行为而得到强化的。第二，条件反射建立的基础与所达到的程度也不同。经典性条件反射是在动物的先天反应（分泌唾液的反应）的基础上建立起来的，因此其机体的反应不是随意的。而操作性条件反射则是在动物后天习惯性操作行为的基础上建立起来的，因此其机体的反应是能控制的、随意的行为。总之，经典性条件反射和操作性条件反射既是相互联系的，又是有差别的，二者往往是一同出现的，只是操作性条件反射更为多见。

　　（3）两种信号系统。

　　在现实生活中，一个复杂的反射活动往往包含有经典性条件反射和操作性条件反射。在实际生活中，个体的心理活动并不是单一的条件反射，而是由一系列条件反射所构成的条件反射系统。根据信号刺激的特点，巴甫洛夫把大脑皮质的功能分为第一信号系统和第二信号系统活动。

　　第一信号系统是指用具体事物作为条件刺激所形成的条件反射系统。吃过酸梅的人，看见了酸梅就会分泌唾液，所以有"望梅止渴"的说法。这里的酸梅，就是一种信号，但它是第一信号。由具体刺激物作为引起信号的条件反射是第一信号系统。第一信号系统是人和动物共有的。

　　第二信号系统是指用词作为条件刺激所形成的条件反射系统。第二信号系统是人独有的。词包括人们说的话、文字等。词是具体事物的抽象和概括，是第二信号的信号。"谈梅生津"指的是讲到"酸梅"这个词时，也会分泌唾液，这就是第二信号系统的作用。

词是与具体刺激密切联系的。词具有概括性，因此借助第二信号系统的活动，人们以语言文字等作为中介，可以无限扩大自己的认识范围，了解人类的历史，理解从来没有去过的地方，了解从来没有看过的事物，积累经验或交流思想和经验，从而使人类的心理生活日益丰富起来。教师的教学过程主要是靠第二信号系统的活动进行的。词具有社会性，因此人是在具有社会意义的词的基础上形成第二信号系统的。人都是通过第二信号系统来控制和调节自己的心理、意识和行为的，据此，教师可以用词的强化作用来表扬、鼓励和调节学生的行为。

对人类来说，由于掌握了词，因而人的单纯的第一信号系统活动和单纯的第二信号系统活动是没有的，而总是两种信号系统协同活动。第一信号系统是第二信号系统的基础，第二信号系统比第一信号系统具有更丰富、更概括的内容，它在人的生活中起主导作用，使人的心理产生了质的飞跃，形成人特有的意识和自我意识，它调节着第一信号系统的活动，使人们的行为具有自觉性、目的性和能动性。

历年真题

【0.3】新生儿生来就会吸吮，食物进入口中会分泌唾液，这属于（　　　）。

A. 无条件反射　　　　　　　　B. 条件反射

C. 经典性条件反射　　　　　　D. 操作性条件反射

（二）心理是对客观现实的反映

心理是脑的机能，并不意味着大脑本身能单独产生心理。人的大脑只是反映外界的物质器官，是产生人的心理的自然前提。它只是提供了人的心理产生的可能性，要把这种可能性变为现实，必须依赖外界的客观现实。

1. 客观现实是人的心理活动的源泉

人的心理活动总是具有一定的内容的。这种内容是客观事物在头脑中的反映。无论是简单的心理现象还是复杂的心理现象，我们都可以在客观世界里找到其内容的源泉。如果没有光波、声波的存在，我们就不可能产生视觉和听觉。即使是头脑中虚构的科幻、神话或鬼怪等现实生活中不存在的荒诞的形象，不管它本身如何超脱现实，但构成它的原始材料还是来自客观现实。如龙的形象是由蛇的身体、鱼的鳞片、鹰的爪子和马头组成的复合形象，在现实中是没有的，但蛇、鱼、鹰和马在现实生活中是存在的，只不过经过加工，把它们的特征组合在一起罢了。《西游记》《聊斋志异》中的许多形象都是运用拟人化的方式创造出来的。这些都说明心理的内容来自客观现实，客观现实是心理活动的源泉。

2. 社会生活实践对人的心理起着制约作用

人的心理在实践活动中发生和发展起来并表现在实践活动中，离开了人类的社会生活条件，脱离了人类的社会生活实践，就不会形成人的心理。例如，1920年，在印度发现两名狼窝中长大的小女孩，小的约两岁，很快就死去了。大的八岁，取名卡玛拉。她用四肢爬行，用双手和膝着地休息；舔食流质的东西，只吃丢在地上的肉；怕火、怕水、怕光，夜间却视觉敏锐；白天睡觉，一到深夜就嚎叫；从不穿衣服，即使天气寒冷，也会撕掉给她御寒的衣物。经过医护人员的精心照料与教育，卡玛拉后来学会了站立，学会了直立行走，学会了少数单词，并学会了用手吃饭，用杯子喝水。到 17 岁时，她的智力只相当于四岁正常儿童的发展水平。卡玛拉虽然也有人脑这块精致、复杂的物质，但由于从小脱离人的社会生活条件，没有言语交际，没有社会生活实践，也就无法产生人的心理（详见本书第一章"拓展阅读"："狼孩"的故事）。

实践活动不仅是人的心理发生、发展的基础，也是检验人对现实反映是否正确的标准。判定一个人的认识是否符合客观现实，对现实的反映是否正确，不是依据主观上觉得如何而定，而是要依据客观上社会生活实践的结果如何来定。当人们根据对现实的认识进行实践活动时，实践活动产生的结果便检验着反映是否正确。正因为通过实践活动，人的心理才能正确地反映客观现实，认识事物的本质和发展规律，这充分说明，社会生活实践对人的心理起着制约作用。

3. 心理是对客观现实的主观映象

人的心理按其内容及其发生的方式来说是客观的，但对客观现实的反映总是由一定的、具体的人来进行的，人对客观现实的反映不像镜子反映事物一样消极、被动，而是在实践活动中对客观现实的能动反映。因为，人在实践活动中已经形成的知识、经验以及个性心理特征总会影响他对客观现实的反映。换言之，心理反应的产生不单是客观影响的结果，更是通过主体的内部特点而折射出来的。同样的外部刺激，由于个体的内部特征不同，其心理反应也就不同。例如，看同一部电影，有的人赞不绝口，有的人无动于衷，而有的人会猛烈抨击。即使是同一个人，在不同的时期对同样的客观事物也会有不同的反映。例如，我们对某人的评价，会因我们和这个人接触的时间长短、了解的深度而有所变化，一般而言，时间越长，了解越深入，我们对这个人的评价就会越客观。

4. 心理是对客观现实的能动反映

人对客观现实的能动反映主要表现在两个方面。第一，通过实践活动，人能够把现实中所获得的直接印象即感性经验，通过词的概括，同已有的知识、经验联系起来，对感性材料进行加工、改造，以揭示事物的本质和规律，这是人的心理的高级反应意识的能动性的表现。第二，人能够主动调节和支配实践活动，并通过实践活动反作用于客观现实，即按照人的意志去改造客观现实。由于人有意识，在进行活动之前，活动的目的和结果就以观念的形式存在于人的头脑中，并依此制订计划，指导自己的行动，以便达到预期的目的。在活动过程中，人还可以通过意志活动，有效地克服各种困难，保证目标的达成。当然，人在反映客观现实和改造客观现实时所表现出来的主观能动性，要受到客观现实及其规律性的制约。

总之，人的心理是人脑对客观现实的主观反映。在这种反映中，外界事物的影响总是通过反映者的内部特点而折射出来；这种反映是通过实践活动而实现的，实践活动检验、校正着人脑对客观现实反映的正确性；心理又执行着实践行为的调节机能。由于人在实践中所接触到、感受到的客观事物日新月异，人的心理也随之发展变化，人的心理对客观现实的反映永远不会完结。

第二节 小学心理学概述

一、小学心理学的研究对象

小学心理学既是一门基础性的理论学科，也是一门实践性的应用学科，具有综合性特色。也就是说，小学心理学既要研究小学教育、教学情境中的各种心理规律，为解决教育教学中的问题提供理论依据；同时，也关注教育教学情境中的具体问题，并为教师解决这些问题提供方法和策略。因此，小学心理学是研究小学教育教学过程中各种心理现象与师生心理活动规律的学科。小学心理学的研究对象一般为 6～12 岁的儿童及在小学任教的教师。

（一）小学生心理发展特点与活动规律

小学阶段的儿童是个体发展的重要时期。小学阶段是儿童在各方面打基础的时期，这个时期的教育、学习对于儿童今后的发展有着十分重要的作用。比如小学生观察事物往往注意事物的新鲜性、有趣性或是较为明显的特征。刚入学的小学生擅长具体形象记忆，易于掌握可感知事物的概念，有意识记、准抽象思维等逐渐发展。在教育过程中，教师只有遵循这些特点，采取有效教育措施，才能促进其正常、健康地发展。

小学生身心发展有着自身的特殊性。在这个阶段，儿童生理、心理发展有其自身的特点。比如，小学生随着生活经验的丰富、知识的增长，能按照教师的要求进行相应的想象活动，其想象富于模仿性、再现性，但常常与现实不符，这是这个年龄阶段儿童的特点，教师不宜干涉太多，反而要保护这种童真、童趣，多留给他们一点独立想象的空间，引导他们更大胆、更充分地表达，这样才能取得良好的效果。

（二）师生心理活动互动原理

教育工作是一项面向人的工作，需要与人沟通交流，交流的对象是学生。良好的沟通需要教师了解学生的心理发展过程，通过学习小学心理学，深入了解小学生的心理变化过程，以及不同阶段小学生面临的心理问题。只有这样，教师才能懂得他们在想什么，只有懂得他们所想，才能与他们进行有效沟通，做到有的放矢，为他们的心理健康、快乐成长提供良好的保障。

教师应学习心理学的理论和研究成果，将心理学的研究方法和教学方法相结合，将心理学的理论及方法应用于教育改革之中，更新自己的教育观念，创新自己的教学方法，从而达到教育改革的目标。同时，在学习心理学的过程当中，教师也可以将心理学的知识运用于自己，正确认知自己，客观评价自己，加强自我教育，提升自我修养，维护心理健康。

小学生神经系统发育及其工作中的发展规律

大脑的工作能力包括三个方面：工作的速度、工作的准确性和持续工作的能力。在学习的过程中，小学生大脑的工作能力并非持续均衡地发挥作用，而是在不同的阶段表现出一些变化，并遵循着一定的规律。

1. 一节课中的变化规律

按每节课40分钟计算，小学生在刚开始的2～5分钟处于准备进入课堂学习阶段。大脑兴奋点由课前活动向课堂学习内容转移。约从第5～10分钟开始，课前活动的兴奋灶被抑制，课堂学习内容成为大脑兴奋的中心，到第20分钟左右时，该兴奋中心具有最良好的应激功能，大脑工作能力达到最强，此后，大脑开始疲劳，学习效率开始降低，约在下课前2～5分钟，由于即将到来的课间休息活动会在大脑里诱发一个前驱性的兴奋，这种兴奋会使小学生的大脑工作能力在疲劳之余有所提高。

因此，在一节课的教学中，教师应将一节课的前2～5分钟用于组织课堂、复习上次已学内容，将教学内容的重点和难点安排在第5～20分钟，将第20～35分钟用于小学生巩固练习、教师个别辅导与巡视，最后几分钟用于总结、复习及布置作业。

2. 一天中的变化规律

小学生到校后，从早读开始其大脑工作能力逐渐提升，约第一节课后达到最高峰，以后逐渐下降，在第四节课时一般效率最低，上午临近放学前有一个反弹。午间休息后，下午上课时有所回升，然后又逐渐下降，同样，下午在临近放学前也有一个反弹。

因此，学校安排每天的课程时，应将难学难懂的认知类课程和主科（如语文、数学、外语等）安排在上午第一节至第三节课或下午第一节课；将容易接受的课程和副科（如劳动、自然、社会、音乐、体育、科技、美工等）安排在上午和下午的末节课。

3. 一周中的变化规律

在小学生每周的安排中，周一的课程不宜安排过重，上午的升旗、班会、讲评等"收疯"活动会使小学生迅速紧张起来，尽快地回到学校生活状态，但周一下午放学时可以布置本周中次量的作业，让其尽快进入学习状态。周二至周四安排更多的主科，但作业应布置得应相对较少些。周三最好能组织一些课外兴趣小组活动，让小学生紧张的大脑放松放松。周四最好再穿插安排一些体育活动，以调节小学生大脑的工作方式。周五最好适当减轻小学生的学习负担，但下午必须布置周六和周日的作业，作业量为本周最大量，让小学生在周末能充分休息和参加其他活动的同时，对学习有所"牵挂"，避免周一上课时很难进入学习状态。

4. 一学期中的变化规律

每个学期刚开学的前几周是小学生由假期向学习生活转变的适应阶段，适应快的需2～3周，适应慢的需要5～6周，适应之后，小学生的学习状态逐渐提升，到期中考试前其学习状态为高峰，之后逐渐下降。由于期末考试的压力，到期末前2～5周时，小学生的学习状态一般会出现终末激发现象。

因此，学期刚开始和学期快结束时的教学内容应相对安排得轻松一些，学期开始时给小学生以一段适应的时间，学期快结束时使小学生适当放松，以应付期末考试。

资料来源：钱志亮，李静. 学校教学：为儿童用脑卫生多想点 [N]. 中国教育报，2002. 有改动。

二、小学心理学的研究内容

小学心理学的研究内容主要包括以下几个方面。

（一）阐明小学生心理发展的普遍模式

心理发展模式具有普遍的意义，它反映生活在各种文化背景下的儿童共同的发展过程。小学心理学描述了诸如小学生的生长发育变化、认知发展、言语发展、智力与创造力的发展、个性和社会性的发展、性别角色的发展、道德品质的发展等小学生心理发展的普遍模式。

（二）揭示小学教育情境中的心理发展规律

小学教育中存在着诸多心理现象，小学心理学必须使用自己的专门术语去解释和说明，找出所观察到的心理现象产生的基本原因，找出它们与可能事件之间存在的因果关系或相关关系，以及发生、发展和变化的规律，以便为教育工作者认识小学教育中的各种心理现象、处理各种教育事件提供有关理论与方法，这正是小学心理学的价值所在。

（三）探究教师指导小学生发展的有效方法

教育过程中，教师必须依据所获得的关于小学生心理发展规律或个性特点的知识与数据，预测教育对小学生可能产生的心理影响，预测小学生的未来发展，并学会控制小学生个体或班级的活动。理论的构建一方面是为了解释各种心理现象发生、发展的过程和原因，另一方面是要结合教育、教学和社会实际，帮助、指导小学生正常、健康地发展。前者是基础理论研究，后者是应用性研究。

三、小学心理学的研究原则和方法

（一）研究原则

1. 客观性原则

研究者的态度应是实事求是的，在教育领域的研究中，不能凭主观臆想得出结论，要按照心理现象的本来面貌加以揭示，这样才能揭示心理现象的事实、本质、规律和机制。

2. 系统性原则

人的心理规律是一个整体的、动态的、开放的系统。要用系统的观点来考察心理现象。因此，在教育教学过程中，在研究心理现象时，要考虑整体性，注重各种心理现象之间的关系。

3. 联系性原则

人生活在极其复杂的自然环境和社会环境之中，在对人的某种心理现象的研究和实验中，要严格控制条件。不仅要考虑与之相联系的其他因素的影响，而且要在联系和关系中探讨心理活动的真正规律。

4. 发展性原则

世界上一切事物都是运动、变化和发展的，心理现象也是如此。不仅要看到小学生心理的现时特征，而且还要看到其发展前景，要在发展中考察各种心理现象。

（二）研究方法

心理学研究的方法有很多，下面介绍小学心理学领域常用的几种方法。这些方法各有优缺点，在确定使用哪种方法来研究小学生心理和行为时，应考虑到其适用性。

1. 观察法

观察法也称自然观察法，是指有目的、有计划地观察儿童在一般生活条件下言语和行为的变化，并且根据观察的结果判断儿童心理发展的特征和规律的一种方法。例如，英国生物学家达尔文以日记的方式记录下对自己孩子的长期观察结果，并写成了《一个婴儿的传略》。观察法是儿童心理研究最基本的方法。

观察法的主要优点是被观察者在自然条件下的行为反应真实、自然。观察法是教育心理学研究最基本、最普遍的方法。其主要缺点是观察资料的质量容易受观察者能力和其他心理因素的影响，而且它只能有助于研究者了解事实现象，而不能解释其原因。

运用观察法时，观察者应注意下列几点：

①每次观察不要太广泛，最好只观察少数或一种行为；

②所观察的行为须事先明确规定；

③观察时应随时记录，或利用录音、录像帮助；

④每次宜用较短的时间对同一类行为做多次重复观察，即采用"时间取样"方式进行。

2. 实验法

实验法是指有计划地控制各种条件，在各种条件中，特别引起某一条件变化或改变某一条件来进行研究的方法。实验法是一种有意控制某些因素条件，以引起儿童心理特征变化的研究方法。从本质上讲，实验也是一种观察，只不过是有控制的观察。实验法是心理学研究中科学性最强的一种方法。

在儿童心理学的研究中，常用的实验法有以下两种。

（1）自然实验。

自然实验是指在儿童日常生活和活动的自然条件下，改变影响儿童的某些条件来研究儿童心理特征变化的方法。

教育心理实验是自然实验的一种特殊形式，是指把儿童心理的研究与一定的教育、教学过程结合起来，从而研究儿童在一定的教育、教学过程的影响下，形成和发展某些心理过程或个性品质的规律。例如，为了研究小学各年级儿童口头言语和书面言语的发展水平，可以结合教学，给不同年级的儿童提供一系列的阅读材料，儿童学习了这些材料之后，完成指定的口头复述和书面复述的作业。通过整理和分析这些作业，可以看出不同年级儿童口头言语和书面言语发展的某些情况和特征。

自然实验，特别是教育心理实验，是研究儿童心理的重要方法。自然实验的优点是把实验寓于儿童真实的生活和学习情境中，研究所得到的结果更符合儿童实际，同时结合教育教学实际，研究结果为教育教学服务，针对性强；其缺点是不容易控制影响实验结果的因素，结果的精确性较实验室实验低。

（2）实验室实验。

实验室实验是指在特别创设的情境下，改变一种或几种影响儿童心理变化的条件，从而观察儿童行为变化的方法。这种方法有时要利用专门的仪器和设备。

采用实验室实验可研究小学生高级神经活动发展的特点以及感觉、知觉、记忆、思维等心理过程的发展特点。例如，用脑电图仪可以测定小学生思维活动时脑电波变化的情况，采用速示仪可研究记忆发展的特点。

实验室实验的最大优点是，对实验条件能进行严格控制，对自变量和因变量能做准确测定，实验结果可以重复且精确度高；其主要缺点是研究情境的人为性，情境与儿童的实际生活有一定差距，可能会使儿童产生不自然的心理状态，有时难以将结论推广到日常情境中去。因此，这种方法很难用来研究一些复杂的心理特点，如儿童的个性品质以及儿童的道德心理等。

3. 调查法

调查法就是以被调查者所了解或关心的问题为范围，预先拟定问题，让被调查者自由表达其态度或意见的一种方法。调查法的实施途径和方式是多种多样的。教育心理学某些课题的调查研究常采用访谈法和问卷法去收集资料。

（1）访谈法。

访谈法是通过谈话来了解儿童心理活动的一种方法。因为言语是人的心理活动的最重要的外部表现之一。访谈法是一种个别测定的方法，这种方法的灵活性强，适用范围广，可以较详尽地了解儿童心理发展的具体表现和有关细节，以便深入研究问题。但是，多数情况下访谈法不匿名，受此影响，其真实程度会受到限制；另外，这种方法也可能受访谈者的态度、表情、语调，甚至性别、服装等的影响而出现偏差。

采用这一方法的时候，应当根据研究的目的和谈话对象的特点拟定谈话的话题和内容；谈话的话题和内容应是儿童能够回答和乐于回答的，并能从其回答中分析出他的心理活动；跟儿童进行谈话的时候，必须随机应变，随时提出足以了解有关儿童心理状态的具有灵活性而又恰当的问题；谈话的过程和结果应当由研究者本人或共同工作者做详细的记录，如能用录音机记录，则更为方便、可靠。

（2）问卷法。

问卷法是请儿童填写书面问题表，从而了解儿童心理的一种方法，如小学生阅读兴趣的调查或小学生理想的调查，等等。这种方法的优点是：比较简单易行；取样大，研究的被试具有广泛性与代表性；由于样本较大，可以抵消一些中间变量的影响；研究结果的统计处理具有科学性；等等。但缺点也比较多，如儿童的回答往往不能代表其真正的心理状态，且仅仅依靠书面回答来判断儿童心理发展情况常常是不可靠的。应用问卷法时可做如下改进：

①问卷试题不宜过多，且必须紧紧围绕主题拟题；

②问卷题目内容应生动有趣，使被试愿意回答；

③被试应根据自己的实际情况回答，尽量避免其明白主试的意图；

④一套问卷题且中间应加入一定量的用来测试被试回答是否真实的题目；

⑤问卷材料的选择须严格和客观，应通过预测进行效度和信度的检验。

4. 测验法

测验法是指通过心理测验来研究儿童心理或行为差异的方法。一般是用一套标准化的题目，按规定的程序，对个体心理或行为的某一方面进行测量，然后将测量所得结果与常模进行比较，从而做出个体在某方面发展水平或特点的评定或诊断。心理测验可以为了解学生学习结果、衡量教师教学水平及检验教育改革效果提供重要信息，因而它在教育心理学中的运用相当普遍。

采用测验法有助于研究人员在较短时间内粗略了解儿童的发展状况。但是，这种方法也有严重的缺点，如测验只是做量的分析，缺乏质的研究；测验题目很难同时适合于不同生活背景的儿童；等等。因此，心理测验只能作为了解小学生心理的方法之一，在实际应用中还应与其他方法配合使用。

5. 作品分析法

作品分析法是指通过对儿童作品的分析来了解儿童心理活动的一种方法。儿童的作品很多，如日记、作文、绘画、各种作业、工艺制作等。通过这些作品，可以分析儿童某一方面的心理活动。如通过作文、日记，可以分析儿童思维和言语的发展，也可以分析儿童的兴趣和理想的发展。

进行儿童心理学的研究，经常不是单独地采用一种方法，而是根据研究的需要采取综合的方法；或者以某种方法为主，以其他方法为辅；或者交错运用几种方法。例如，儿童心理学上常常采用的追踪研究，就是以长期观察法（日记法、传记法）为主，而以其他方法为辅。又如，在个案研究中，可以将观察、问卷、谈话或访问教师或家长、作品分析、鉴定材料分析、教育心理实验等各种方法互相配合运用。

☞ 本章小结

本章属于小学心理学的基础理论部分，通过学习心理的起源，让学生了解心理发展的阶段；通过阐述心理的实质，让学生理解心理是人对客观现实的反映，明晰小学心理学的研究对象、内容、方法，并能够在小学教育实践中灵活运用，以提高教育教学效果。

👉 **本章要点回顾**

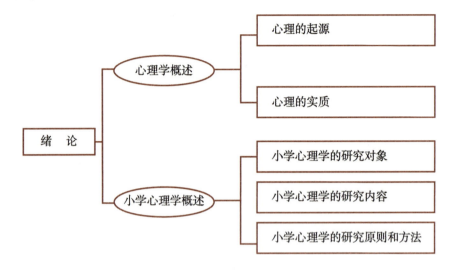

第一章

小学生的心理发展

☞ **学习完本章，应该做到：**

◎ 明晰心理发展的含义以及影响心理发展的因素。

◎ 了解心理发展理论主要流派的基本观点及其代表人物，并能运用有关知识分析论述小学生心理发展的实际问题。

◎ 熟悉心理发展的基本问题，并能运用有关知识分析小学生心理发展的普遍规律。

◎ 熟悉小学生心理发展的基本规律及其特点。

☞ **学习本章时，重点内容为：**

◎ 影响心理发展的因素及其作用。

◎ 心理发展理论主要流派的基本观点。

◎ 小学生心理发展的基本规律。

☞ **学习本章时，知识要点与具体方法为：**

本章从心理发展的含义着手，分析了影响心理发展的因素及其作用，厘清了心理发展主要理论的代表人物及其核心观点，阐述了小学生心理发展的基本规律及特点。本章的知识点主要属于了解与记忆层次，要求通过学习能够灵活掌握各种理论在小学教育实践中的运用。

小学生的心理发展既有个体心理发展的普遍性，也有其年龄段的特殊性。因此，面对其发展困惑，应遵循普遍性与特殊性相结合的原则，运用普遍联系和发展的眼光，具体问题具体分析，为小学生心理健康发展保驾护航。

【引子】

小兵是某小学四年级学生。据老师反映，小兵在三年级之前，学习上勤奋努力，成绩优秀，多次被评为学习标兵。三年级结束后的那个暑假，父母均外出打工，只好把小兵留给爷爷奶奶照顾。四年级中段之后，小兵经常做作业拖拉，上课注意力分散，喜欢讲小话，个人行为习惯也大不如前，期末考试成绩退步到班级中等偏下水平，这一状况让家长和老师十分困惑。那么小兵的反常表现究竟是因为什么呢？

第一节　小学生心理发展概述

心理发展的问题，自古以来就引起了人们的注意。在 19 世纪末以前，有关的论述大都是哲学家和社会历史学家提出来的。这些论述的聚焦点是：个体心理发展的内在动力在于自然成长还是后天的学习？持不同观点的人们，还各自提出了与自己观点相应的教育方面的主张。日本京都大学教授山中康裕基于其丰富的理论与实践经验，在其《孩子的心灵》一书中展现了一种真正的对待儿童的态度，即与儿童面对面、心与心的亲切交流，让我们看到儿童自然成长的力量。个体心理发展研究的初期，主要集中于儿童，到了第一次世界大战以后，研究对象转向青年，而第二次世界大战以后，才逐渐注意到成年人和老年人。

心理发展主要是指个体从出生到成年期间所发生的规律性的心理变化，是个体在成长期间对客观现实的反映活动不断扩大、逐步提高和完善的过程。人的心理发展是一个包含着许多心理因素的多层次动态系统，每一个心理因素的形成和发展，都是从缓慢的积累发展到一定年龄阶段而发生质的变化，其发展变化是不同步的。同时，它们之间又相互影响，形成各种心理因素错综复杂的交替变化。

在个体的一生中，其心理过程和个性特点不断变化，但并不是所有的变化都可以叫作心理发展，比如身体一时有病或因疲劳而引起的心理上的偶然变化，就不能称为心理发展，只有在个体身上发生的那种有规律的心理变化，才能称为心理发展。随着年龄的增长，儿童心理和生理由简单到复杂、由低级到高级、由旧质到新质在不断地发展变化。

一、心理发展的定义

（一）广义的心理发展

广义的心理发展包含三个方面：首先是指物种心理发展，即动物种系进化过程中的心理发展特点和变化规律；其次是指民族心理发展，即作为同一种类的人类心理的产生、发展特点和变化规律；最后是指个体心理发展，即个体从出生到死亡过程中的心理发展特点和变化规律。

（二）狭义的心理发展

狭义的心理发展就是指个体心理发展，即在各种先天、后天、生理、社会等因素的交互影响下，个体从出生到死亡的有规律的心理变化。通常所指的心理发展更多是指个体的心理发展。

二、影响人的身心发展的因素及其作用

影响人的身心发展的因素有很多，但概括起来，主要有遗传、环境、学校教育和个体的主观能动性等四个方面。这四个方面的因素相互联系，交织在一起，共同作用于人的发展。

（一）遗传

遗传是指个体从上代继承下来的生理解剖上的特点，如机体的结构、形态、感官和神经系统的特点等。例如，拥有运动天赋的父母，他们的子女很多从很小的时候就表现出肌肉的韧性、反应的灵敏度以及平衡感较其他儿童更好，即来自遗传方面的特点。

遗传素质在人的身心发展中的作用主要有以下几点。

1. 遗传素质为人的身心发展提供了必要的生理前提和发展的潜在可能性

遗传素质是人的身心发展的前提，为个体的身心发展提供了可能性，也是个体身心发展的物质基础。例如，一个先天失明的人就不能发展视觉，成为画家；一个生来就聋哑的人，也就不能发展听觉，成为音乐家；一个无脑畸形儿或染色体畸变者，无论外在条件多么优越，他们都无法得到正常人应有的身心发展。

2. 遗传素质的差异对人的身心发展有一定的影响作用

遗传素质的差异是指由遗传基因的不同而引起的个体生理和心理的差别。个体遗传基因的差别，会给人的身心发展留下深刻的印记，这主要体现在以下两个方面：

（1）生理上，遗传控制个体的先天解剖特征和生理机能，致使不同的人在机体构造、形态、感官、神经系统上呈现出差异。例如，由于遗传素质上的差异，有的人易于发展成为一名善于思辨的科学家，有的人易于发展成为一名有才能的音乐家，有的人易于发展成为一名优秀的体育运动员。

（2）心理上，遗传会给个体的能力发展和性格气质的形成带来一定影响，是人们心理状态各不相同的自然前提。例如，每个人的身上表现出来的不同心理特点，如智力水平、才能、特长等，都在一定程度上受遗传素质的影响。

3. 遗传素质具有可塑性

生活经验证明，随着环境、教育和实践活动的作用，人的遗传素质会逐渐发生变化，这说明人的遗传素质具有可塑性。例如，一个在遗传素质上神经活动属于强而平衡、灵活的人，在不良的环境和教育下，也可能变成类似神经活动弱而不平衡、不灵活的人；一个在遗传素质上神经活动属于强而不平衡、不灵活的人，在良好的教育下，也会变成很有涵养、很守纪律的人。

4. 遗传素质的生理成熟程度制约着人的身心发展的过程及其年龄特征

所谓生理成熟，指的是个体受遗传素质制约的生理机能和构造的变化在一般的年龄阶段所达到的一般程度。人的身心发展具有一定的规律性和阶段性，并在一定程度上受到遗传素质生理成熟水平的制约。因此，个体到了某一年龄阶段就应出现该年龄阶段应出现的年龄特征，就像乳儿期、婴儿期、幼儿期、童年期、少年期和青年期都各自具有不同生理发展的特征。教育就是要遵循人的遗传素质的这个特点，对于不同年龄阶段的学生，教育的内容和方法应该有所不同。

（二）环境

环境泛指个体生活在其中，影响个体身心发展的一切外部因素。按性质可把环境分为自然环境和社会环境。自然环境是一切生命赖以生存的客观条件，主要有大气、土壤、水、岩石、植物、动物、阳光等；社会环境是人生存和发展的根本条件，主要是指人类在自然环境基础上创造和积累的物质文化、精神文化和社会关系的总和。

环境在人的发展中的作用主要包括以下几个方面。

1. 环境为个体的发展提供了现实条件

在缤纷多彩的社会中，环境的种类也很复杂，每一种环境都为人们提供了一种发展的可能，包括机遇、条件和对象。例如，一个成长在山区的孩子，他从小的发展，包括内心、眼界、知识的广度都会受到影响，也许他的梦想就是能够走出山区去看看外面的世界；而一个自小成长在信息、交通都很发达的大城市的孩子，他的梦想也许是更大的世界，可以引起他的好奇的或许是更广阔的天地。又如，不同历史时期、不同地域、不同民族、不同社会阶层中的人，他们的思想意识、道德品质、知识才能和行为习惯都有明显的差别。每个人的思想、品行、才能与习性无不打上历史、地域、民族文化和社会阶层的烙印。遗传素质仅仅为人的发展提供可能性，没有一定的环境的影响，这种可能性决不会转化为现实。印度"狼孩"的事例就是有力的证明。

2. 环境从总体上制约着人的发展状态

首先，社会生产力的发展水平决定着人的发展程度和范围。一定发展水平的生产力创造和决定着一定水平的物质生活条件。人在一定物质生活条件下生活着、发展着，人的发展程度和范围直接为这种物质生活条件所制约。比如在原始社会，生产力不能提供任何剩余产品，决定了人的发展是十分低下的；而现代生产力能够提供丰富的物质生活资料，人们的发展就有了更大的自由，就可以达到空前的高度。

其次，社会关系影响着人的发展方向和性质。在人类社会中每个成员总是和其他成员结成一定的社会关系。一个人出生到世界上来，总是生活在一定的人与人关系的体系之中，这种社会关系直接影响青少年儿童的发展方向和发展水平。例如，关于独生子女的研究说明，家庭的结构和儿童在家庭中所处的地位，都会在儿童的身心发展中留下痕迹。

最后，社会意识形态影响着个体身心发展的内容。社会意识是人们精神生活过程的总和，如文化、道德、艺术、哲学、宗教、风俗等。社会意识形态是社会意识在社会现实生活中的表现和表述方式，它构成了人的身心发展的最重要的内容，对人的发展的影响广泛而深刻。

3. 环境对人的发展的作用方式是不同的

在环境对人的发展的影响过程中，根据人的主动性发挥的程度，可以将环境对人的发展的作用方式分为两种：被动接受和主动选择。被动接受的方式意味着人总是首先接受和适应环境的影响，然后才能获得发展。主动选择的方式是指环境对人的发展的影响作用离不开个体的主动选择，需要个体发挥主观能动性。

一般来说，儿童只能在当下的、既成的、给定的环境中生活，无法抗拒或摆脱环境的影响和限制，他只能适应环境、接受环境的影响而生活，并从中获得自身的生存与发展。但在接受环境影响的过程中，有的儿童逐步发展了自己的能动性，创造了更多主动选择的机会。例如，在良好的环境中，有的人却没有什么成就，甚至走向与环境所要求的相反的道路；在恶劣的环境中，有的人却"出淤泥而不染"，成为很有作为的人。

由此可见，人们接受环境影响不是消极的、被动的，而是积极的、能动的实践过程。人是在社会实践的过程中，接受着环境的影响，同时也改造着环境，并在改造环境的过程中改造着自己。因此，人的主观能动性的发挥和人的社会实践对人的发展起着决定性的作用。

拓展阅读

人性的挑战：斯坦福监狱模拟实验①

1971 年，美国心理学家、斯坦福大学退休教授菲利普·津巴多在斯坦福大学一座大楼的地下室设计了一座模拟监狱。24 名身心健康的学生自愿参加实验，并被随机分成狱警和囚犯。在模拟监狱里，充当狱警和囚犯的学生逐渐投入各自的角色。"狱警"们对待"囚犯"们越来越严厉。一开始只是语言上的侮辱、嘲弄，逐渐地，他们开始严厉惩罚"不听话"的"囚犯"们，剥夺他们的睡眠，不给他们饭吃，扒光他们的衣服，极尽所能地行使狱警的职权。"囚犯"学生也逐渐融入囚犯的角色，或反抗或顺从，就连津巴多也沉浸在监狱长的角色中不能自拔。直到旁观者克里斯蒂娜看到监狱的暴行并斥责了津巴多，津巴多才清醒过来，终止了实验。

斯坦福实验本来是为了考察特定环境对人行为的影响，津巴多也未曾料到实验会把这些表面上看上去普通的学生，变成残忍冷酷的"狱警"以及无法忍受监狱生活的或反抗或顺从的"囚犯"。他深切地感受到外在环境对人的个性的影响，这一实验也成为轰动世界的经典社会心理学实验。

（三）学校教育

学校教育有明确的目的性，它在人的发展中起着主导作用。但是学校教育对人的身心发展并不是任何时候、任何条件下都起主导作用，它起主导作用是有条件的，即教育必须符合受教育者的身心发展特点，调动受教育者的积极性。学校教育在人的发展中起主导作用，这是因为：

（1）学校教育是有目的、有计划、有组织地培养人的活动；

（2）学校教育是通过专门训练的教师来进行的，相对而言效果较好；

（3）学校教育能有效地控制、影响学生发展的各种因素；

（4）学校教育给人的影响比较全面、系统和深刻。

（四）个体的主观能动性

个体的主观能动性对其身心发展起促进作用，在其他条件大致相同的前提下，个体主观能动性对身心发展起着决定性作用。个体主观能动性是促进个体身心发展的内部动力，并直接影响个体身心发展的方向和水平。因此，要促进个体的身心发展，就必须调动个体的主观能动性。

1. 个体主观能动性为其身心发展提供动力

个体的身心发展，只有通过个体自身的活动才能实现，即个体的实践活动是个体发展的决定性因素。在恶劣的环境中，有的人"同流合污"，有的人则"出淤泥而不染"，有的人"人穷志短"，有的人则"穷则思变"，这就是个体主观能动性在活动中表现的差异而出现的两种不同结局。就学生的学习而言，如果意识到学习的价值，学

---

① 贺国荣. 斯坦福监狱模拟实验的启示 [J]. 法制与社会，2011（02）：286.

生就会产生强大的学习动力，努力克服困难，主动积极地学习，学习效果就会好。

2. 个体主观能动性为其身心发展提供方向并提高其发展水平

人在成长的过程中，随着自我意识的提高和主观能动性的增强，就会有目的地去发展自身，这主要表现为根据自身对环境的认识，有选择地参加一些活动，以求获得他人的称赞，尽可能控制或不从事遭人否定的活动。此外，它还表现为：能根据需要确定自己的发展方向和目标，并为之主动积极地奋斗，努力提高发展水平。古今中外有很多经过自己努力奋斗而取得巨大成就的人物，如司马迁、华罗庚、居里夫人、爱因斯坦等，他们在某个方面发展的高水平和取得的创造性成果，说明了主观能动性对个体身心发展方向和水平的影响。

三、心理发展理论

西方主要的心理发展理论有成熟势力说、认知结构论、精神分析论、行为主义理论、文化历史发展理论和生态系统理论等。

（一）成熟势力说

成熟势力说的代表人物是美国心理学家格塞尔，他通过研究双生子爬楼梯的经典实验提出了自己的观点。他认为支配儿童心理发展的因素有两个：成熟和学习。他强调生物因素在儿童发展中的作用，认为个体的生理和心理发展，都是按基因规定的顺序有规则、有次序地进行的。成熟是推动心理发展的主要动力，没有足够的成熟，就没有真正的发展与变化。脱离了成熟的条件，学习本身并不推动发展。外部环境为正常生长提供必要的条件，但不能改变发展本身的自然成熟程序。

通过对儿童行为的观察与归纳，格塞尔总结出以下三个重要的观点。

（1）发展是遗传因素的主要产物。

（2）在儿童成长过程中，较好的年头与较差的年头有序地交替。格塞尔的"行为周期"：2～5岁、5～10岁和10～16岁，每一阶段都有平衡与不平衡相互交替的同样程序，表现为在儿童发展过程中，较好的年头和较差的年头有序地交替。

（3）儿童的身体类型和个性有明显的相关。格塞尔经过数十年的研究，收集了数以万计的儿童发展行为模式，发现了每一个特定年龄行为发展的特定水平，即年龄常模的资料。1940年，格塞尔公布了格塞尔发展量表。学术界公认这是迄今为止对儿童行为最好的分析和概括。同时，格塞尔认为成长类型的差异导致了个体发展的差异。

🔆**拓展阅读**

双生子爬楼梯实验①

美国心理学家格塞尔曾经做过一个著名的实验：让一对同卵双胞胎练习爬楼梯。其中一个孩子的代号为T，他在出生后的第46周开始练习，每天练习10分钟。另外一个孩子的代号为C，他在出生后的第53周开始接受同样的训练。两个孩子都

---

① 边玉芳．"循序渐进"与"拔苗助长"——格塞尔的双生子爬楼梯实验［J］．中小学心理健康教育，2015（11）：21-22.

练习到他们满54周的时候，T练了8周，C只练了2周。这两个小孩中，谁爬楼梯的能力高一些呢？大多数人认为应该是练了8周的T比只练了2周的C能力更高。但是，实验结果出人意料——只练了两周的C比练了8周的T能力更高——C在10秒钟内爬上那特制的五级楼梯的最高层，T则需要20秒钟才能完成。格塞尔分析说，其实第46周就开始练习爬楼梯，为时尚早，孩子没有做好成熟的准备，所以训练只能取得事倍功半的效果；第53周开始爬楼梯，这个时间就非常恰当，孩子做好了成熟的准备，所以训练就能达到事半功倍的效果。

这个实验的启示是：教育要尊重孩子的实际水平，在孩子尚未成熟之前，要耐心地等待，不要违背孩子发展的自然规律，不要违背孩子发展的内在"时间表"而人为地通过训练加速孩子的发展。

（二）认知结构论

认知结构论的代表人物是瑞士心理学家皮亚杰。他认为儿童心理的发生发展不是先天结构的展开，也不完全取决于环境的影响。

1. 影响儿童心理发展的因素

在皮亚杰看来，心理发展受四个因素的共同影响，这四个因素分别是成熟、练习和自然经验、社会经验以及平衡，其中第四个因素是决定性因素。

（1）成熟。成熟是指机体的成长，特别是神经系统和内分泌系统的成熟。他认为，成熟的作用主要在于揭开新的可能性，是某些行为出现的必要条件，但不是充分条件。

（2）练习和自然经验。练习和自然经验是指个体对物体施加动作过程中的练习和习得的经验。他认为这也是心理发展的必要因素。他把经验分为两类：①物理经验，是指个体作用于物体并抽象出物体的特性（如体积、重量等）；②逻辑数理经验，是指个体对动作与动作之间关系的理解，如五六岁儿童发现物体的总数与它们在空间上的排列位置和对它们计数的次序无关。这类经验不是来源于物体，而是来源于动作。

（3）社会经验。社会经验是指社会上人与人之间的相互作用和社会文化的传递。皮亚杰认为个体在社会化中是主动的，如果缺乏主动作用，社会化仍将是无效的。

（4）平衡。皮亚杰认为平衡过程是心理发展的内部机制，它不能归结为单独的遗传性，也不存在预先制定的规划，实际上它是一种认知结构建造的过程。婴儿最初只具有一些本能动作的遗传性图式，而后在个体与环境相互作用的过程中，经过同化和顺应，图式就不断改变或复杂化，儿童的心理也随之不断发展。皮亚杰认为，刺激输入的过滤或改变，称为同化；内部图式改变以适应现实，称为顺应。所以，同化是主体把客体纳入其已有的图式之中，这可以引起图式量上的变化；顺应则是主体已有图式不能同化客体，促使调整原有图式，因而这可以引起图式在质上的变化。平衡是指同化和顺应两种机能的平衡。个体遇到新事物，总是先试图用已有图式去同化，如获成功，便达到认识上的暂时平衡；反之，个体就做出顺应，调整已有图式，改变认识结构以适应新事物，直至达到认识上的新的平衡。这种新的平衡不是静止的，是趋向另一个更高水平的平衡的起点。这就是皮亚杰所说的认知结构形成和发展的基本过程，即平衡是个体心理发展的内部机制。

2. 皮亚杰提出的认知发展阶段①

（1）感知运动阶段（0～2岁）。这个阶段的儿童仅靠感觉和动作适应外部环境，应付外界事物，逐渐获得了客体的永恒性，开始协调感知觉和动作间的活动，婴儿开始能区分自己和物体。例如，爸爸离开了，能认识到爸爸依然存在，会有找爸爸的行为。

（2）前运算阶段（2～7岁）。这个阶段的儿童自我中心比较突出，思维不具备可逆性，也没有守恒概念。例如，4岁的小明给妈妈送礼物，会送自己喜欢的奥特曼玩具，但是不会考虑妈妈的喜好，认为自己喜欢的就是妈妈喜欢的；知道2+3=5，却不知道3+2=5；当一个饼干被掰开后，就会觉得饼干多了。

（3）具体运算阶段（7～11岁）。这个阶段的儿童有了具体运算能力，出现了"守恒"和"可逆性"。例如，你是小红的弟弟，你怎么称呼小红？但这个时期儿童进行运算时还不能离开具体事物或形象的帮助。

（4）形式运算阶段（11～15岁）。这个阶段的青少年已有形式运算能力，其心理水平已接近成人。所谓"形式运算"，是"使形式从内容中解放出来"，思维超出了所感知的事实或事物的具体内容，而朝着非直接感知的或未来的事物的方向发展。如根据假设对各种命题进行推理，并解决问题等。

皮亚杰的研究和理论，受到很多人的关注，产生了很大的影响。有很多人对他的研究做了重复验证工作，有的证实了他的一些结论，也有的得出了不同的结论。有人指出，皮亚杰的理论主要从生物学的理论演绎而来，过分强调年龄差异，对环境（包括社会、教育和语言）的作用重视不够。

（三）精神分析论

1. 弗洛伊德的性心理发展理论

性心理发展理论由奥地利精神病学家弗洛伊德创立。这种理论强调人的性本能，认为所有心理发展都是这种本能发生变化的结果，是心理发展的动力。弗洛伊德认为，心理生活由三个不同的成分——本我、自我和超我构成。婴儿最初是由无意识的、非理性的本能冲动支配的。本我所遵循的是快乐原则；随着儿童的成长，帮助儿童应付现实的自我就从本我中派生出来，它遵循的是现实原则；后来在内化社会道德规范基础上就发展出超我，超我代表理想而非现实，它追求完美而非快乐。弗洛伊德认为，心理问题的根源就在于三种心理成分的冲突。成人人格的基本组成部分在前三个发展阶段就已经基本形成，所以儿童的早年环境、早期经历对其成年后的人格形成起重要的作用。

弗洛伊德认为，由于上述心理结构的演化，个体在达到成熟的过程中就经历了许多特殊的阶段。他所说的阶段是把身体的不同部位置于中心地位，以生物本能能量投入这些部位的顺序来划分的。例如，出生后的第一年，婴儿被说成处于口唇期，这时生物能量投入口唇活动，婴儿从口唇活动获得最大快乐；此后依次是肛门期（1～3岁）、性

---

① 诸思源．皮亚杰活动理论研究述评［D］．湖南师范大学，2013.

器期（3～6岁）、潜伏期（6～11岁）、青春期（12岁以后）等（如表1.1所示）。

弗洛伊德认为，在儿童发展的一定阶段中，如果他们获得的快感太少，体验到不幸、挫折时，发展就可能被抑制而产生停滞，并导致不良人格特性的出现，如沮丧、悲观、吝啬、消极抵抗、自恋、傲慢等。

表1.1 弗洛伊德划分的心理发展阶段

阶段	年龄	性敏感区	基本特征
口唇期	0～1岁	口、舌、唇	这个时期，婴儿主要通过吸吮、咀嚼、吞咽、咬等口腔的刺激活动获得性的满足。如果口部需要没有得到满足，个体就会产生口腔人格，发展出吮吸手指、咬指甲、啃铅笔等习惯，长大后则易发展为暴饮暴食和抽烟
肛门期	1～3岁	肛门	这个时期，儿童从排泄获得快感，肛门周围成为快感的中心。父母在这个时期开始培养孩子大小便的习惯，若排泄习惯不当，则会形成"肛门性格"，表现为邋遢、浪费、无条理、放肆或过分爱干净、过分注意条理和小节、小气、固执
性器期	3～6岁	生殖器	这个时期，性器官成为儿童获得满足的主要来源，表现为喜欢抚摸或显示生殖器官以及性幻想，儿童在行为上开始出现性别之分，出现恋母情结或恋父情结。这个时期儿童如果发展不良，将导致以后的许多行为问题，如各种"性偏离"的人格
潜伏期	6～11岁	无	性活动在这个时期受到压抑，对性缺乏兴趣。快乐来自外界，如学习、体育以及与同辈人的集体活动，儿童的注意力也集中在这些方面。随着各种能力和内在的社会价值的发展，自我和超我继续发展
青春期	12岁以后	生殖器	青春期开始，出现性冲动，青少年必须学会以社会可接受的方式表达冲动。青少年在这个时期的任务是逐渐摆脱父母，建立起自己的生活，如积极参加社会活动、寻求异性的爱，最终成为现实的和社会化的成人

弗洛伊德的心理发展理论提倡本能决定论，受到许多心理学家的批判，后者认为他的理论是一组缺乏科学证明的假设。但他的某些观点，如无意识的动机能够影响人的活动和思想，儿童的早期经验可能影响人格的某些方面，则被有些人认为是有启发作用的。

2. 埃里克森的人格发展理论

师承弗洛伊德的美国精神病学家埃里克森结合了瑞士心理学家荣格的毕生发展理论，划分了人格发展的八个阶段（如表1.2所示），由此建立了自己的人格发展理论，该理论既考虑到生物学的影响，也考虑到文化和社会因素。埃里克森认为，在人格发展中，逐渐形成自我的过程在人及其周围环境的交互作用中起着主导和整合的作用，每个发展阶段都有各自的发展危机、发展任务以及影响最大的人物。

表 1.2 埃里克森划分的人格发展阶段

年龄	发展危机	发展任务	影响最大的人物
0~1.5 岁（婴儿期）	信任—怀疑	希望品质	母亲
1.5~3 岁（儿童早期）	自主—羞耻	意志品质	父亲
3~6 岁（学前期）	主动—内疚	目标品质	家庭成员
6~12 岁（学龄期）	勤奋—自卑	能力品质	邻居与师生
12~18 岁（青春期）	同一—角色混乱	诚实品质	同伴与小团体
18~25 岁（成年早期）	亲密—孤独	爱的品质	友人
25~65 岁（成年期）	繁衍—停滞	关心品质	一起工作与分担家务者
65 岁以上（成熟期）	完善—失望厌倦	智慧	整个人类

在这八个发展阶段中，每个阶段都要面对一种特有的心理社会困境。成功地解决这种困境会使个人和社会之间产生新的平衡，从而使人健康发展，获得满意的生活，进而进入下一阶段的成长。若某一阶段的任务未能很好解决，则往往会发生停滞，进而影响下一阶段任务的解决。但埃里克森同时强调人格特征的可变性，每一发展阶段的结果不是一成不变的，在生命之初未获得信任感的人，可以在以后的发展中获得。

历年真题

【1.1】埃里克森人格发展理论认为，个体在 1.5~3 岁阶段的危机冲突是（ ）。
A. 基本信任—不信任　　　　　B. 自主—羞耻
C. 主动—内疚　　　　　　　　D. 勤奋—自卑

（四）行为主义理论

行为主义理论又称刺激—反应理论，其主要代表人物是美国心理学家华生和斯金纳。该理论关注的是个体的外显行为，而不是他们的思维，也不是他们的情感和欲望。该理论认为：儿童的活动可以分析为看得见的刺激和反应，以及二者之间的相互关系；儿童的一切发展，不外乎是经验累积基础上行为的习得和改变。

行为主义理论强调的是环境和训练的力量，认为环境中的任何事件都可以成为激发儿童行为的刺激，并决定他们的行为。华生曾声称："给我一打健康的婴儿，一个由我支配的特殊的环境，让我在这个环境里养育他们，我可担保，任意选择一个，不论他父母的才干、倾向、爱好如何，他父母的职业及种族如何，我都可以按照我的意愿把他们训练成为任何一种人物——医生、律师、艺术家、大商人，甚至乞丐或强盗。"斯金纳则认为：按照强化原理，可以通过控制强化物来控制行为，使需要的行为重复出现并得到加强，使不需要的行为得到削弱或消失；通过及时反馈，每一小步子上的强化，学生就能学会正确的行为。

行为主义理论认为，儿童的行为是经过学习而形成和改进的，儿童主要通过两种途径学习新的行为方式：①条件反射形成。由于一定的行为受到了奖励，而其他行为受到了惩罚，儿童就学会了新的行为方式。②观察。儿童通过观察和模仿其他人的行为学会新的行为方式。所以该理论认为，在儿童学习复杂的行为时，把教导、示范和奖惩结合起来是必要的。

许多心理学家认为，行为主义理论强调对心理进行客观研究，有一定的道理；但它否定意识，贬低生理和遗传作用，否定本能的存在，片面强调环境和教育的作用，忽视人的主观能动性，则是其不足之处。

（五）文化历史发展理论

苏联心理学家维果茨基从历史唯物主义观点出发，在20世纪30年代提出文化历史发展理论，主张人的高级心理机能是社会历史的产物，受社会规律制约，强调人类社会文化对人心理发展的重要作用，以及社会交互作用对认知发展的重要性。他主要探讨了发展心理和教育心理，全面论述了思维与语言，儿童的学习、教学与发展的关系等问题。

1. 维果茨基的心理发展观

维果茨基认为，心理发展是指一个人的心理在环境与教育的影响下，在低级心理机能的基础上，逐渐向高级心理机能的转化过程。低级心理机能的发展受个体的生物成熟所制约，高级心理机能的发展则受社会文化历史所制约。高级心理机能具有间接性，间接反映的中介结构即为工具。而在工具生产中凝结着人类的间接经验，即社会文化知识经验，这就使人类的心理发展规律不再受生物进化规律所制约，而受社会历史发展规律所制约。维果茨基理论的不足之处在于，没有考虑儿童先天遗传基因的差异，也没有考虑人不同于动物，生而具有某些学习能力倾向。

2. 心理发展与教育教学的关系①

（1）"最近发展区"思想。这是维果茨基提出来的。"最近发展区"是指在有成人指导的情境下儿童所达到的解决问题的水平即儿童可能的发展水平与在独立活动中所达到的解决问题的水平即儿童现有发展水平之间的差异。实际上这种差异就是教育教学所带来的发展，是对潜力的开发。儿童的这两个发展水平的动力状态是由教育教学决定的，即教学创造出"最近发展区"。例如，"跳一跳，摘桃子"就是告诫教育工作者要善于发现学生的"最近发展区"。

（2）教学应走在发展的前面。这是维果茨基对教学与发展关系问题的最主要的理论，教学可视为"人为的发展"，它决定着智力的发展，其决定作用表现在智力发展的内容、水平、速度和活动特点上。

（3）学习的最佳期限。学习最佳期限概念的提出，依据的是身心发展的不平衡性。这就意味着对儿童的教育教学必须以生物成熟为前提，又要走在心理机能形成的前面。最佳期限就是建立在正在开始又尚未形成的机能之上，如果错过学习某一技能的最佳年龄，将不利于其发展。教育教学的最佳期限也就是儿童最容易接受有关教育教学影响的时期。

---

① 梁爱民，陈艳. 维果茨基社会文化理论混沌学思想阐释 [J]. 山东大学学报（哲学社会科学版）. 2013（5）：146-152.

历年真题

【1.2】维果茨基的最近发展区是指（　　）。

A. 最新获得的能力　　B. 儿童现有的发展水平与可能的发展水平之间的差异

C. 超出目前水平的能力　　D. 需要在下一发展阶段掌握的能力

（六）生态系统理论

个体并不是在真空中发展的，每个人都是在自己的家庭、社区及国家构成的多元背景中发展的。基于此，美国心理学家布伦纳提出了一个理解社会影响的生态系统模型。在他看来，社会影响可以分为围绕个体所展开来的一系列系统，如微系统、中系统、外系统、宏系统和时间系统。

微系统包括个体直接接触的那些方面，是对个体产生最直接影响的系统，如家庭、朋友、学校、健康服务机构、宗教团体、街区的游乐场所及个体隶属其中的各种社会团体等。

中系统包含微系统背景中的交互关系。中系统将分析交互作用的频率、性质及影响，比如家庭经验与学校适应之间的关系怎样，家庭特征与同伴压力关系怎样，等等。

外系统是由那些儿童并未直接参与，但却对他们的发展产生影响的系统，如父母的工作、父母的老板好坏等。

宏系统包括特定文化中的意识形态、态度、道德观念、习俗及法律。

时间系统就是时间维度，把时间作为研究个体成长中心理变化的参照体系，包括家庭构成、居住地或父母职业的变化，以及重大事件的发生，比如战争、移民潮等。

按照布伦纳的观点，环境是动态的、不断变化的。无论什么时候，个体生活中增加或减少了所承担的角色，或者生活背景有所变化，其微观系统的广度都会发生变化。纵观人的一生，这些变化（即所谓的"生态转换"）常常是发展中的重要转折点。

第二节　小学生心理发展的基本问题

围绕心理发展的机制和过程，产生了几个基本的理论问题，对于这些问题的探索与争论形成了发展心理学的不同的理论派别，也构成了发展心理学主体内容和基本框架。

一、遗传与环境的关系

关于遗传与环境的争论贯穿了心理发展研究的历史，涉及几乎每一个领域。关于遗传与环境的争论大致经历了四个阶段：遗传决定论、环境决定论、共同决定论、相互作用论。

（一）遗传决定论

遗传决定论的代表人物是英国遗传学家高尔顿和美国心理学家霍尔。他们基于广泛的选择性繁殖、家庭研究、双生子研究和血缘关系的研究论，认为儿童心理发展是由先天遗传所决定的。高尔顿是这种理论最早的著名代表，他在《遗传的天才》一书中写道："一个人的能力乃由遗传得来，其受遗传决定的程度如同机体的形态和组织之受遗传决定一样。"霍尔也说："一两遗传胜过一吨教育。"例如，俗语"种瓜得瓜，种豆得豆"便是遗传决定论的经典佐证。

1. 影响心理发展的遗传因素

遗传因素在个体身上体现为遗传素质，主要包括机体的构造、形态、感官和神经系统的特征等通过基因传递的生物特性，而其中最主要的是大脑和神经系统的解剖特点。

2. 遗传决定论的观点

高尔顿坚持以遗传的观点来解释个体差异。他认为遗传在发展中起决定作用，儿童的心理与品性早在生殖细胞的基因中就已经决定了，发展只是这些内在因素的自然展开，环境和教育只起引发作用。

（二）环境决定论

环境决定论，又称机械决定论。这一论断最早是由美国行为主义心理学家华生提出的，其主要观点是：除了极少数的简单反射即"刺激-反应"之外，一切复杂行为都取决于环境的影响。例如，"孟母三迁"的故事就为环境决定论者长期以来津津乐道。

影响发展的环境因素有先天胎内环境、后天自然环境、后天社会环境。

1. 先天胎内环境

子宫是影响个人成长的最早的环境，又称先天胎内环境。一个胎儿与另一个胎儿所处的胎内环境有很大的不同。孕母的身体健康状况，接触烟酒、毒品及药物的情况，怀孕时的年龄，母亲的情绪状态以及分娩状况（如早产或难产）等都可能直接或间接地影响胎儿心理的发展。

2. 后天自然环境

后天自然环境是指维持生物有机体生存所必需的环境，如食物营养、地理气候等。

3. 后天社会环境

后天社会环境是指个体所处的社会生活条件和教育条件，包括家庭、社会、学校等。

（三）共同决定论

随着心理实验技术的不断完善和人类对自身了解的进一步加深，极端的遗传决定论和环境决定论的影响力逐渐减弱。许多事实证明，儿童心理发展不可能没有遗传的作用，也不可能没有环境的作用，于是，既承认环境影响又承认遗传影响的共同决定论便随之出现了，其代表人物是德国心理学家斯滕和美国心理学家格塞尔。

（四）相互作用论

相互作用论的代表人物是皮亚杰。他认为人天生具有一些基本的心理图式，在个体与环境作用时，利用"同化"和"顺应"的机制，原有的心理图式得到不断改变和发展，最后达到较高层次的结构化，使儿童对环境的适应能力越来越强。

1. 相互作用论的主要观点

（1）遗传与环境是相互制约、相互依存的。

遗传与环境这两个因素中，一个因素作用的大小、性质依赖于另一个因素。例如，有精神分裂症潜在倾向的个体发病与否取决于个体遇到的环境压力，而没有这种遗传倾向的个体，即使环境压力再大也不易发生这类疾病。

（2）遗传与环境的作用是相互渗透、相互转化的。

遗传有时可以影响或改变环境，而环境也可以影响或改变遗传。从个体发展的角度看，从受精卵形成的那一刻开始，遗传和环境两个因素的作用就纠缠在一起，无法真正分离。从种系进化的角度看，遗传和环境本身就是互相包容的。遗传是种系与环境长期作用的结果，种系是以机能的形式巩固下来的对环境作用的反映。

（3）遗传与环境对发展的作用是动态的。

不同的心理和行为、不同年龄阶段，遗传和环境作用的大小各不相同。年龄越小，遗传的影响越大；低级的心理机能受环境制约小，受遗传影响大；越是高级的心理机能，受环境的影响就越大。

2. 遗传与环境的辩证关系

总的来说，遗传与环境对心理发展的作用可以理解为发展的可能性与现实性之间的辩证关系。个体的生物遗传因素规定了发展的潜在可能范围，而个体的环境教育条件确定了发展的现实水平。这其中，潜在可能性转化为现实性离不开环境与教育条件。一般情况下，正常的健康儿童发展的潜在可能性是相当广阔的，从这个意义上说，环境条件的有利与否对个体发展的现实水平起到更为重要的作用。

历年真题

【1.3】人发展的物质基础和前提条件是（　　　）。

A. 遗传因素　　　　B. 教育　　　　C. 主观能动性　　　D. 环境

二、连续性与阶段性的关系

儿童心理发展是一个不断由量变到质变的发展过程。这种从量变到质变的过程使儿童心理发展表现出连续性与阶段性。

（一）儿童心理发展的连续性

连续性特征是指在心理发展过程中，后一阶段的发展总是以前一阶段的发展为基础，而且又在此基础上萌发出下一阶段的新特征，表现出心理发展的连续性。心理的发展是一个连续的过程，可以被分解为一个个小的不连贯的阶段。在各个年龄阶段，心理的发展有一定的秩序，并且可以做出预测。因此，心理的发展可以用客观的词语做出描述、解释和预测，用数学手段进行测定，用增长曲线和轨迹的形式描述出来。

儿童的身心发展按照一定顺序展开，如身体发展是从头部到下肢、由中心到边缘。心理的发展也有一个从低级到高级、从简单到复杂、从不分化到逐渐分化的过程。它既是相对稳定的，同时又可以随着社会生活和教育条件等文化背景的改变而有一定程度的可变性。例如，婴儿身体发展遵循"头尾原则""中心边缘原则"和"近远原则"。婴儿动作发展的顺序是从头到脚、从中心到外周、从大肌肉到小肌肉。儿童的认知发展遵循由近及远、由表及里、由片面到比较全面、由浅到深、由绝对到相对、由自我中心到脱中心化的过程。再比如，美国心理学家柯尔伯格认为道德发展的"三水平六阶段"是按照不变的顺序由低到高逐步展开的。

（二）儿童心理发展的阶段性

个体心理发展的过程是连续的，但由于各种发展因素的相互作用，个体心理发展又具有阶段性。各阶段的出现，从低到高是有一定次序的，每一个阶段都是形成下一个阶段的必要条件，但前后两个阶段相比，有着质的差异。在心理发展中，两个阶段之间不是截然划分的，而是有一定的交叉。个体心理发展的连续性和阶段性是辩证统一的：在连续发展过程中的重大质变，构成了发展的阶段性，阶段特征之间的交叉又体现了发展的连续性。

所以，儿童的身心发展过程是一个不断从量变到质变的过程，是从渐进性的量变到跃进性的质变的过程。整个发展过程表现出若干连续的、不同的阶段，表现出区别于其他阶段的典型特征和主要矛盾，这就是身心发展的阶段性。

划分心理发展阶段的标准是与心理发展的基本观点相联系的，主要有皮亚杰的认知发展阶段论、英国心理学家柏曼的生理发展阶段论、弗洛伊德的情欲发展阶段论、埃里克森的人格发展阶段论、德国发展心理学家贝尔特斯的毕生发展理论等。这些观点虽然划分的标准各有不同，但在实际年龄阶段的区分上是相近的。它们对生理、智力、个性、教育和生活诸方面的阐述各有其特点，以身心发展的各种指标综合地来划分各自的年龄阶段，但同时又有其内在的一致性（如表 1.3 所示）。

表 1.3　毕生发展的阶段及其主要任务和基本特征

序号	名称	年龄段	主要任务和基本特征
1	产前期	受孕～出生	生理的发展
2	乳儿期	出生～1 岁	生理的发展、适应环境、习得简单的反射
3	婴幼儿期	1～3 岁	动作技巧、言语的发展、社会性的发展、身体的发展
4	儿童前期	3～6 岁	自我意识、性别认同感的发展、力量增加、创造力发展
5	儿童后期	6～12 岁	运动技能的发展、具体思维的发展、书面语言的发展、同伴关系的发展、自我概念和自尊的发展
6	青少年期	12～18 岁	生理的高速发展、生殖成熟、抽象思维的发展、人格独立的发展、建立两性关系
7	成年早期	18～45 岁	职业与家庭关系的发展、认知能力达到高峰之后逐渐下降、扮演父母的角色和社会职业角色

序号	名称	年龄段	主要任务和基本特征
8	中年期	45～65 岁	生理机能出现衰退、活力下降、认知技能复杂化、善于解决实际问题但学习能力下降、对自我进行重新评价
9	老年期	65 岁以上	生理机能衰退、认知技能衰退、反应力减退、享受家庭生活、承担丧失亲人的痛苦、退休、重新适应生活

三、主动性与被动性的关系

心理发展是按照个体自身条件和要求主动地发展，还是按照父母、教师等的期望和要求发展呢？将人看成是一个主动的个体，就必然会尊重人的主体，将人看成是一个有独特气质、性格、兴趣、爱好，有探究性的独立的个体，就会重视开发个体的优势领域，充分发挥个体自身的积极性和主动性，这对人的发展有重要意义。

儿童心理发展的主动性与被动性问题，实际上是儿童发展的内外因关系的问题。环境和教育不是机械性地决定心理的发展，而是通过心理发展的内部矛盾起作用。这里的内部矛盾是主体在实践中，通过与环境交互作用形成的新需要与原有水平的矛盾，这个矛盾就是心理发展的动力。

关于心理发展的主动性与被动性的关系问题，历史上形成了两种观点：机械论和机体论。

机械论者认为在发展的过程中，儿童是被动的。机械论的代表人物是英国哲学家、教育家洛克和英国哲学家休谟，他们将人当作内部静止的、必须由外部力量推动的机器。这种观点在行为主义发展理论中达到了登峰造极的地步，儿童被看作可以根据成人的意愿任意塑造的原料。机械论者认为儿童只是像海绵吸水一样被动地接受现实。

机体论者认为在发展的过程中，儿童是主动的。这种理论把人看作一个生命系统而非机器；认为人具有内在的活动和自我调节的功能，能对环境中的刺激进行过滤和组织，有选择地做出反应；认为儿童能通过积极的同化建构他们的知识。

四、心理发展的关键期

"关键期"又称"敏感期"，此词源于动物习性学研究。儿童在心理发展的某个时期对某些刺激最敏感，这个时期也是发展技能、能力最佳的时期，错过了将带来不可逆的影响。心理发展的关键期是指人或动物的某些行为与能力的发展有一定的最佳时间，如在此时给予适当的良性刺激，会促使其行为与能力得到更好的发展；反之，则会阻碍其发展，甚至导致其行为与能力的缺失。关键期并不是突然开始和中止的，它逐渐发展到高峰，然后慢慢消退。

在心理发展研究的历史中，关于人的关键期也有过争论，主要围绕两个方面进行：关键期是否存在？关键期的缺失是否不可弥补？一般而言，运用"关键期"这一概念，通常意味着若缺失了关键期内的有效刺激，就会导致认知能力、语言能力、社会交往能力低下，且难以通过教育与训练得到改进。但也有研究者认为，关键期的缺失对人类发展的负面影响通常并非不可弥补，对于人类大部分心理功能而言，也许用"敏感期"这个词更为合适。在敏感期内，个体的各种心理功能比较容易接受某些刺激，比较容易进行某些形式的学习；在这个时期以后，这种心理功能产生和发展的可能性依然存在，只是可能性较小，形成和发展起来比较困难。但过于强调关键期可能会坠入新的宿命论的陷阱之中。

历年真题

【1.4】个体早期发展阶段存在着关键期，表明儿童的身心发展具有（　　　）。
A. 差异性　　　　　B. 不平衡性　　　　　C. 稳定性　　　　　D. 顺序性

拓展阅读

"狼孩"的故事①

1920 年，美国牧师辛格在印度发现两个"狼孩"，小的两岁，不久就死去了；大的约八岁，取名卡玛拉。后来她被从狼窝里救回送到附近一个孤儿院，由辛格牧师夫妇抚养。刚到孤儿院的头一年，卡玛拉只有狼的习性而没有人的心理。她不会说话，不会思考，没有感情，用四肢行走，昼伏夜行，睡觉也是狼的姿势。卡玛拉经常半夜起来在室内外游荡，寻找食物。想要逃跑时，像狼一样嚎叫，吃饭、喝水都是在地上舔食。她愿意与猫、狗、羊等动物一起玩，不让别人给她穿衣服，不愿与小孩接近。尽管她每天与人生活在一起，但心理发展极慢，智力低下。第二年，卡玛拉能用双膝行走，能靠椅子站立，能用双手拿东西吃，对抚养她的辛格夫人能叫"妈妈"。经过三年多的训练她才逐步适应人的生活，能够自己站起，让人给她穿衣服，摇头表示不。辛格夫人外出回来，她能表示高兴。入院四年，她才能摇摇晃晃地直立行走，吃饭时能说"饭"这个词，这时她的智力水平相当于一岁半的孩子。入院六年时，她能说出 30 个单词，与别人交往时有了一定的感情，智力达到两岁半孩子的水平。入院第七年，卡玛拉已基本上改变了狼的习性，能与一般孩子生活在一起，能说出 45 个单词，能用三言两语表达简单的意思，能够唱简单的歌。她开始注意穿着，不穿好衣服不出屋，有了羞耻心。她能自觉地到鸡窝去捡鸡蛋，受到表扬就非常高兴。入院第九年，卡玛拉 17 岁，因尿毒症死去，这时她的智力只有四岁孩子的水平。

上述案例的启示是：①儿童成长早期，如失去人类社会环境的刺激，对儿童所产生的影响是后期无法弥补的；儿童成长晚期，剥夺社会环境所产生的影响是可以弥补的。由此可以推断，在儿童成长发展早期，存在一个较为关键的、重要的、易受伤害的时期，即通常所谓的关键期。②人类的行为、技能、知识等，在儿童发展最快、最易受影响的时期，即儿童成长的"最佳期"，如施以正确的教育，则事半功倍；一旦错

---

① 孟万金，官群. 积极心理健康教育的心理发展观 [J]. 中小学心理健康教育，2016（20）：33-35.

过此"最佳期",则往往事倍功半,甚至徒劳无功,永远无法弥补。③幼儿在 5 岁前,如不让其接触具体的语言环境和接受基本的语言训练,则将很难习得人类语言,因其已失去语言发展的"最佳期"。譬如,科学家对"狼孩"进行 7 年的漫长训练,"狼孩"也只学会了 45 个单词,这是她错过语言学习的"最佳期"所致。

第三节　小学生心理发展的基本规律

一、小学生心理发展的特点

从六七岁至十二三岁,是儿童心理发展的重大转折时期。这个时期,儿童由于入学受到正规、系统的教育,心理状况产生了质的变化。个体心理发展表现出以下具有普遍性的特点。

(一) 心理发展是迅速的

小学生入学后,在学习和各种实践活动中会不断遇到多种多样的新问题和新要求,在适应这种新环境和新要求过程中,他们的各种能力都得到了迅速的发展。在遵守校纪、校规的过程中,他们锻炼、培养了自我克制的意志力;在与老师、同伴的交往中,他们的独立能力和人际交往能力得到迅速的发展;在参与班集体和校集体的活动中,他们的集体意识和自我意识也迅速地发展起来。特别是在以学习为主的活动中,他们逐渐学会了运用抽象概念进行判断与推理,智力与思维的发展出现了质变,即开始从以具体形象思维为主要形式逐步向以抽象逻辑思维为主要形式过渡。因此,小学时期是智力迅速发展的最佳时机。

(二) 心理发展是平稳协调的

小学生的心理发展是迅速的,又是非常协调的。这与小学生自身协调、平衡的生理发展密切相关。小学生的身高和体重在小学高年级时已开始进入第二个发育高峰,但从总体来看,小学生的身体外形、体内机能,特别是脑和神经系统的发育过程,与婴儿期和少年期相比,都是相当均匀的和平衡的。因此,有研究者将小学时期形象地称为"恬静期"或"潜伏期"。以品德发展为例,小学生出现了比较协调的外部的和内部的动作,道德知识系统化,并形成相应的行为习惯,他们的言与行、动机与行为是比较一致的。所以,自觉纪律的形成和发展在小学阶段的心理发展中占据相当显著的地位。因此,心理发展的协调性成为小学生的主要特征之一。可以说,小学时期是发展个性、品德和社会性的较好时机。

(三) 心理发展是开放的

小学生的生活经历有限,内心世界也不复杂,自控能力尚未得到充分发展,因此他们的心理活动显得纯真、坦率,喜怒哀乐常溢于言表。一般来说,他们的内心活动与外在表现比较一致,呈现出一定的外显性、开放性的特征,他们的情绪与情感富于表情化，不善于掩饰和控制。因此，成人与小学生容易沟通，师生之间、亲子之间的关系容易融洽，同伴间的友谊关系也较稳定。所以，小学时期是了解儿童真实心理活动的好时机，有利于对其进行有的放矢的教育。

（四）心理发展是可塑的

小学生的心理活动正处于由不成熟的婴幼儿时期向成熟的青少年时期发展的过渡阶段。这一阶段，虽然他们的智力水平、个性特点、品德和社会性等方面都有着快速发展，但尚不稳定，特别是人生观、世界观等稳定的个性倾向性方面尚未萌芽，其性格特征和行为习惯等方面还只是开始形成时期。因此，小学阶段为培养良好的心理品质、改变不良的心理品质留下了较大的空间，决定了小学生心理发展具有较大可塑性的特点。所以，小学阶段是塑造儿童良好的心理品质和行为习惯的好时机。

二、小学生心理发展的规律

个体的身心发展是指个体随年龄增长而发生的身心的有规律的、连续变化的过程，包括生理和心理两个方面的发展。个体身心发展的一般规律包括：顺序性、阶段性、不平衡性、个别差异性和互补性五种。

（一）顺序性

正常情况下，人的发展具有一定的方向性和先后顺序，既不能逾越，也不会逆向发展。个体身心发展是一个由低级到高级、由简单到复杂、由量变到质变的过程，就像个体运动的发展遵循自上而下、由躯体中心向外围、从粗大动作向精细动作发展的顺序一样。例如，个体在婴幼儿期先会动脑袋才会动身体，先会翻身、会爬才会走路，先会走路这种粗大的动作，后会用筷子这种精细的动作，这些都说明了个体的生长具有顺序性。因此，教育工作者应按照发展的序列进行施教，做到循序渐进，不能"揠苗助长""陵节而施"。

（二）阶段性

个体在不同的年龄阶段表现出身心发展不同的总体特征及主要矛盾，面临着不同的发展任务。也就是说，不同阶段有不同阶段的特点和不同的任务。要尊重不同年龄阶段学生的特点，并根据这些特点提出不同的发展任务，进行有针对性的教育，不能搞"一刀切"。例如，在教育工作中，把儿童"成人化"，就违背了儿童身心发展的阶段性规律。

> **历年真题**

【1.5】小学阶段的教学多运用直观形象方式，中学以后可进行抽象讲解，这体现了儿童身心发展（　　）的特点。

A. 顺序性　　　　B. 个别差异性　　　C. 不平衡性　　　D. 阶段性

（三）不平衡性

个体身心发展的不平衡性描述的是个体内部不同阶段的比较，主要表现在两个方面。一是指同一方面的发展在不同的年龄阶段是不均衡的。例如，青少年的身高、体重有两个生长的高峰，第一个高峰出现在出生后的第一年，第二个高峰则在青春期。在这两个高峰期内，身高、体重的发展比平时要迅速得多。二是指不同方面所达到的某种发展水平或成熟的时期是不同的。例如，在生理方面，神经系统、淋巴系统成熟在先，生殖系统成熟在后。在心理方面，感知成熟在先，思维成熟在后，情感成熟更后。归根结底，不平衡性考虑的就是发展速度的问题，既然发展的速度都不同，那么自然有一个发展较快的时期，即发展的关键期，教育工作要抓住这个关键期才能事半功倍。

历年真题

【1.6】个体身心发展的不平衡性要求（　　　）。

A．教育工作要抓住发展的关键期

B．教育工作要循序渐进

C．教育工作要根据学生的不同年龄分阶段进行

D．教育工作要因材施教

（四）个别差异性

个别差异性是指一个人在先天素质的基础上，通过后天活动所形成的人与人之间的差别性。个别差异一般泛指人与人之间体质、生理、心理、社会性等方面的差异。心理学中指的个别差异一般专指个体间心理方面的差异，主要是指心理的个别差异或个性差异，即人们在性格、兴趣、能力等心理特性方面的差异。不同儿童的心理发展过程基本上是相同的，但其发展速度、各种心理机能的优势表现、情绪的稳定性、个性特征及其倾向性等都存在着相当大的个别差异。个别差异性就是强调人与人之间是不同的，要因材施教。例如，有的学生聪明、努力，有的学生聪明但不太努力，有的学生既不聪明也不努力；又如，有的人聪明早慧，有的人大器晚成。这些都体现了身心发展的个别差异性。

（五）互补性

互补性反映了个体身心发展各组成部分的相互关系。首先，机体某一方面的机能受损或缺失后，可以通过其他方面的超常发展得到部分补偿。例如，失明者通过听觉、触觉、嗅觉等方面的超常发展得到补偿。其次，互补性也存在于心理机能与生理机能之间。例如，人的精神、意志、情绪状态对整个机体能起到协调作用，帮助人战胜疾病，弥补身体残缺带来的先天不足。

互补性要求教育应结合学生实际，扬长避短，注重发现学生的自身优势，促进学生的个性化发展。

三、儿童心理发展规律的教育启示

在遗传、环境、教育和实践活动等因素的影响下，儿童的身心发展表现出一些规律性的特征。正确的教育具有引导和促进心理发展的作用，对儿童的发展有着重要的影响。所以，教育要从实际出发，遵循规律，才能取得更好的效果。

（一）教育要符合儿童的接受能力，适合儿童的身心发展阶段

教育的实施要符合儿童的身心发展水平，就是教育学中所谓的"量力性原则"或"可接受性原则"，即教育的内容、方法、进度等要从儿童的实际情况出发，关注儿童学习的"最近发展区"，以保证儿童能够掌握教师所教的知识、技能等。例如，大多数2~6岁的孩子不能理解思维可逆性与守恒性。

（二）教育要依照儿童的身心发展过程，循序渐进

儿童身心的发展不仅是渐进的，而且是遵循一定顺序的，每个阶段之间是不可逾越、不可颠倒的，前一阶段是后一阶段发展的条件。教育工作者要遵循这一规律，在不同的发展阶段开展不同的教育活动，同时更应该按照儿童身心发展的顺序来施教，做到循序渐进。例如，小学数学教学内容是先有加减法，后有乘除法。

（三）教育要抓住儿童身心发展的"关键期"，及时施教

教育工作者应及时抓住儿童身心某方面发展最适宜形成的时期，给以恰当的教学内容和训练，运用最优化的教育方式进行教育和技能上的训练，对促进儿童身心的发展能够收到事半功倍的效果。例如，2~3岁是儿童口头语言发展的关键期，4~5岁是儿童学习书面语言的关键期，数概念获得的关键期在5~5.5岁，词汇能力发展的关键期在5~6岁，如果在这些关键期发展儿童的相应的能力，就会收到很好的效果。

（四）教育要遵循系统论的观点，综合运用教育资源

美国心理学家布伦纳认为，儿童周围的一系列环境系统都对儿童发生相互作用并影响儿童的发展。埃里克森指出，儿童各阶段心理危机的产生和危机的解决都与环境作用密切相关。教育者要运用系统论的观点，从儿童心理的完整性和统一性，以及儿童身心因素与外部环境的制约性与协调性出发，把家庭、社会、学校和个人诸因素综合起来，整合教育资源，对儿童实施教育工作。

☞ **本章小结**

本章着重阐述了心理发展的内涵，让学生了解影响心理发展的因素，了解心理发展主要理论的核心观点及其代表人物，把握小学生心理发展的基本规律，并在小学教育实践中灵活运用，以提高教育教学效果。

☞ 本章要点回顾

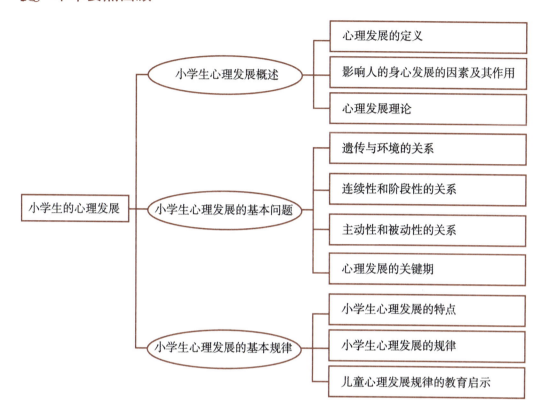

第二章

小学生认知发展

☞ **学习完本章，应该做到：**

◎ 明晰感知、记忆、思维、想象、注意的概念、类型及品质。

◎ 熟记小学生注意、感知、记忆、思维、想象发展的特点，掌握培养小学生注意力、观察力、记忆力、思维力、想象力的方法。

◎ 运用感知、记忆、思维、想象、注意的规律分析实际问题。

☞ **学习本章时，重点内容为：**

◎ 小学生认知发展特点。

◎ 感知、记忆、思维、想象、注意的概念、类型及品质。

◎ 培养小学生认知能力的方法。

☞ **学习本章时，知识要点与具体方法为：**

小学生认知过程和活动包括注意、感知、记忆、思维、想象五个方面。本章按照小学生认知发展的特点和认知能力的培养两条主线，分别从小学生注意的发展特点及注意力的培养、小学生感知觉的发展特点及观察力的培养、小学生记忆的发展特点及记忆能力的培养、小学生思维的发展特点及思维能力的培养、小学生想象的发展特点及想象力的培养等五个方面梳理相关部分的知识点和要点。在学习过程中，应特别注重培养小学生认知能力的方法。

【引子】

孩子的学习成绩一直是家长们比较关心的问题。为了提高孩子的成绩，家长们想尽了办法：题海战术、报补习班、请家教……然而有些家长还会困惑："孩子上了不少辅导班，学习也挺努力的，为什么成绩就是上不去呢？"

或许，我们都忽视了一个问题：我们的孩子会听课吗？有家长可能觉得这根本不是问题，听课谁不会呢？然而并非如此，上课时孩子会不会听课其实很重要。决定成绩好坏的并不是孩子在学习上花了多长时间，而是这些时间是否"有效"，是否在有限的时间里能集中注意力。以下是名师总结的八项提高听课效率的技能：听视并用法、听思并用法、"五到"听课法、符号助记法、要点记取法、主动参与法、目标听课法、质疑听课法。其中，"五到"听课法是效率最高的听课方法之一。"五到"就是指耳、眼、口、手、脑都要动起来，多种感觉器官并用，多种身体部位全部参与听课活动。"五到"听课法要求学生全神贯注，灵活地根据课堂情境和老师要求，适时调整听课方法。

虽然每节课都是45分钟，但学生是否会充分利用课堂时间，效果则大不一样。况且，学生上课不仅要获取知识，还要学习老师的思维方法，锻炼分析问题与解决问题的能力。所以，课堂效率与小学生的认知能力有密切的关系。[①]

① 告诉孩子要想成绩好，好好听课最重要！比上多少个辅导班都有用[EB/OL].（2017-12-26）[2023-06-30]. https：www.chinahw.net/web/index.php/index/popshow/moid/55/tiid/10599/soid/82.

认知是一种心理活动或心理过程，是人对客观世界的认识活动。认知包括感觉、知觉、注意、记忆、思维、想象。认知能力是指认知的水平，包括注意力、观察力、记忆力、想象力、思维力，提高小学生的认知能力就是提高小学生的认知水平。小学生接受的教育一般以学校教育为主，认知能力作为顺利完成教学活动的条件，是通过学习和训练，在掌握和运用知识、技能的过程中形成和发展的。提高小学生认知能力是早期开发儿童脑功能的需要，也是全面提高儿童的心理素质、科教兴国的需要。小学教育工作者应该按照小学生的认知发展特点及规律进行有的放矢的教育教学，促进小学生认知品质和认知能力的提升。

第一节 小学生的注意

在教育教学活动中，教师常常会用"注意听""注意看""注意想"等来提醒小学生注意某一事物。可见，注意是心理活动的积极状态，也是心理活动对一定事物的指向和集中。注意在人的心理活动中发挥着重要的作用，学生的注意是在实践活动中发展起来的，其发展是一个长期的过程。

一、小学生注意的发展特点

小学生注意的发展特点，从注意类型上看，无意注意占优势，有意注意在发展；从注意品质方面看也呈现出年龄特征，小学生的注意带有明显的情绪色彩。

（一）小学生从以无意注意为主逐渐向以有意注意为主过渡

注意的类型有无意注意、有意注意和有意后注意。

1. 无意注意

无意注意也称不随意注意，是指没有预定目的，也不需要意志努力的注意。例如，学生正在上课，一只小鸟飞进教室，大家马上会被小鸟吸引。这就属于无意注意。小学低年级儿童的认识活动常依赖无意注意。对于小学生来说，在学习过程中，由于教学的直观性，由于对课业本身的兴趣（如画图、朗读），由于在课堂上听到或看到的东西所引起的情绪激动，都能引起他们的注意，这些都是无意注意。如果对教学内容没有兴趣，教师又不能运用一些有趣的教学方法，要保持小学生的注意就很困难了。

引起小学生无意注意的原因，可归纳为两个方面：客观刺激物的特点和人的主观状态。

（1）客观刺激物的特点。

①刺激物强度和对比关系。在老师的板书中，小学生首先会注意字体大的、彩色粉笔书写的内容。这是因为对小学生来说，刺激物之间在形状、颜色、大小、强弱、持续时间等方面存在的差异越显著，对比越鲜明，越容易引起其无意注意。

②刺激物的活动和变化。运动的物体容易引起小学生的无意注意，像飞鸟、流星等都容易吸引他们的注意，而课件中运动的物体比静止的物体更容易引起他们的注意。同时，在运动变化的背景上，相对静止的刺激物也容易引起他们的注意。例如，在电

影画面不停地活动时，如果有一个短暂的突然停顿，就会引起小学生的注意。

③刺激物的新异性。新异性是指刺激物在内容和形式上具有不同寻常的特性，是引起无意注意的重要原因。小学生还和学前儿童一样，容易因一些新异刺激而激动、兴奋。例如，教师别致的新衣服、新发型就很容易吸引他们的注意。另外，司空见惯的事物以不同寻常的形式出现时也会引起无意注意。例如，一个平时穿着朴素的女生，今天忽然穿了一件崭新漂亮的衣服，就很容易引起同学们的注意。

（2）人的主观状态。

①需要和兴趣。凡是能够满足小学生需要和符合小学生兴趣的事物都会使他们产生期待的心情和积极的态度，从而引起无意注意。在小学阶段，尤其是小学低年级，学生对具体事物、对学习过程本身更有兴趣，特别是当时的直接兴趣，即对事物本身感到需要而产生的兴趣，是引起无意注意的重要原因。

②已有的知识经验。凡是和已有知识经验相联系又能增加新知识的事物，容易引起注意。尽管小学生对新事物有一定的好奇心，但如果内容是十分陌生的事物或者已经非常熟知且又不能增加一点新知识的事物，不容易引起学生的注意；即使引起了注意，也不能保持长久。

③情绪状态和精神状态。心境在很大程度上影响着小学生的无意注意。心情愉快、精神饱满时，最容易对新鲜事物产生注意，即使是平时不大容易注意的事物，这时也容易引起注意，而且注意也容易集中和持久；相反，心情烦闷、无精打采、过度疲劳时，对平时容易引起其注意的事物，这时也顾不上理会了。例如，小学生上完体育课后，一般都有些疲惫，对学习内容的注意也会大大降低。

伴随刺激物的情绪特征会影响小学生注意的选择方向，可以唤起理智的、美学的、道德的和情感的刺激，对产生无意注意有更大的意义。引起惊讶、赞扬和喜悦的客体可长时间地吸引人的无意注意。这些刺激能唤起人的情绪反应，提高人的活动水平，使人凝神屏息。例如，儿童在看动画片或激动人心的战斗片时，无意注意易被吸引。

2. 有意注意

有意注意也称随意注意，是指有预定目的、需要做出一定意志努力的注意。例如，在教学过程中，并非所有的知识都能自然地引起小学生的学习兴趣。他们必须明确学习的目的和要求，克服一定的困难，才能把注意集中在老师的讲课上，这就是有意注意。

小学生，特别是低年级小学生，有意注意还不占有主要地位，在教学影响下，有意注意才逐步发展起来。有意注意是一种比较高级的注意形态，从生理机制上说，它是和高度发展的皮质抑制机能相联系的，是和第二信号系统的发展相联系的。低年级小学生皮质抑制机能和第二信号系统发展得还不够，因而有意注意还不能成为主要的注意形态。

但对于小学生的学习来说，有意注意是非常必要的。只有能够主动地控制和集中注意到必要的方面上，学生才能很好地完成学习任务。

引起和保持小学生的有意注意，要注意以下条件：

（1）加深小学生对活动的目的、任务的重要意义的理解。

对活动目的、任务的重要意义认识得越清楚，理解得越深刻，完成任务的愿望就越强烈，那么，为完成这项任务所必需的一切活动和有关事物也就越能引起小学生的有意注意。例如，在某一位学生朗读时，如果只让其他学生注意书本，那么，学生就会认为朗读只是这一位同学的事情，似乎与自己无关。若教师向学生提出一项任务，例如要学生注意这位同学读得对不对，或注意他什么地方读得好，并在他读完后提出评价意见，这时，学生的注意就能积极起来。积极的智力活动和实际的操作活动能增强注意的目的性，变被动为主动，有利于保持注意。

（2）培养间接兴趣。

直接兴趣是引起无意注意的主要原因，而间接兴趣则是保持有意注意的重要因素。间接兴趣是对活动结果的兴趣。许多活动本身对小学生而言是枯燥单调、没有吸引力的，活动时间过长时容易使学生疲劳以至分心。对活动结果的兴趣可以激发起小学生对该活动的积极性，把注意集中于活动上。例如，在语文学习中，读音规则、生词、语法的学习本身是枯燥乏味的，但如果让学生认识这些对于语文学习、人际交流、个人成长等的重要意义，学生便会产生间接兴趣，因而在学习过程中就能够保持高度的有意注意，长期坚持学习。

（3）合理组织活动。

在明确活动目的和任务的前提下，对活动进行有计划的、全面合理的组织，才能保证最清晰地反映有关对象，使有意注意得以保持下去。如果教师使学生能够根据要求，把用品准备齐全，把活动程序安排妥当，明确规定各阶段应完成的任务，使学生对"已经做过什么"和对"现在还要做什么"有明确的认识，那么就已经创设了引起有意注意的良好情境。另外，引导学生把智力活动与外部操作活动结合起来。例如：记生字时，让学生一边读，一边在纸上写下这个字；看书时，让学生一边看，一边记下一些要点。这些都有助于维持学生的有意注意。

（4）培养学生的坚强意志，与干扰作斗争。

有意注意的产生和维持，有时是在有干扰的情况下进行的，这种干扰可能是来自外部世界的各种无关刺激物，也可能是人体内部的不良的生理、心理状态。为了达到预期的目的，就要付出意志努力排除这些干扰。要让学生养成和内外干扰作斗争的习惯，这样才能克服各种诱因的干扰，使有意注意保持下去。

有效的实际活动必然是两种注意共同参与、相互配合和交替。教师在教学过程中，如果只考虑无意注意，一味迁就学生的兴趣、情绪，将会阻碍学生克服困难的意志的发展。如果只考虑有意注意，时时需要学生努力，那也会使教学失去吸引力，从而引起消极的学习态度。只有两种注意相互配合，才能使学生自觉地、有兴趣地投入活动，使活动达到最佳的效果。

3. 有意后注意

有意后注意指事前有预定目的而不需意志努力的注意。它是由有意注意转化而来的一种特殊形态的注意。这种注意既不同于一般的无意注意，即它仍然是自觉的、有目的的；又不同于一般的有意注意，即它不需要意志的努力，或不需要明显的意志努力。例如，学生熟练地阅读课文，熟练地骑车等活动中的注意都是有意后注意。这种注意兼有两种注意的部分特点，是一种高级状态的注意，它是从事创造性劳动的必要条件。教师能引入并保持学生的这种类型的注意，是一种高超的教学艺术。

历年真题

【2.1】同学们正在教室里聚精会神地听课，突然从外面飞进来一只蝴蝶，大家都把视线转向它。从心理学的角度看这是（　　　）。

A. 有意注意　　　　B. 无意注意　　　　C. 随意注意　　　　D. 有意后注意

（二）小学生注意品质在逐步发展

注意的品质包括注意的广度、注意的稳定性、注意的分配和注意的转移等。

1. 注意的广度

注意的广度亦即注意范围，是指一个人在同一时间内能清楚地观察到对象的数量。一般来说，注意广度随着儿童年龄的增长而有所发展和扩大。注意的广度受人的知识经验的影响，和人的记忆有密切关系。不仅如此，注意的广度还受任务条件（如刺激物的多少、呈现的时间等）的制约。小学生注意的范围较小，不善于分配自己的注意，这主要是因为小学生的经验少。实验表明，小学生只能同时注意到2～3个客体，而成年人能同时注意4～6个客体。另外，低年级小学生还不善于注意事物的内部联系，因而注意的范围受到限制。例如，一年级小学生总是一个字一个字地阅读课文，注意的范围很小，到了小学高年级，就能把字和字连成句子阅读，并逐渐注意到句子与句子之间的联系，注意范围扩大了。

2. 注意的稳定性

稳定性亦即持久性，注意的稳定性是指注意能否较长时间地保持在某种事物或所从事的某种活动上。注意的稳定性有狭义和广义之分。狭义的注意稳定性是指注意维持在同一对象上的时间；广义的注意稳定性是指注意的对象和活动虽有变化，但注意的总方向和总任务没有改变。例如，上课时，学生既要听老师讲课又要记笔记，同时还要看板书，这些活动都是服从听课这一任务的，学生此时的注意也是稳定的。注意的稳定性和儿童的高级神经系统发展相联系，随着中枢神经系统的成熟而发展。注意的稳定性也受儿童的兴趣影响。有研究表明，7～10岁儿童能够聚精会神地注意20分钟，10～12岁儿童为25分钟，12岁以后为30分钟。可见，年龄不同的儿童，注意的稳定性也不同。

3. 注意的分配

注意的分配是指人在进行两种或多种活动的时候，能把注意同时指向不同对象的能力。人们在熟悉注意对象或者注意对象有联系的条件下，容易做到注意的分配。有研究者指出，注意是可以训练的，要同时完成两个活动，就要熟悉它们中的每一个活动，其中一个活动部分要达到自动化。小学低年级学生，特别是刚入学的一年级学生，明显地表现出不善于分配注意的状态，听课时眼、耳、手、脑的分配不够，表现为听讲和记笔记不能同时进行，到了小学二年级就大有改观。随着年龄的增长，儿童注意分配的能力在发展，10岁以上的儿童已既能注意老师讲课又能记笔记，同时还能注意到自己的坐姿。

4. 注意的转移

注意的转移是指人有意地把注意从一个对象转移到另一个对象上，或从一种活动转移到另一种活动上。小学低年级学生注意转移的能力也比较差，由一种活动立即转移到另外一种活动上的能力欠佳，往往是一种活动进行了很长时间，注意还停留在先前的那种活动上。到小学中年级以后，儿童的注意转移能力逐渐地发展起来，小学五年级儿童注意转移速度较小学二年级儿童有明显增长，尤其是男生发展得更快。影响注意转移的因素还包括原来注意的强度及新注意的对象的特点。例如，小学生对动漫感兴趣，课间看动漫书，上课铃声响了，注意也很难立即转移到课堂教学内容上。

拓展阅读

注意的转移。注意的转移是根据任务的需要，有目的地主动把注意转向新的对象，使一种活动合理地为另一种活动所代替，是注意的积极品质。例如，上课时老师让学生看书，然后又让学生做作业。

注意的分散。注意的分散则是由于某些刺激的干扰，使注意离开了需要稳定注意的对象，而不自觉地转移到与完成工作无关的活动上，是注意的消极品质。例如，老师让学生看书、做作业，学生却在聊天、发短信。

注意的分配。注意的分配是指注意的加工过程，注意的加工过程有序列加工和并行加工。序列加工指加工有先后顺序。并行加工指同时加工两个或多个事物。例如，边弹奏乐器边唱歌就是并行加工，手和嘴在同一时间受主角支配，并合力完成当前任务。

（三）小学生的注意具有明显的情绪色彩

小学生由于大脑与神经系统的内抑制能力尚未充分发展，一个兴奋中心的形成往往波及其他相应器官的活动，面部表情、手足乃至全身都会配合活动，所以其注意表现出明显的情绪色彩。例如，学生听课很投入时会托着腮、听着开心会发笑。教师可以利用此规律来了解学生的学习状况。

二、小学生注意力的培养

注意力是行动的先导。俄国著名教育家乌申斯基指出，注意是我们心灵的唯一门户，意识中的一切必然要经过它才能进来。所以，小学生注意力的培养就显得尤为重要。

小学生课堂注意力是小学生在课堂上有意识地、自觉主动地获取信息、学习知识和技能的根本手段。有时，小学生由于年龄及其他的一些原因，在课堂上不能很好地集中注意力，导致学习效率低下，且干扰教师的正常教学活动。所以，教师应运用注意的规律来科学地培养小学生的注意力。

（一）正确利用无意注意的规律组织教学

1. 凡需要学生注意的对象和操作活动，尽量赋予它们无意注意的特性

教师讲授的内容，难易要适当，既要有新意，又能让学生听懂。这是引起小学生兴趣、维持对学业注意的关键。

在处理教材中的重点、难点时，教师应注意运用具体生动的教学方法。例如，充分利用直观教具，语言要生动形象，语调要抑扬顿挫，配以适当的表情和手势，化难为易，以吸引学生的注意。

对于教学中必须重复的内容，如课文的熟读、同一类题的反复练习活动，教师应采用灵活多变的方法，以保持其新颖性。

2. 尽量减少与教学无关的对象或活动的刺激作用

教室的布置要相对稳定。在直观教具的运用中，背景材料必须淡化，出示的时间要适当，切忌过早。下半节课才用的教具，不要在一上课就暴露在学生眼前。

教师的服饰、发型不宜过于耀眼，有的教师换了新装或理了新发型后，往往在上课前先到学生面前"亮亮相"，这种做法可以有效地减弱学生上课时的注意分散。

在教学过程中教师要迅速妥善处理偶发事件。如天气骤变、学习条件恶化（突然阴雨、停电、室外嘈杂等）、学生病倒或发生严重违纪事件等。对于这样的偶发事件，教师既不能熟视无睹，也不能惊慌失措，要以平静的情绪与学生一起审慎、迅速地处理好，以保持课堂教学秩序的稳定。

在课间休息时，不宜让学生做激烈的或竞赛性的游戏活动，以防止学生因过度兴奋而不能将注意及时转移到课堂上。

（二）利用课内外活动培养学生注意力时的注意事项

1. 提高活动的目的性

在学习或其他活动中，教师应提出具体的目的、要求、内容及方法，让学生切实地感受到集中注意对完成活动的重要性，懂得如何正确地组织自己的注意，切忌离开教材本身，离开学生的知识经验，用一些空洞抽象的说教来动员小学生的注意。

2. 激发学习动机

要让小学生体验到自身学习的成功，以此来激发他们的学习动机。这是使他们把注意力集中在学习上的最有效的手段。教师要充分肯定学生主动回答问题的积极性；批改作业时要尽量挖掘他们的优点，评分宜从宽；对于他们的不足之处，要正面引导。例如：对每次作业应用红笔做出肯定的标志——"√""好""优"等；定期展示班级学生的学习成果，对每个学生的进步予以及时的肯定和精神奖励等。当学生看到自己的学习被肯定时，便会获得成功的喜悦，从而不断地培养对学习的兴趣，更加努力地将注意力集中在学习活动上。

3. 训练良好的注意习惯

良好的注意习惯主要包括以下两个方面：能高度集中注意而不分心和能迅速转移注意而少惰性。教师可选择一些有一定难度，需要集中注意才能完成的任务交给学生，让他们解决。任务既可以结合课程，也可以是纯训练性的。教师也可根据要求自行设计问题。如要求学生快速阅读或组织抢答题竞赛，以培养他们高度集中注意的能力；又如将不同学科、不同性质的问题交叉随机地呈现，以训练学生注意灵活转移的能力等。

（三）在教学中要善于运用无意注意与有意注意的转换

运用无意注意与有意注意相互联系转换的规律，让学生在有目的的学习活动中快乐地学习。有意注意和无意注意两者是相互联系、相互影响的，在教学中教师要综合运用它们的规律。如果只注重有意注意，则会让学生产生注意疲劳、注意涣散；如果只有无意注意，过多地给学生刺激，导致因趣味而趣味，不利于知识的系统化，不利于小学生意志力和控制力的培养。所以，两者要交替进行，张弛有度。例如，在小结和重点部分，要运用有意注意；在引导、复习、创设情境中，要运用无意注意。同时要训练学生的注意品质，良好的注意品质是学生顺利完成学习任务的保证。学生的注意品质存在着个体差异性，这与先天的神经类型有一定关系，但主要还是后天生活实践的影响。通过适当的教育和训练，注意的品质是可以大大改善的。

历年真题

【2.2】简答题：教学中怎样组织好学生的注意？

【2.3】下列词语中，体现注意品质广度特征的是（　　　）。

A. 一目十行　　　　B. 一心二用　　　　C. 目不转睛　　　　D. 心猿意马

第二节　小学生的感知觉

一、小学生感知觉概述

感觉与知觉同属于认知过程的感性阶段，都是对客观事物的直接反映，它们的源泉是客观现实。小学生感知觉的发展为其进行学习提供了保障。

（一）小学生的感觉

感觉是人脑对直接作用于感觉器官的客观事物的个别属性的反映。根据感觉刺激来自体内或体外，人们通常把感觉分为外部感觉和内部感觉两种。

1. 感觉的种类

感觉包括外部感觉和内部感觉（如表 2.1 所示）。

表 2.1　感觉的种类

感觉种类		感受器	反映属性
外部感觉	视觉	视网膜上的棒状和锥体细胞	黑、白、彩色
	听觉	耳蜗管内的毛细胞	声音
	味觉	舌	甜、酸、苦、咸等
	嗅觉	鼻子	气味
	肤觉	皮肤上的和黏膜上的冷点、温点、痛点、触点	冷、温、痛、触、压
内部感觉	运动觉	肌肉、肌腱、韧带、关节中的神经末梢	身体运动状态位置的变化
	平衡觉	内耳、前庭和半规管的毛细胞	身体位置的变化
	机体觉	内脏器官壁上的神经末梢	疲劳、饥渴、内脏器官活动不正常

（1）外部感觉。

①视觉：以眼睛为感觉器官，辨别外界物体明暗、颜色等特性的感觉。产生视觉的适宜刺激是波长为 380～780 纳米的电磁波。

②听觉：就是声波振动鼓膜产生的感觉。引起听觉的适宜刺激是频率为 16～20 000 赫兹的声波。

③味觉：可溶性物质作用于味蕾产生的感觉。引起味觉的适宜刺激是可溶于水或液体的物质。味觉的感受器是味蕾，主要分布于舌的表面，特别是舌尖和舌的两侧。

④嗅觉：某些物质的气体分子作用于鼻腔黏膜时产生的感觉。引起嗅觉的适宜刺激是有气味的挥发性物质。

⑤肤觉：是皮肤受到刺激而产生的多种感觉。引起肤觉的适宜刺激是物体机械的、温度的作用或伤害性刺激。肤觉按其性质可分为：触觉、压觉和振动觉，温觉和冷觉，痛觉和痒觉。

（2）内部感觉。

①运动觉（本体感觉）：反映身体各部分运动和位置的感觉，引起运动觉的适宜刺激是身体运动和姿势的变化。

②平衡觉（静觉）：反映头部位置和身体平衡状态的感觉。引起平衡觉的适宜刺激是身体运动时速度和方向的变化，以及旋转、震颤等。

③机体觉（内脏感觉）：机体内部器官受到刺激时产生的感觉。引起机体觉的适宜刺激是机体内部器官的活动和变化，包括饥饿、饱胀、便意、恶心、疼痛等。

2. 影响感觉的主要因素

（1）刺激强度的影响。

每一种感觉都是在适宜刺激作用于特定感受器时产生的。感受性是指感官对适宜刺激的感觉能力。感觉阈限是指引起感觉的、持续一定时间的刺激量。在一定强度范围内感觉能力和感觉阈限成反比，感觉阈限越大，感觉能力越差。韦伯将上述关系用公式表示：$K = \Delta I / I$（I 是原刺激强度，ΔI 为可辨别差值，K 为常数），被后人称为韦伯定律。

（2）刺激时间的影响。

从刺激作用于感受器开始到最终形成感觉，有一短暂的潜伏期。此期间感觉逐渐增强，最后达到一个稳定水平。刺激停止作用以后，感觉并不立刻消失，而是逐渐减弱，这种感觉残留的现象称为感觉后效。在刺激的连续作用下（刺激强度不变），感觉会随时间的延续而逐渐发生变化（多数为感受性降低，甚至消失），这种现象称为感觉适应。

（3）感觉的相互作用。

同一感受器接受的其他刺激以及其他感受器的机能状态对感受性发生的影响就是感觉的相互作用，这种相互作用分为同一感觉之内的相互作用和不同感觉之间的相互作用。感觉对比是同一感受器接受不同的刺激而使感受性发生变化的现象。感觉补偿是指某种感觉系统的机能丧失后而由其他感觉系统的机能来弥补。当某种感受器受到刺激时出现另一种感受器的感觉和表象的现象称为联觉。

3. 小学生感觉的发展

小学生感觉的发展主要包括视觉、听觉、运动觉。

（1）视觉方面。

视觉在人们的认识活动中占有极重要的地位。人们所获信息绝大部分来源于视觉。小学生视觉在感知觉中已占有主导地位。视觉的发展主要表现在两个方面：视敏度的发展和颜色视觉的发展。

①视敏度俗称视力，是指在一定距离上感知和辨别细小物体的视觉能力。一个人辨别物体细节的尺寸愈小，视敏度愈高；反之，视敏度越差。小学生的视力调节能力已有较好的发展，视敏度的发展趋势是：10 岁前视敏度不断提高，10 岁时眼球晶状屈光度的变化幅度最大，调节能力最强。

小学生在学习活动中运用视觉的机会特别多，这就需要他们能灵活准确地调节视力，以保证学习活动的顺利进行。教师要注意采取多种措施保护小学生的视力，防止过度疲劳及斜视、近视的出现。

②颜色视觉的发展。小学生的颜色视觉发展得很快，视觉感受迅速提高。一年级小学生已能正确辨认各种颜色；能对不同颜色进行配对；对于经常接触的一些颜色也能叫出名称。小学生的颜色视觉随着年龄的增长而不断发展。

研究发现，小学生已具有对颜色的偏好倾向。如在常用的几种颜色中，对红、绿、黄色偏爱的儿童较多，对灰、棕、黑色偏爱的儿童较少。6 岁以前，儿童颜色偏好的性别差异不显著；6 岁以后，表现出性别差异。男孩最喜爱黄、蓝两色，女孩最喜爱红、黄两色。

（2）听觉方面。

在学校教学，特别是音乐教学、语文教学的影响下，小学生的听觉能力得到显著的发展，表现为：他们辨别声调的能力随着年龄的增长而迅速发展起来。他们的言语听觉能力也发展得较快。儿童入学后，学校教育对他们在语言感知、音乐感知等方面提出了严格的要求。如小学生在学习语言的过程中，须正确地分辨各种语音，如 sh 和 s、ch 和 c、d 和 t、n 和 l，须准确辨别四个声调，区分近音字等；在音乐学习中，须精确地分辨各种音调、音强、音色等，这些都会促进小学生声音感知能力的发展。

（3）运动觉方面。

小学儿童的运动觉较幼儿时期有了较大发展，特别是手的运动觉有了明显的进步，表现为：他们能够进行书写、绘画以及力所能及的手工活动。反过来，这些活动又促进了他们的手部运动觉的发展。但是，小学生的肌肉、骨骼尚未发育成熟，手部运动的精确性和灵活性还是不够的。因此，不能要求他们做细微的动作和持久性工作。他们的腕骨、掌骨、指骨等的发展成熟要到 14～16 岁左右才能完成。教师要循序渐进地对小学生运动的精确性和灵活性进行训练，使之更好地适应学习。

根据上述小学生感觉发展的特点，教师在小学教育中应注意：第一，必须保护小学生的感觉器官，以免其受到损伤；第二，小学生的感觉是在各种活动中发展起来的，教师要有意识地对小学生进行各种活动训练，以发展他们的感觉能力。

（二）小学生的知觉

知觉是人脑对直接作用于感觉器官的客观事物的整体属性的反映。知觉按照反映事物属性的不同可分为时间知觉、空间知觉和运动知觉。

1. 知觉的种类

（1）时间知觉。

时间知觉是对客观现象的顺序性和延续性的反映。这种反映通常是通过某种媒介进行的，如依靠时钟和日历，在没有计时工具时，依靠自然界的周期变化，如昼夜的循环交替、月亮的亏盈、季节的变化。还有人体的生物钟，如人体内部的各种生理过程，心跳、呼吸、消化、排泄等节律。

（2）空间知觉。

空间知觉是人脑对物体的大小、形状、方位、距离等空间特性的反映。空间知觉主要包括：

①形状知觉：靠视觉、触摸觉和运动觉来判断物体的形状。

②大小知觉：靠视觉、触摸觉和运动觉来判断物体的大小。

③深度知觉：既包括判断观察者到物体的绝对距离，即距离知觉，又包括判断一个物体不同部分之间的相对距离，即立体知觉。深度知觉也依赖于视觉、触觉和动觉来加以判断。

④方位知觉：依靠视觉、听觉、触觉、运动觉、平衡觉等协同活动，来判别物体所处方位（上、下、左、右、前、后、东、南、西、北）。

（3）运动知觉。

运动知觉是物体在空间位移、移动速度及人体自身运动状态在人脑中的反映，是由视觉、听觉、肤觉、平衡觉、机体觉、运动觉等系统协同、参与的结果。运动知觉包括真动知觉、似动知觉、诱动知觉。

①真动知觉：是指物体发生实际的空间位移所产生的运动知觉。

②似动知觉：是指对没有空间位移的物体所产生的运动知觉。常见的电影和霓虹灯的运动都属于似动知觉。

③诱动知觉：是指由于某一物体的运动而引起另一静止物体的"运动"知觉。如浮云遮月时的月动。

2. 知觉的基本特性

（1）选择性。

知觉的选择性就是人们把知觉对象从背景中选择出来的特性。一般情况下，面积小的比面积大的、被包围的比包围的、垂直或水平的比倾斜的、暖色的比冷色的、与周围相比差别大的东西易成为知觉对象。

（2）整体性。

知觉的整体性是指人在过去经验的基础上把由多种属性构成的事物知觉为一个统一的整体的特性。格式塔心理学派总结出整体知觉的组织原则有接近律（在时间或空间上接近的部分容易形成一个整体）、相似律（在其他方面的特点相同的条件下，相似的部分容易被看作一个整体）、连续律（具有连续性或者共同运动方向的物体容易被看作一个整体）、闭合律（知觉者心理上将不连续的线段连接起来）。

（3）理解性。

知觉的理解性是指人们在对现实事物的知觉中，需要以过去的经验、知识为基础，以便对知觉的对象做出最佳解释。影响知觉的理解性的因素有知觉经验、言语的指导作用、实践活动的任务及定势的影响。

（4）恒常性。

知觉的恒常性是指知觉的客观条件在一定范围内改变时，人的知觉映像保持相对不变。知觉恒常性在视觉中最为明显。一般表现为大小恒常性、形状恒常性、亮度恒常性、颜色恒常性。

3. 小学生知觉的发展

（1）时间知觉。

儿童正确认识时间长度、单位、顺序、关系等需要一定的生活经验、认识能力和言语水平。因此，儿童的时间知觉发展缓慢。小学生最先掌握的时间单位是与他们关系密切的"一节课""日""周"。小学三四年级后，小学生能理解"月"的实际意义，进而认识日与月的关系等。小学生掌握了度量时间的单位和关于时间的比较系统的知识，学会了用自己的言语正确表达各种不同的时间关系。但受思维发展水平的限制，对于那些与小学生生活距离甚远的概念，如"纪元""世纪"等，小学生理解起来较为困难，因为理解这些抽象的时间概念与抽象逻辑思维的发展密不可分。

（2）空间知觉。

小学生的空间知觉能力随着年龄的增长而增强，在空间能力的加工方式、加工精确性及加工策略上均存在性别差异，加工速度不存在性别差异。在教学影响下，特别是学习算术过程中，小学生的形状知觉发展很快，了解了一些几何图形的名称，也掌握了一些几何图形的概念。在辨别方位上，初入学的小学生已能较好地辨别前后、上下、远近，但对左右方位常常要和具体事物相联系才能辨别。小学生的视觉、触觉、运动觉之间相互协调，形成了一定联系，确保了有效的深度知觉。

（3）运动知觉。

在运动知觉方面，小学生的神经系统，特别是大脑结构逐步完善，视觉、运动觉以及身体的关节肌肉有了显著的发展，能做比较用力和动作幅度较大的大肌肉运动，如跑、跳、投、掷等活动，而对小肌肉运动精确性要求比较高的运动则很难做好。小学生的自我控制能力逐渐加强，能较久地知觉复杂的对象。

二、小学生感知觉的发展特点

（一）小学生感知觉发展迅速，其感知的准确性和系统性都在不断提高

在整个小学阶段，小学生的感知觉发展得很快。小学低年级学生感知事物时比较笼统，往往只注意表面现象和个别特征，对时、空特性的知觉也不完善。随着教学过程的深入，小学生的感知能力有了很大提高，听觉和视觉十分敏锐，能准确地辨别事物的颜色、形状，味觉、嗅觉和触觉也较为发达，已能从知觉对象中区分出基本的特征和所需要的东西，对于时间单位和空间关系的辨别能力也逐渐增强，其准确性、系统性都不断地提高。

（二）小学生感知的有意性、目的性逐渐加强

小学低年级学生还不能自觉地根据一定的目的来控制自己的感知活动，不善于使

自己的感知服从于规定的任务和要求。他们在感知的过程中，无意性和情绪性表现得很明显。到了小学中、高年级，学生能在教师的指导下，排除干扰，从感知的对象中选择出基本的、重点的、需要感知的主要方面，自觉地进行观察，获得有关方面的感性知识。同时，随着自制力的加强和智力的发展，小学生知觉的持续时间也逐渐变长，能较长时间地观察事物，从而保证学习任务的完成。

（三）小学生感知的分析综合能力不断提高

小学低年级学生的感知往往是整体的、笼统的、不精确的。他们对事物的观察比较粗糙，缺乏精细的分析、比较，他们不善于区分事物的主要方面和特征，以及事物各部分之间的关系。随着他们知识的增长和心理水平的提高，特别是在教师向他们反复提出复杂感知任务，并指导他们进行细致的观察时，他们逐步学会分析比较事物，能找出事物的主要方面及各部分之间的联系和关系。这样，小学生的感知逐步向精确的方向发展。

历年真题

【2.4】在板书写字时，教师常把形近字的相异部分用不同颜色的粉笔写出来，以引起学生的注意，教师这样做所运用的感觉规律是（　　）。

A. 感觉适应　　　B. 感觉　　　　　C. 感觉补偿　　　D. 感觉对比

【2.5】周老师在教生字的时候，把容易写错的笔画，用彩笔标出来，这是利用（　　）。

A. 知觉整体性　　B. 知觉选择性　　C. 知觉理解性　　D. 知觉恒常性

【2.6】识字教学中，教师将"辩""辨""辨""瓣"的不同部件标成红色，以帮助学生更好区别，这一做法符合（　　）。

A. 知觉的选择性　B. 知觉的理解性　C. 知觉的恒常性　D. 知觉的整体性

三、小学生观察力的培养

（一）小学生观察力的发展

观察是一种有目的、有计划且比较持久的知觉，是知觉的高级形态，是人从现实中获得感性认识的主动积极的活动形式。

小学生的观察力随着年龄的增长而不断发展提高。

1. 小学生观察力的发展阶段

我国学者丁祖荫通过对幼儿园到小学高年级学生观察图画能力发展的研究，认为儿童观察力的发展可分为四个阶段。

（1）认识"个别对象"的阶段，儿童只看到各个对象或各个对象的某一个方面。

（2）认识"空间联系"阶段，儿童可以看到各个对象之间可以直接感知的空间联系。

（3）认识"因果联系"阶段，儿童可以认识对象之间不能直接感知的因果联系。

（4）认识"对象总体"阶段，儿童能从意义上完整地把握对象总体，理解图画主题。

　　小学生从低年级到中年级、高年级分别处于第二、三、四阶段。其中小学低年级学生大部分处于认识"空间联系"和"因果联系"阶段；小学中年级学生大部分处于认识"因果联系"阶段；小学高年级学生大部分处于认识"对象总体"阶段。

2. 小学生观察品质

（1）观察的目的性。

初入学的小学生，其观察的目的性较弱，他们一般还不会独立地给自己提出观察任务，也不能很好地排除干扰，在观察活动中往往受刺激物的声音、形态、颜色等因素和个人兴趣、爱好的影响。小学中、高年级学生观察的目的性有所增强，但增强得不多。

（2）观察的精确性。

小学低年级学生观察的精确性很低，他们观察事物不细心、不全面，常常笼统、模糊；他们只能说出客体的个别部分或颜色等个别属性，不能表述细节。小学中年级学生观察的精确性明显提高。小学高年级学生观察的精确性略优于中年级学生。

（3）观察的顺序性。

小学低年级学生观察事物时不系统、没头没尾，看到哪里算哪里。小学中、高年级学生观察的顺序性有较大发展，一般能系统地观察，能从头到尾边看边说，而且在表述前往往能先想一想再表述，即把观察到的材料进行加工，将观察到的内容系统化。

（4）观察的深刻性。

小学低年级学生对所观察的事物难以从整体上做出概括，他们往往较注意事物表面的、明显的、无意义的特征，而看不到事物之间的关系，更不善于揭露事物的有意义的本质特征。中年级学生观察的深刻性有较大的提高。随着小学生抽象思维的发展，到小学高年级阶段时，学生观察的深刻性有了显著的发展，表现为观察力中的分辨力、判断力和系统化能力有明显的提高。

（二）小学生观察力的培养

　　观察力是一种重要且十分有效的收集信息的能力。观察力是小学生智力发展的重要条件，是科学研究、创造发明的基础。观察，既要做到系统全面，又要做到细致入微，这样才能从根本上把握事物的脉络，从而能够作为行动的先导。用眼睛看世界，用心发现世界。那么，教师该如何培养小学生的观察力呢？

1. 明确观察的目的和任务

教师在组织小学生观察事物时，必须向小学生提出具体、明确的观察任务。这样做，可以提高小学生观察的主动性，增强他们知觉的选择性，引导其从观察的事物和现象中主动地选择出自己所要认识的对象，把注意力集中在对象和现象的主要特征上，而不去感知那些无关紧要的细枝末节。漫无目的的观察只能使小学生浪费时间和精力，养成不良的观察习惯。

2. 激发观察的兴趣

带着兴趣去观察，可以使小学生高度集中注意力，也可以使其轻松愉快地获取感性知识。这里的关键是要使小学生在每次观察中都学到知识，获得成功。这种成功感，会使他们对下一次的观察产生期待心理，从而产生一种持久的兴趣，激发他们以积极热情、认真负责的态度，主动地进行观察，从而提高观察的效果。

3. 强化观察的方法

在每次观察时，教师要耐心细致地指导小学生运用观察的方法（观察法）。根据观察条件是否人为控制，观察法分为自然观察法和实验观察法；根据观察活动是否有规律，观察法分为系统观察和非系统观察；根据观察者是否直接介入活动，观察法分为参与式观察和非参与式观察；根据观察内容是否有设计并有结构，观察法分为结构观察和非结构观察。教师要培养小学生良好的观察品质，可以从以下几个方面进行：一是要指导小学生做到有计划、有步骤、有重点、按顺序观察事物和现象的主要方面及各部分之间的关系；二是要指导小学生边观察边思考，在观察中思考，在思考中观察，启发小学生动脑筋想问题，不为观察而观察；三是要指导小学生运用多种感官参与观察，该看就看，该听就听，该操作就操作；四是要指导小学生边观察边做记录（如画一些图、做些笔记），及时记录一些现象、特征、变化经过等，以减少遗忘；五是要指导小学生及时写出观察报告或文章，如观察日记、观察片段，也可以写观察小文章，形式可灵活多样，让小学生得到锻炼。

4. 利用言语指导小学生的观察

小学生知识经验尚不丰富，对一些对象和现象的观察会有许多粗糙的地方，甚至会产生一些错觉。教师必须掌握情况，随时用言语进行点拨和指导。教师要通过言语指导小学生观察的方向，引导他们积极思考问题，以加深知觉的理解性，使感知不断深化。对于需要帮助的学生，教师要特别注意给予他们指导，因为他们在观察中往往困难更大，或者信心不足，或者态度不端正，教师只有耐心指导，多加鼓励，因材施教，才能有效提高他们的观察能力。

> **历年真题**
>
> 【2.7】将观察法分为系统观察和非系统观察的依据是（　　　）。
>
> A. 观察条件是否人为可控　　　　　B. 观察活动是否有规律
>
> C. 观察者是否直接介入活动　　　　D. 观察内容是否有设计并有结构

第三节　小学生的记忆

一、小学生记忆的发展特点

记忆是指过去的经验在头脑中的保持和重现。人们过去见过的、听过的、嗅过的、尝过的、触摸过的、思考过的、体验过的对象及动作等，都可以在头脑里留下痕迹，以后还会再现或回忆出来，这都是记忆现象。记忆是人们进行心理活动的基本条件，也是人们心理发展的基本条件。记忆在认知结构中占有重要地位，是认知活动的基础。人的认知结构中的诸因素都离不开记忆，没有记忆，无论是观察、想象，还是思维或注意，都无法进行，所以要加强对小学生记忆力的培养，提高小学生的认知水平。

记忆的基本过程包括识记、保持、回忆三个环节。

（1）识记。

识记（编码）是把所需信息输入头脑的过程，这是记忆的第一步。识记的材料会随时间的推移和后继经验的影响而发生量与质的变化。量的变化主要是指内容的减少；量的减少是一种普遍现象，人们对经历的事情总要忘掉一些。质的变化是指内容的加工改造。改造的情况因各人经验不同而不同，有的更概括、简略，有的更完整、更合理，有的更详细、更具体，有的更夸张，有的某些部分突出了，等等。

（2）保持。

保持（存储）是对识记过的事物在头脑中储存和巩固的过程，是实现回忆的保证，是记忆力强弱的重要标志之一。在保持过程中，质和量的变化是一个复杂的、有意义的内部活动过程，是心理活动的主观性的一种表现。

（3）回忆。

回忆是人脑对过去经验的提取过程。它包含对过去经验的搜寻和判定。回忆是识记、保持的结果和表现，是记忆的最终目的。回忆有两种不同的水平：再认和再现。

再认是指过去经历过的事物再度出现时能够识别。再认取决于以下两个条件：识记的巩固程度；当前呈现的事物同经历过的事物及环境条件相类似的程度。再现是指过去经验的重现，是一种较高水平的回忆。根据再现是否有预定的目的，可以把再现分为无意再现和有意再现。无意再现是事先没有预定的目的，也不需要意志努力，只是在一定的情境下自然而然想起的某些旧经验。有意再现是根据某种任务，自觉地去再现以往的某些经验。有时再现比较容易，不需要意志努力就能顺利地实现，但有时则需要"搜肠刮肚"，做出较大的意志努力才能实现，这种情况叫追忆。所以，追忆实际上是利用事物多方面的联系去寻找线索，先想起有关的经验，然后通过中介联系联想起要再现的经验。善于追忆是一种良好的回忆品质，对学习是极有意义的。

再认和再现是过去经验的恢复，是从记忆中提取信息的两种不同水平和形式，它们之间没有本质的区别，只有保持程度上的不同。能再现的一般都能再认；能再认的，不一定都能再现。所以，对于任何年龄的人来说，再认记忆能力都要比再现记忆能力要好。但年龄越小，两种能力的差异越大。

拓展阅读

遗忘。遗忘是指对识记过的东西不能再认或再现，或者再认或再现发生错误。遗忘与保持是性质相反的过程。这两个性质相反的过程，实质上是同一记忆活动的两个方面：保持住的东西，就是没有遗忘的东西；而遗忘了的东西，就是没有被保持住的东西。保持越多，遗忘越少；反之亦然。

遗忘规律。从德国心理学家艾宾浩斯遗忘曲线可以看出，遗忘的进程不是均衡的，呈现"先快后慢"的趋势。在停止学习以后的短时期内，遗忘得特别迅速，后来遗忘速度逐渐缓慢，到了一定时间，几乎不再遗忘了。

记忆的品质包括记忆的敏捷性、记忆的持久性、记忆的准确性和记忆的准备性。

（一）小学生记忆量的发展

小学生记忆量的发展主要表现在记忆广度和保持时间两个方面。

1. 记忆广度

记忆广度是指在单位时间内所记住材料的最大数量。儿童的记忆广度随着年龄的增长而不断扩大。研究表明，学前儿童和小学生同时识记 15 个单词，学前儿童平均只能识记 3～5 个，而小学生平均能识记 6～8 个。小学高年级学生所能记忆的材料的数量增加较快。

2. 保持时间

记忆保持时间是指从识记材料开始到能对材料回忆之间的间隔时间。我国学者洪德厚对儿童记忆发展的研究结果表明：儿童记忆保持时间随着年龄的增长而延长，记忆保持时间在 8 岁、10 岁、12 岁有较大幅度的增长。儿童记忆保持时间的长短还受很多因素的影响。例如，儿童是否对材料感兴趣，对记忆对象的感知是否清晰，以及对识记材料是否理解，记忆对象能否引起儿童的情绪体验，等等。一般而言，儿童对于感兴趣的事物、能引起自己强烈情绪体验的事物、易于理解的事物，其相关记忆的保持时间较长一些。

（二）小学生记忆质的发展

小学生记忆质的发展可以从以下几个方面进行分析。

1. 小学生无意识记和有意识记

无意识记是指没有明确目的且不需要付出意志努力的识记。有意识记是指有预定目的并付出意志努力的识记。

小学生的无意识记和有意识记的效果会随着年龄的增长而递增，有意识记的增长速度更为明显。一般来说，小学生入学时，无意识记占主导地位；随着年龄的增长，有意识记的效果超过无意识记的效果，最后有意识记逐渐占主导地位。

2. 小学生机械识记和意义识记

小学生机械识记和意义识记效果均随着年龄增长而提高，但意义识记的保持量高于机械识记。

从记忆方法上来说，小学生意义识记正在逐步发展并最终占主导地位。一般来说，学前儿童和小学低年级学生主要采取机械识记的方法，小学中、高年级学生比较多地采用意义识记的方法。小学低年级的学生由于知识经验还较少，抽象逻辑思维发展不够，对学习材料不易理解，也不会进行信息加工，因而在学习时较多地运用机械识记。到了小学中、高年级，他们的知识经验日益丰富，抽象逻辑思维不断发展，在学习活动中运用意义识记的比例逐渐增大。

3. 小学生形象记忆和抽象记忆

从识记的内容上来说，小学生在形象记忆的基础上，其抽象记忆也在迅速发展。小学低年级学生，由于第一信号系统活动占优势，对于在头脑中和第一信号系统相联系的事物的具体形象更容易记住。到了小学中、高年级，学生掌握的词汇量不断增加，第二信号系统的活动逐渐占优势，所学课本的内容大多是些抽象的词、数字或符号，所以他们的抽象记忆也渐渐地占主导地位。但对小学生来说，他们在记忆抽象的材料时，主要还是以事物的具体形象为基础，即形象记忆仍起着重要作用。

4. 小学生瞬时记忆、短时记忆和长时记忆

当客观刺激停止后，感觉信息在极短的时间内保存下来，这种记忆叫瞬时记忆或感觉记忆，它是记忆系统的开始阶段。瞬时记忆的储存时间大约为 0.25～2 秒。如果这些感觉信息被进一步注意，则进入短时记忆。短时记忆的保持时间约为 1 分钟以内。长时记忆是指信息经过深度加工后，在头脑中长时间地保留下来，储存时间为 1 分钟以上至许多年，甚至终生不忘，容量没有限度。由此可见，这三种记忆在保持时间和记忆容量方面存在着本质的差异。

（三）小学生元记忆的发展

元记忆是人对自己记忆和记忆过程的认识，是元认知的一个重要的方面。在日常生活和学习过程中，小学生已获得了某些元记忆知识，但元记忆知识的获得是一个循序渐进的过程，这种能力是随着年龄的增长而逐渐发展的。

儿童对自己记忆估计的准确性反映了儿童的元记忆能力。有研究发现，从 7 岁开始，儿童的这种能力不断改善。有研究表明，7 岁以下的儿童意识不到记忆策略，如复述、组织等对他们记忆的用处，即使他们知道有意义联系的记忆内容比没有意义联系的记忆内容更容易记，他们也说不出原因。7～9 岁的儿童能够认识到复述和组织策略对记忆都有效，11 岁的儿童已能认识到组织策略比复述更加有效。这说明年龄较大的儿童更有能力去了解自己的记忆过程，较强的元记忆能力使他们能选择更适合自己的策略来完成任务，也能更仔细地监测自己的记忆过程。

二、小学生记忆能力的培养

（一）充分利用无意识记，提高有意识记

在教学中，教师要充分利用小学生的无意识记，适当安排，使学生能更有效地巩固知识。但是只靠无意识记不能保证小学生一定能获得系统的知识，所以教师在教学时必须重视有意识记，引导学生利用有意识记来获得系统的、巩固的知识。教师在讲课前，应当根据课程标准的要求和学生的实际情况，确定各单元在记忆上的任务；使学生知道应当记什么，记的牢固程度和完善程度；使学生逐渐学会根据教学任务要求有目的地、自觉地去记住必须记住的东西。教师必须把无意识记和有意识记结合起来，互相配合，交替进行。对有意义的材料，尽量使学生在理解的基础上进行识记；对无意义的材料，尽量赋予人为意义后加以识记。

（二）结合机械识记和意义识记，巩固记忆结果

小学低年级学生理解能力较差，通过反复背诵，可把一些课文、诗歌一字不差地背下来，这种机械识记方法对小学低年级学生是有积极作用的。对于小学高年级学生，教师通过实物、模型、图表提供丰富的感性知识，通过分析、比较、综合等方式把知识讲透，使学生充分理解所讲内容，更能增强学生的识记能力。意义识记和机械识记不能截然分开。如山的高度、河的长度、大海占地球面积的比例以及一些数学公式等，

既要用机械识记的方法，又要从意义上加深理解，才能记得住、记得牢。

（三）合理组织复习，与遗忘作斗争

心理学相关研究发现，遗忘的速度是先快后慢，刚记住的事忘得最快，所以要及时复习。复习可以强化大脑皮层的神经联系，留下深刻的痕迹，使记忆牢固。

第一，及时复习。当天学的新知识应该当天复习或完成作业。复习的次数和时间最初应该多一些，间隔时间短一些，以后可以逐渐减少复习的次数，拉长间隔的时间。小学低年级和中年级的学生，如果学习的时间过长，学习任务过重，大脑皮质容易产生疲劳，学的多，忘的也多。有经验的教师会抓紧前半节课学生注意力比较集中的时候，讲清教材的基本概念，然后留出时间让学生练习和复习。在讲完一个单元以后，还安排一次小结和复习。在整个教学过程中，把单元复习、学期中间和学期结束的复习恰当地结合起来，既能巩固学生对所学知识的记忆，还能使所学知识系统化。

第二，复习方式多样化。复习不等于机械的重复。如果复习的方式太单调，容易使学生产生疲劳和厌倦的情绪，无法取得良好的效果。适当地变换复习方式，使学生感到新鲜有趣；积极开展智力活动，创造性地提出一些巩固记忆的方法，能够收到很好的成效。例如，对同一个词的复习，可以采用默写、填空、造句、分析字形的偏旁部首、写出同义词或反义词等多种多样的方法，以加深学生对所学知识的理解和记忆。

第三，合理分配复习时间。在较长时间内单一地集中时间复习某一门课程，容易引起学生的疲劳，降低记忆的效果。有人以熟记一首诗作试验，集中一次复习，需要读十八遍才能背诵下来，但分散复习，每天读两遍，只需读八遍就能熟记。所以，把语文、数学、常识等功课交叉起来复习，只要时间安排得当，注意课间休息，就能收到更好的效果。

第四，避免学习材料的相互干扰。在小学生的学习过程中，最常见的干扰现象有前摄抑制和倒摄抑制两种。前摄抑制就是前面学过的材料对新学材料的干扰，倒摄抑制就是后来学习的材料对前面学习材料的干扰。例如，英语课和汉语拼音课排成前后连在一起，这对学生记忆英语与汉语的发音、拼音都有很大的影响。因此，对这种近似而又不相同的学习内容，要尽量错开。

（四）教会记忆方法，提升记忆效率

记忆的方法很多，教师要教会小学生一些常用的记忆方法来发展他们的记忆力。常用的记忆方法主要有直观形象记忆法、歌诀记忆法、特征记忆法、谐音记忆法、归类记忆法、重点记忆法、联想记忆法、推导记忆法、图表记忆法等。

获得任何知识技能后，如果没有练习的机会，就会逐渐忘掉。所以，在小学生记忆知识、经验之后，一定要给他们机会，鼓励他们把知识、经验应用到实际生活中，以求"熟能生巧"。这样做的结果是小学生会加深有关知识、经验的印象和理解，提高记忆的准确度，延长记忆时间，需要时能迅速轻松地提取，提高记忆效果。

总之，教师在教学的各个环节都要重视对小学生记忆能力的培养，只有这样，小

学生才可望获得良好的记忆品质，即记忆的敏捷性、持久性、准确性和准备性都达到优良的水平。

历年真题

【2.8】简答题：依据遗忘规律如何合理组织复习？

【2.9】"及时复习"是学生记忆学习材料的有效策略，依据的遗忘规律是（　　）。

A. 先快后慢　　　　B. 时快时慢　　　　C. 先慢后快　　　　D. 呈倒 U 形

第四节　小学生的思维

思维是认识的高级阶段，是较高级的心理过程，具有概括性和间接性的特点。思维通过分析、综合、概括、抽象、比较、具体化和系统化等一系列过程，对感性材料进行加工并转化为理性认识及解决问题的方案。概念、判断和推理是思维的基本形式。无论是学生的学习活动，还是人类的创造活动，都离不开思维，思维能力是学习能力的核心。

一、思维概述

（一）思维的种类

1. 根据思维所要解决的问题分类

根据思维所要解决的问题的内容，可把思维区分为动作思维、形象思维和抽象思维。

动作思维是以实际操作来解决直观的、具体问题的思维，也称直观动作思维；形象思维是以形象进行的思维；抽象思维是运用概念进行判断、推理的思维活动。

2. 根据思维探索答案的方向分类

根据思维探索答案的方向，可把思维区分为聚合式思维和发散式思维。

聚合式思维是把问题所提供的各种信息聚合起来得出一个正确的答案（或一个最好的解决方案）。只有当问题存在一个正确的答案或一个最好的解决方案时，才会有聚合式思维。发散式思维是一种从不同的方向去思考、去探索新的远景、去追求多样性的思维。

3. 根据思维的独创性分类

根据思维的独创性，可把思维区分为常规思维和创造思维。

常规思维就是运用已获得的知识、经验，按现成的方案解决问题的思维；创造思维是产生新的思维成果的思维，具有独创性。

（二）思维的品质

1. 思维的广阔性与深刻性

思维的广阔性表现为：善于从多方面全面地分析研究问题；着眼于事物之间的联

系和关系，找出问题的本质，并能在不同知识和实践的领域内进行创造性思考。思维的深刻性表现为：善于深入钻研问题，能从纷繁复杂的现象中抓住事物的本质和核心，并能预见事物发展进程。思维的广阔性和深刻性密切联系，思维的广阔性是以丰富的知识为依据的。只有具备大量知识的人，才能从事物的不同方面和不同联系上去考虑问题，从而避免片面性和狭隘性。

2. 思维的独立性与批判性

思维的独立性表现为：善于独立思考，独立地发现问题和解决问题，有自己的独立见解，不盲从、不迷信权威。思维的批判性则表现为：善于根据客观事实和情况，冷静地、慎重地考虑问题和分析问题，个人的见解经受得起实践的检验。

3. 思维的逻辑性与概括性

思维的逻辑性表现为：思考问题时遵循逻辑规律；提出的问题很明确，推理符合逻辑规则，论证具有严密的逻辑顺序，条理清楚，有理有据，结论正确，合乎客观实际，富有说服力。思维的概括性表现为：善于把分散的、个别的问题进行概括，得出一般性的理论，以指导实践活动。思维的概括性能提高触类旁通、举一反三的能力，使认识不断深化，这是认识能力发展的关键。

4. 思维的灵活性与敏捷性

思维的灵活性表现为：善于"审时度势"，根据客观条件的发展变化，按不同的时间、地点和条件，及时地、灵活地运用原理、原则，随时修正自己的假设和谋划。平时我们说一个人"机智"，即指其思维的灵活性强。思维的灵活性不是无原则的见风使舵，不是心猿意马、见异思迁，也不是一碰到挫折就打退堂鼓。有的人在客观情况变化以后，思想总是跟不上；有的人思想方法执拗，爱钻牛角尖，这都是思维缺乏灵活性的表现。思维的敏捷性表现为：善于迅速而正确地找出事物的实质，抓住问题的关键，做出正确的判断，当机立断地提出解决问题的正确途径和方法。

问题的解决是一系列有目的指向性的认知操作过程，它是人类思维活动的方式之一。在思维过程中影响问题解决的因素有：①问题的特征，即问题的类型和呈现的方式影响问题的解决；②已有的知识经验，即已有知识经验的质与量都影响着问题的解决；③定势与功能固着；④原型启发与酝酿效应；⑤个体相关因素，包括个体的智力水平、性格特征、情绪状态、动机水平、认知风格和世界观等个性心理特性。

只有借助思维活动，小学生才能在学习过程中深入地理解教材，掌握多种概念、理论，了解事物的规律和知识体系，才能在人际交往中有效地解决自身遇到的各种问题。

二、小学生思维发展的特点

与感觉和知觉等相比，思维发展得较晚，但随着年龄的增长，儿童的思维水平不断提高，在发展的不同阶段，儿童的思维显示出不同的水平和特点。皮亚杰认为，发展是一种在个体与环境的相互作用过程中实现的意义建构。他用图式、同化、顺应和平衡来解释这一过程。皮亚杰的认知发展阶段论把个体从出生到成熟的发展过程分为四个阶段：感知运动阶段（0～2岁），儿童主要通过感知运动图式与外界发生相互作用，一般在9～12个月时，儿童获得客体永恒性；前运算阶段（2～7岁），儿童进入智慧发展阶段，思维已表现出符号性的特点，但其思维具有具体形象性、不可逆性、自我中心等特征，尚未获得守恒的概念，存在泛灵论的思维；具体运算阶段（7～11岁），儿童具有明显的符号性和逻辑性，能进行简单的逻辑推演，克服了思维的自我中心性，获得了守恒的概念，思维可逆，但这一阶段儿童的思维活动仍局限于具体的事物及日常经验，缺乏抽象性；形式运算阶段（11～15岁），儿童总体的思维特点是能够提出和检验假设，能监控和内省自己的思维活动，思维具有抽象性、可逆性和守恒性。

小学阶段正处于皮亚杰所论述的具体运算阶段，在这一阶段小学生的思维显示出如下一些特点。

（一）由具体形象思维向抽象思维过渡

小学低年级学生的思维虽然已开始有抽象的成分，但他们所掌握的概念大部分是具体的、可以直接感知的。小学生的思维由具体形象思维向抽象思维过渡，存在着一个转折时期。一般认为关键在四年级（约10～11岁），何时实现这个"转折"，主要取决于教育。

小学生思维的发展遵循着质量互变这一辩证规律。在小学阶段从以具体形象思维为主要思维形式发展到以抽象思维为主要思维形式，是一个质变。但思维发展过程中的每一个质变都不是突然爆发的，而是通过新质要素逐渐积累和旧质要素逐渐衰亡与改造实现的。小学生由具体形象思维向抽象思维过渡不是自发实现的，而是在新的生活环境中，在教育的影响下实现的。

（二）小学生思维的基本过程日趋完善

思维的基本过程包括分析与综合、比较、抽象与概括、具体化与系统化，是思维活动的动态加工系统。随着知识的积累，小学中、高年级的学生已能在表象和概念的基础上进行抽象的分析与综合。

1. 分析与综合

分析与综合是思维的基本过程。分析是在头脑里把事物的各种属性、各个部分、要素、方面或阶段，分别加以思考的过程。综合是在头脑里把事物的各种属性、各个部分、要素、方面或阶段，结合起来组成整体并加以思考的过程。分析与综合是同一思维过程不可分割的两个方面，是彼此相反而又相互联系、相互制约的过程。

小学低年级学生在解决问题时，首先在自己的活动中有了对具体事物进行分析综合的实际经验，但往往只注意事物的某一点或某一个方面，不能同时注意和思考更多的方面。随着年龄的增长，知识、经验的丰富，分析与综合水平不断提高，他们才能发展到不直接依赖具体事物而在头脑里进行分析与综合的阶段。

2. 比较

比较是在头脑里确定事物之间的共同点和差异点。比较离不开分析与综合，比较是在分析与综合的基础上进行的。

比较也是思维的过程。要找出事物的相同点和不同点就需要比较。研究表明，小学生比较能力的发展表现在：从区分具体事物的异同，逐渐发展到区分许多部分关系的异同；从直接感知条件下的比较逐步发展到运用语言在头脑中引起表象的条件下进行比较。小学生的比较不是在所有条件下都相同，他们对某些事物的比较既有相似点又有细微的差别，但在另一些条件下，他们进行的比较则有不同。

3. 抽象与概括

抽象是在头脑里抽出一些事物的本质属性，舍弃其非本质属性的过程。概括是在头脑里把抽象出来的本质属性推广到一类事物上去，使之普遍化的过程。抽象和概括实质上是更为高级的分析、综合。人们借助抽象与概括，就能认识事物的本质，由感性认识上升到理性认识，实现认识过程的飞跃。

小学生的抽象与概括能力也有了明显的发展，这种发展表现为：他们能从对事物外部特点的概括发展到对事物本质属性的概括；从对简单事物的概括发展到对复杂事物的概括。冯申禁等研究人员对儿童词语概括能力的发展进行了研究，发现小学二至五年级的学生在概括三组包含不同因素的材料时，表现出不同的水平。句组中包含的因素越多，概括的难度越大。小学生的概括能力是随着年龄的增长而逐渐发展的，但发展的进程有时快有时慢，对不同任务的认知发展也是不同步的。

4. 具体化与系统化

具体化是将抽象与概括过程中获得的概念、原理、理论应用到具体事物中，即通过实例来说明概念，加深对概念的理解。系统化是把各种有关知识归入一定的体系，分门别类地构成一个层次分明的统一的知识系统。

系统化在教学中具有重要意义，因为学生只有掌握了系统化知识，才算真正理解了知识，做到了融会贯通，这样既易于识记，又易于回忆，有利于在不同条件下进行灵活运用。

（三）逐步稳定地形成各种概念

1. 小学生掌握概念的特点

概念是思维的重要方面，概念的形成和发展是认知发展的重要组成部分。概念是人脑对客观事物的本质特征的认识，每一个概念都包括内涵与外延两个方面。内涵是指概念的质，即概念所反映事物的本质特征。外延是指概念的量，即概念的范围。概念具有不同的等级或层次。概念和词紧密地联系着，词是概念的语言形式，概念是词的思想内容，任何概念都是通过词来表达的。但概念和词不完全等同。

小学生只有形成了某种概念，才能用它进行抽象、概括、判断和推理，用它来分析问题和解决问题。而且，小学生掌握概念和理解概念是以原有认知水平，特别是以思维水平为基础的。小学生概念的发展水平是教材和教法制定的依据，教师在教学过程中，只有按照小学生概念发展的规律传授知识，才能更好地促进小学生智力的发展。

小学生的思维水平处于由具体形象思维向抽象逻辑思维过渡的阶段，思维中的具体形象成分和抽象逻辑成分的相互关系正在发生着变化。这主要是因为他们的概括水平在不断地发展提高。儿童概括水平的发展，大体经历以下三级水平。

第一级，直观形象水平的概括。处在这一水平的儿童只能对事物的形象、外部特征或属性进行概括，他们更多地注意事物的外表属性及实际意义。小学低年级学生的概括主要处在直观形象水平。

第二级，形象—抽象水平的概括。处在这一水平的儿童，其概括能力处于从形象水平向抽象水平过渡的阶段。小学中年级学生的概括主要属于形象—抽象水平。

第三级，初步的本质抽象水平的概括。处在这一水平的儿童能对事物的本质属性、内在联系进行初步的概括。小学高年级学生的概括开始以本质抽象为主。

与以上三种概括水平相对应，小学生掌握概念的水平也表现出三级。

小学生掌握概念的第一级水平表现为以"具体实例"和"直观特征"来解释概念。所谓具体实例是应用个别具体的实际事物对概念加以注释。小学生中采用具体实例和直观特征掌握概念的人数占有很大比例。随着年龄的增长，以"具体实例"来解释概念的人数会减少，以"直观特征"来解释概念的人数会增加，说明小学生所掌握的概念带有明显的具体形象性。

小学生掌握概念的第二级水平表现为以"重要属性"和"实际功用"来解释概念。所谓重要属性是通过概念所反映的事物的某些重要意义的属性来掌握概念。小学生采用"重要属性""实际功用"掌握概念的人数都随着年龄的增长而增加，这表明小学生的思维具有明显的具体形象性，同时也表明其抽象与概括能力在迅速发展。

小学生掌握概念的第三级水平表现为以"种属关系"和"正确定义"来解释概念。所谓种属关系是以事物内部的逻辑关系，即以上下概念关系来解释概念。例如，三角形——三角形是一种图形。种属关系反映了小学生的思维发展已达到较高的水平。所谓正确定义是用定义的形式揭示概念的本质特征。例如，三角形——三角形是三条线组成的面，有三个角。正确定义是掌握概念的完善形式，反映了小学生的思维发展已达到较高的水平。

教师要帮助小学生掌握概念，就必须了解小学生的概括能力和概念发展的水平与特点。不顾小学生知识经验和概括能力发展的水平，强迫他们学习一些深奥的、复杂的、他们难以理解的概念，致使小学生只能形式化地死记硬背一些定义，这样做不会取得好的教学效果。

2. 小学生判断推理的发展特点

判断和推理是思维的重要形式，并随着儿童掌握知识的日益复杂而发展起来。

（1）判断是肯定或否定某种东西的存在或指明某种事物是否具有某种性质的思维形式。思维过程要借助于判断去进行，思维的结果也以判断的形式表现出来。判断是在概念的基础上进行的，它表现为概念之间的关系。小学生掌握的事物的属性知识不多，因此他们的判断很不全面。小学低年级学生判断的另一个特点是对事物的因果关系的认识简单，不会多方面寻找问题的原因，常做出绝对的判断。到了小学中、高年级，他们逐步能从多方面去分析问题，能提出不同的假设，做出正确的判断。

由于小学生对事物间的关系认识日益深入，到了小学中年级已能对别人的判断做出客观论证，指出别人判断错误之处，能从多种原因中确定主要原因；不仅能做出直接论证，而且还能做出间接论证，初步表现出自觉的逻辑判断能力，为学习各种知识提供了重要前提。

（2）推理是从已知的判断（前提）推出新的判断（结论）的思维形式。推理的主要形式有两类：演绎推理和归纳推理。演绎推理是从一般原理到特殊事物的推理。归纳推理是从特殊事物推出一般原理的推理。归纳推理和演绎推理是相反相成、相互联系的。归纳得出的结论可以用演绎去验证，演绎的前提是通过归纳得出的。在复杂的思维过程中，这两种推理经常紧密地交织在一起。

小学低年级学生虽已学会一些概念，并能进行初步的判断、推理，但还不能自觉地调节、检查或论证自己的思维过程。在正确的教育下，他们逐步学会对自己的思维进行反省，即"对思维进行思维"，以检查和调节自己的思维。如验算，就是"对思维进行思维"的过程。在小学低年级，学生的推理以直接观察所得到的信息为前提，并且多是直接推理，即由一个前提直接得出一个结论的推理。到了小学高年级，学生才学会根据抽象的前提进行推理，但还需要把前提具体化，推理才能顺利进行。

（四）小学生元认知能力已有发展

元认知能力指能监控自身的认知活动过程与策略，即对认知过程的认知，是发展得较晚的一种能力。元认知已成为认知发展研究中的一个重要领域。幼儿的元认知能力刚刚萌芽，而到了小学阶段，小学生已能初步监控自己的认知活动，这种能力已有所发展。例如，在解决问题之后，如果要求小学生报告其解决问题的过程和采用的方法，他们已能回答出来。但如果要求小学生详细地描述自己解决问题的过程和策略时，他们仍会感到困难。

三、小学生思维能力的培养

进行思维训练，培养小学生的思维能力，是开发其智能、提高其素质的重要手段。因此，教师要创设情境，引导学生积极参与，把科学的思维纳入小学生的认知结构，使小学生进行多维度、深层次的探究，培养他们的创新思维，发展他们主动学习的能力。

（一）丰富小学生的感性知识

思维是在感觉和知觉基础上进行的高级认识活动。思维的全部材料来自感性经验。因此，在小学阶段要发展学生的思维，首先要丰富学生的感性经验。帮助学生掌握丰富的、生动的感性知识是发展其思维的必要条件。

在教学中，教师应注意适当运用实物、图片及各种直观教具，并根据教育和教学的需要组织参观访问、游览等活动。在活动中，教师要有意识地引导学生去全面观察、深刻分析，积累思维的素材。但是，每一位教师都应该明白，感性经验只是思维的材料，而不是思维的结果。教师应设法引导学生将感性经验上升为理性经验，逐步培养他们的思维能力。整个小学阶段，学生思维活动的直观形象性是很突出的，即使到了小学高年级，他们形成概念、理解教材、进行判断推理也常常离不开感性材料的支持。因此，帮助小学生掌握内容丰富、印象深刻、生动而准确的感性知识，是发展其抽象逻辑思维的必不可少的条件。

在小学阶段，学生主要是在他直接接触环境的过程中和阅读活动中形成自己的感性知识的。此外，参加校内外的其他各种活动也是小学生获取知识的机会。除了增加学生感性知识的数量之外，教师也要关注扩展学生感性知识的范围。

对于小学生来说，感性知识的重要品质是它能准确、全面地反映事物事实，而且感性知识的概括水平高，在应用时能在头脑中清晰地浮现出来。因此，在组织小学生观察事物、接触实际时，教师应有意识地教会他们观察的方法，使其获得事物的完整表象，并让他们有机会运用这些感性材料。

（二）发展小学生的言语能力

语言是思维的工具，儿童思维的发展是同他们言语的发展密切联系的，因此，儿童言语的发展水平与他们思维的发展有着直接关系。一般来说，如果小学生对自己的思考过程、解题过程能用言语表述出来，那么就表明他的思考过程是清楚的，他对知识是理解的。

小学生在思考时常常是以内部言语的形式在头脑中进行的，而内部言语常常是以简化、压缩、跳跃的形式出现的。用内部言语思考的优点是使思考快速地进行，但也往往会导致思路不连贯，模糊不清。因此，教师应该经常要求学生用口头言语叙述自己对问题的理解和相应的解题过程。学生既会实际操作，又能用口头言语和书面言语表达出来，这就形成思维的一项重要品质——思维的自觉性。

发展小学生的言语能力是小学各科教学面临的共同任务。教师应当通过各种途径让小学生掌握更多的词汇，使小学生的思维有一个准确、得心应手的工具。发展言语能力的目标就是通过教学和训练，使小学生不但能领会实际操作（制作、绘画、解题、实验等），而且能正确使用口头言语和书面言语表达出来。此外，教师应引导小学生阅读课外读物，参加演讲会、辩论会、故事会，参与黑板报、壁报等活动，进一步丰富小学生的词汇，促进他们正确地理解词义，帮助他们学会准确地表达思想感情，推动其思维的灵活性、逻辑性的发展。

（三）帮助小学生掌握思维方法

针对小学生抽象思维水平不高的特点，教师应教会学生用直观材料帮助训练思维。例如，小学数学教学中的线段图，就是帮助训练思维的好方法。第一步，教师要有意识地培养小学生借助线段图理解题意，引导小学生练习看图、画图、讲图，训练小学生看图后能准确地说明图上表示的已知条件和问题，明白已知条件与问题间的关系，要求小学生自己动手画图。第二步，教师在借助直观图帮助小学生训练思维的同时，应教给小学生逻辑推理的方法；不应停留在"依样画葫芦"的阶段，而应培养小学生归纳和演绎的推理能力和抽象概括能力。一些有经验的教师往往注重正确运用数学语言的训练，如"列式""分析图"等多种形式，培养学生正确理解题意的能力，这对促进思维的发展很有效果。

帮助小学生训练思维就是逐步提高其思维过程中的各种基本能力，如分析与综合、比较、抽象与概括、具体化等能力。其中，分析与综合是思维的基础，而抽象与概括是思维的核心。

分析与综合是思维的基础，人认识事物时总是先把它作为一个整体来接受，然后对它进行分析，找出它的组成部分和细节，最后又把这些个别成分与因素综合起来，研究它们之间的关系，把它们又当作一个整体来认识。当然，这时对整体的认识已不是最初的笼统的认识了。所以，教师在教学中要注意培养小学生遇事问为什么、喜欢对事物进行分析的习惯。小学低年级的学生最初只在直接观察事物的条件下进行分析，只会对各个因素做逐一的分析，但是如果引导得法，学生会利用已有的知识、概念和表象进行深刻的分析和全面的综合。

抽象与概括，特别是概括，是思维能力的核心成分。概括是一种特殊的综合，是把事物中许多共同点结合起来，并得出深化的认识过程。概括分为不同的水平：把事物外部的、非本质属性结合起来是初级的概括；把区分出来的事物的共同本质特性和关系结合起来就是高级形式的概括。不论小学生的概括处于何种水平，教师都要通过一定的教学手段，认真对他们加以训练，使他们的概括水平逐步提高。

历年真题

【2.10】学生解答问题时，"一题多解"探求多种答案。这种思维方式是（　　）。

A. 发散思维　　　　B. 聚合思维　　　　C. 概括思维　　　　D. 间接思维

【2.11】小学生思维发展的基本特点是（　　）。

A. 具体形象思维和抽象逻辑思维均衡发展

B. 完全摆脱具体形象思维

C. 由具体形象思维向抽象逻辑思维过渡

D. 抽象逻辑思维是思维的过渡

【2.12】小学三四年级儿童的思维发展会出现质变，表现为（　　）。

A. 从直观动作思维过渡到具体形象思维

B. 从具体形象思维过渡到直观动作思维

C. 从具体形象思维过渡到初步的抽象逻辑思维

D. 从直观动作思维过渡到初步的抽象逻辑思维

【2.13】简述思维过程中影响问题解决的因素。

第五节　小学生的想象

想象是对大脑中已有的表象进行加工改造，创造出新的形象的心理过程。想象是一种高级的、复杂的认知过程，具有新颖性、形象性的特点。想象是对客观事物以表象加工的形式进行间接的、概括的改造，反映的是事物的本质综合属性、可能的联系，是一种特殊形式的思维。

想象分为有无意想象和有意想象。

无意想象是一种没有预定目的、不自觉地产生的想象。

有意想象是按一定目的、自觉进行的想象。根据想象内容新颖程度和形成方式的不同，可分为再造想象、创造想象和幻想。再造想象是根据言语的描述或图样的示意，在人脑中形成相应的新形象的过程。再造想象形成的条件是：有充分的记忆表象作为基础，能正确地理解言语和实物标志。创造想象是在创造活动中，根据一定的目的、任务，在人脑中独立创造出新形象的过程。创造想象比再造想象更复杂、更困难。创造想象形成的条件是：创造动机，丰富的表象储备，原型启发和灵感。幻想是指向未来并与个人愿望相联系的想象。幻想是创造想象的特殊形式。

一、小学生想象的发展特点

小学生想象发展的总趋势是，由无意想象发展到有意想象，由再造想象发展到创造想象，由远离现实的想象发展到富于现实性的想象。

（一）有意性逐渐加强

进入小学后，在各科教学中，教师会要求学生要按照教学目的进行符合教材内容的想象，这就促进了小学生想象的有意性、目的性的加强。小学生想象的有意性随着年龄的增长而不断提高。

（二）创造性逐渐增强

小学低年级学生的想象鲜明、生动，富于模仿性和再现性。他们的想象内容最初往往具有实在事物的复制和简单重现的性质，创造加工的成分不多。以后在各科教学和各种课外活动影响下，由于表象的积累和丰富，注意、观察等能力的发展以及抽象逻辑思维的发展，学生不但能形成更充实、更生动、更富于创造性成分的再造想象，而且以独创性为特色的创造想象也日益发展起来。小学高年级学生能对他们已获得的表象做出真正的创造性的改造，从而产生自己在直接经验中从没有过的新的结合；而且他们的创造想象已显著发展起来，他们已能够进行新的构思，创造出某种全新的、别出心裁的东西。

小学低年级学生的想象最初都有很强的具体性、直观性，往往非常鲜明生动。他们的想象要以具体对象做依靠，如果没有这些对象，他们的想象就难以进行。到了小学中、高年级，学生逐渐不靠具体对象、图画之类的帮助，而开始靠词来想象，他们想象的概括性、逻辑性逐渐发展起来。小学生想象概括性的发展是指想象从具有很强的具体性、直观性，向具有一定的概括性、逻辑性发展，表现为想象所凭借的依托物由实物向词语演变。

小学生想象创造性的发展是指从再造想象中有创造性的成分，扩展到独立地进行创造想象。小学低年级学生想象的形象往往具有复制性和模仿性，创造加工的成分不多。到了小学中、高年级，他们不仅在再造想象中创造性成分越来越多，而且能对已有表象做出真正的创造性加工，能独立地进行创造想象。小学高年级的学生讲述故事时，复制和模仿的性质逐渐减少，对情节的创造性改造日益明显和增多；他们也能根据自身的知识经验，创造出全新的、别出心裁的故事内容。到了小学中、高年级，命题作文开始出现，学生已能根据题目构思出一篇新颖的文章。

（三）现实性逐步提高

想象的现实性是指想象的形象受现实的制约，能真实地反映现实。儿童进入小学以后，想象的现实性逐渐提高，主要有以下表现：想象所反映的形象越发接近现实事物；想象形象的特征数由少到多，结构配置由不合理到合理；由热衷于完全脱离现实的神话虚构，逐渐转向对现实生活的幻想和对未来生活的向往。例如，小学低年级学生常常幻想做一个像动画片中的具有非凡本领的人，而小学高年级学生开始联系自己的生活实际，会想象自己考上理想的中学，做一名对社会有用的人，等等。

二、小学生想象力的培养

（一）充分利用想象

想象可以打破时空的界限，不仅能增强教学活动的生动性，而且能使学生更好地、更深刻地理解教材，更牢固地掌握知识技能，从而大大提高教学质量。因此，在各科教学中，教师要充分利用小学生的想象力。

再造想象和创造想象是密切联系的。再造想象是创造想象的基础，创造想象是再造想象的发展；再造想象中有创造想象的成分，创造想象中也包含再造想象。因此，在教学中，教师要充分认识和利用两种想象的联系，只有使两者很好地结合起来并应用于教学，才能使小学生的学习富有生动性和创造性。

小学生常常表现出对事物、对未来的幻想，教师要根据学生由远离现实的幻想向现实主义的幻想过渡的特点，引导小学生把幻想和现实结合起来，发展积极的、健康的、有社会意义的幻想，使它成为小学生学习和活动的推动力。

（二）丰富小学生的表象

表象是想象的材料，表象的数量和质量直接影响着想象的水平。表象丰富，想象就开阔且深刻；表象贫乏，想象也就狭窄且肤浅；表象准确，想象就合理；表象错误，想象也就荒诞。在教学中要发展小学生的想象，就必须丰富小学生的表象。既要充实表象的数量，又要提高表象的质量，尽可能扩大表象的储备。因为表象越丰富、越充实，小学生的想象就越生动、越活跃。因此，在教学中教师要正确运用直观教具，为小学生提供实物、图片和文字、语言等各种描述材料，并使他们正确理解图画和词语所表达的意义。另外，还可以组织小学生参观展览会、博物馆和旅游、阅读文学作品，进行园艺生产劳动和实验等，扩展小学生的眼界，丰富小学生的经验，扩大他们想象的基础。

（三）发展小学生的言语

小学生的想象活动是在言语的调节下进行的，并以言语的形式表达出来。从想象的程序来说，小学生的想象是从具体、直观的水平，逐步过渡到具有概括性、逻辑性的水平，也就是词的思维水平的。因此，发展学生的言语，也是促进其想象发展的重要条件。丰富小学生的词汇、发展小学生的言语是小学教师进行教学所必须做的。只有言语发展达到一定水平，小学生的想象才可能从形象的水平逐渐提高，使想象变得更加广阔、深刻，更加具有概括性和逻辑性。

所以，教师要重视用丰富、优美、准确、清晰、生动、形象化的言语描绘事物。这不仅可以唤起小学生的想象，为他们做出示范，使他们具体地感受如何使用言语来表现想象，还可以潜移默化地提高小学生的言语表达能力，发展小学生的想象。

在教学中，教师的言语是启发小学生想象、促进小学生言语发展的重要因素。教师要用正确、清晰、生动、形象化的语言描绘事物，对于抽象的材料，也要设法用生动的比喻来说明。这不仅能传授给小学生丰富的知识，同时也为他们做出示范，有利于他们语言表达能力的提高。

（四）组织学生参加活动

想象是一切创造活动必不可少的心理因素，同时它又是在创造活动中发展起来的。教学是发展小学生想象的基本活动形式。此外，组织小学生参加各种课外活动，也能激发小学生想象的积极性，从而发展小学生的创造想象。结合学校的各种活动进行想象的训练，例如：结合各科教学活动，训练小学生的想象；通过形式训练，提高小学生的想象和联想的能力，训练小学生对静物做动态想象，变无声为有声想象；对抽象词做具体形象想象；对物做拟人想象；对无色的事物做有色的想象；对个别事物做概括的想象，等等。通过这一系列想象的形式训练，小学生便能逐渐掌握静观默想、浮想联翩的本领。

（五）正确引导小学生的幻想

小学阶段，学生的幻想正处在由远离现实的幻想向现实的幻想的过渡阶段。积极的幻想对小学生的学习生活具有直接推动作用。因此，教师要引导小学生把幻想与现实紧密结合起来。结合的方式很多，可以通过组织各种主题队会，如"20年之后的我"主题队会，把个人的幻想和祖国的现代化建设的实际需要结合起来，让学生在头脑中形成自己20年之后的形象，从而激励他们树立远大目标并努力去实现。

在教学实践中，要培养小学生创造想象的能力，教师应做到：激发兴趣，培养小学生的创造欲；鼓励求异，培养小学生的创新精神；注重参与，培养小学生的创新能力；给小学生创造想象的机会；通过图文对照，引导小学生想象；用神话、童话培养小学生的想象力。

历年真题

【2.14】简述如何培养小学生创造想象的能力。

☞ 本章小结

本章按照小学生认知发展的特点和认知能力的培养两条主线，分别从注意的发展特点及注意力的培养、感知的发展特点及观察力的培养、记忆的发展特点及记忆能力的培养、思维的发展特点及思维能力的培养、想象的发展特点及想象力的培养五个方面梳理相关部分的知识点和要点。学习时要牢记小学生在注意、感知、记忆、思维、想象方面发展的特点，并能运用其中的概念、原理、规律培养小学生的认知能力。

☞ **本章要点回顾**

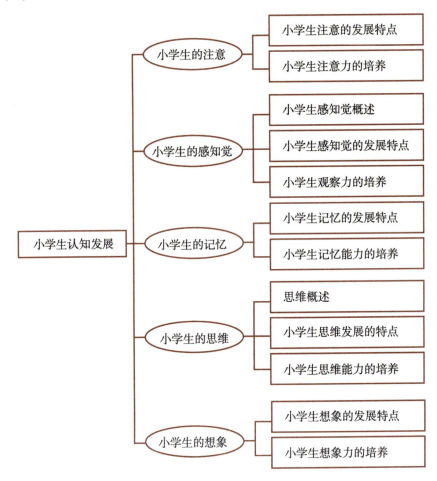

第三章

小学生言语发展

☞ **学习完本章，应该做到：**

◎ 了解小学生言语发展的一般特点。

◎ 掌握小学生口头言语发展的特点，理解小学生常见的口头言语现象，并会运用相关知识对小学生口头言语进行培养。

◎ 识记小学生书面言语的发展特点，会运用相关知识提高小学生识字、阅读、写作的能力。

◎ 明晰小学生内部言语的发展特点，会运用相关知识促进学生内部言语的发展。

◎ 认识双语教学对认知发展的重要意义，学会识别常见的言语交流障碍。

☞ **学习本章时，重点内容为：**

◎ 小学生言语发展的一般特点。

◎ 小学生书面言语的发展特点及提高识字、阅读和写作能力的方法。

◎ 双语教学的重要意义。

☞ **学习本章时，知识要点与具体方法为：**

本章阐述了小学生言语发展的特点，分析了小学生口头言语、书面言语和内部言语的发展特点及培养方法，分析了双语教学对儿童认知发展的重要意义及可采用的教学方法，列举了常见的小学生言语交流障碍及克服方法。本章属于小学生的认知发展的重要组成部分。本章的知识点主要属于了解与记忆层次，灵活掌握小学生言语发展的特点与规律有助于在小学教育实践中进行运用。

【引子】

"有的孩子识字量只有十几个，练习册的问题都读不懂；有的孩子识字量却超过2000个，上课讲的内容基本都懂。"开学近一个月，接手一年级新生的语文老师蒋老师反映了在教学中遇到的现象。那么，小学一年级的学生言语发展水平到底如何？一年级的学生应该认识多少个汉字，才能保证顺利地完成小学的学业任务呢？

第一节　小学生言语发展特点及培养

语言是人类社会中客观存在的现象，是人类社会在漫长的社会生产和文化发展中，为了生活所需，对烦琐、复杂的事物创建的一种符号系统，这种符号系统以语音为载体、以词为单位、以语法为构建规则。一个人利用某种语言来表述自己的思想或与其他人进行交际的过程称为言语。

言语活动一般分为三类：口头言语、书面言语和内部言语。学校语文教学的主要任务是教会学生掌握语言，并通过教学发展儿童的口头言语、书面言语和内部言语。学前儿童在与成人的交流过程中，已初步培养了口头言语能力，包括适量的词汇和无意识的、不完整的语法，不标准的口音，也认识了少量的书面文字。7岁至11、12岁的儿童属于学龄初期或小学期。儿童进入学校，他们从幼儿转变为小学生，正规、系统的学习开始成为他们的主导活动，语文被列为一门主要课程从而成为儿童学习的专门对象。语文课程的学习训练，使儿童的言语水平发展到新的高度，形成了儿童言语发展的内在动力。

小学生言语发展的总趋势是：由掌握字发展到掌握词和句，再发展到掌握初步的语法规律，最后发展到领会一定的逻辑思想。因此，小学的言语教学由低到高一般分为三段：低年级段，着重解决"字"的问题，具体而言是解决拼音、识字和写字的问题；中年级段，着重解决"词"和"句"的问题，因字、词、句教学密切联系，可按不同的年级特征，安排好主次、重点与非重点；高年级段，着重在用词造句中加一些初步的语法知识及修辞知识。整个小学语文教学，应当侧重逐步向学生渗透逻辑思想，重视他们听、说、读、写能力的培养，从而协调统一发展小学生的口头言语、书面言语和内部言语。

一、小学生口头言语的发展

口头言语的主要形式有两种：一种是对话言语，另一种是独白言语。对话言语是指两个或几个人直接进行交际时的言语活动。对话言语是一种最基本的言语形式，其他形式的口语和书面言语、内部言语都是在对话言语的基础上发展起来的。对话言语是对话双方直接交谈的言语，带有情境性、简略性和应变性。独白言语是说话者独自进行的言语活动。它缺乏对话过程的言语情境，说话者为了系统、准确地表达自己的思想，说话前要进行适当的计划和准备，使说话过程符合一定的规律。所以，独白言语对于促进儿童言语的发展有重要意义。如演讲、教师的讲课、文艺工作者的说书、表演都需要较高的独白言语水平，这样的独白言语就接近书面言语了。

历年真题

【3.1】教学语言按其传递方向和传递方式的不同，可分为（　　　）。

A. 内部语言与外部语言　　　　B. 提问语言与答题语言

C. 对话语言与独白语言　　　　D. 朗诵语言与独白语言

（一）小学生口头言语发展的特点

儿童入学以前，在与成人的长期的交际过程中，已掌握了一定数量的口头词汇。据研究，6岁儿童已掌握了2500～3500个口头词汇。这些词汇足以保证儿童同成人的正常交流，为儿童的入学学习奠定了基础。

入学后，儿童的口头言语得到了迅速发展。有研究者曾系统地调查了小学一至五年级学生口头言语的发展趋势，了解到小学生口头言语的发展可以分为三级水平。第一级是以对话言语占主要地位的水平，此时他们的独白言语还很不发达，独白时往往说半句话，语序前后颠倒，不合语法规则。第二级是对话言语向独白言语过渡到以独白言语为主要形式的水平，此时，小学生有更多的事先思考，以便选择词汇、组织句子、连贯地表达思想，让教师、同学听得明白。第三级是口头表达能力初步完善的水平，此时，小学生的话语完整，合乎一定的语法规则，前后连贯，主次分明，使听者感觉较清晰。一般的教育情况下，一年级小学生以对话言语占主导地位；二三年级小学生的独白言语开始发展起来；四五年级小学生的口头言语表达能力初步完善，说话完整，合乎一定的语法规则。

当然，小学生口头言语的发展还存在着明显的个体差异，其原因主要有：客观上，教育环境、教育水平的不一致；主观上，小学生在发音、词汇以及表达完整程度的发展不一致，原因有很多，其中小学生的个性如爱不爱说话、敢不敢讲话等都会影响他们口头言语的发展水平。

历年真题

【3.2】下列关于口头言语的表达，错误的是（　　　　）。

A. 小学阶段，口头言语发展迅速

B. 一年级的小学生以对话言语占主导

C. 二三年级的小学生独白言语开始发展起来

D. 一般三年级小学生的口头言语表达能力初步完善

（二）小学生口头言语的培养

为促进小学生口头言语的发展，针对小学生的各科教学，尤其是语文教学，教师一般要从字、词、句三个方面对学生进行严格的训练。具体来说，主要通过以下几个途径对学生加以训练。

1. 完整说话练习

在教学实践中，经常发现有的小学生（特别是低年级小学生）在回答问题时，往往只说半句话，或者只说一个词，甚至用动作或表情来代替要说的话。在这种情况下，教师必须让他们重新把话说完整。如果学生说话有困难，可由教师示范，帮助他们说出完整的句子。

例如，一个学生对教师说："老师，头断了。"虽然教师明白学生指的是铅笔头断了，但为了引导该学生说完整的话，可以启发地问："什么头断了？"学生答："铅笔。"教师接着问："谁的铅笔头？"学生答："我的。"然后教师让学生说出"我的铅笔头断了"这个完整的句子。

2. 口头造句练习

教师要善于用教过的词汇进行授课，指导学生用学过的词汇进行造句练习。这样不仅丰富了学生们的词汇，而且有助于提高他们的口语表达能力。如学完"我们"这个词，让学生用"我们"说句话——"我们是学生""我们爱国旗""我们都喜欢唱歌、跳舞、做游戏"……

3. 朗读训练

朗读的质量标准是正确、流利、有感情。正确，即不读错字、不添字、不丢字、不颠倒、不重复字句，并能用普通话朗读。流利，即不读断句，快慢接近平时讲话的速度，并不是越快越好。应当允许低年级学生一字一顿地读，但要求连读。在课堂上要纠正有些学生的口吃、嗫嚅和乱加"口头语"等不良的口语习惯。有感情，即在理解的基础上把言语方面的思想感情表达出来，主要凭借讲话的语调、节奏等。平时训练时，可以根据课文内容的不同让学生们分角色朗读课文或编演课本剧。语文课堂上的课本剧，是一种深读课文，推敲语言文字并体会人物感情，并将其"形于外"的一种排演过程。小学生大都爱玩好动，宜采用生动活泼、形式多样的游戏表演，这样不但能使课堂生动有趣，而且还能激发学生的学习兴趣，调动学生的多种感官，发展他们的智能，更能促进他们的心理发展，培养他们的想象力。

4. 课堂提问和练习

在课堂教学中加强师生对话，这是有目的、有计划、系统地培养小学生口头言语表达能力的极好形式。教师在组织课堂师生对话时应注意启发学生的思想，帮助学生把完整的文句表达出来。同时要多照顾口头言语表达能力差的学生，鼓励他们多练习，多给他们练习的机会。

二、小学生书面言语的发展

书面言语是指个体借助文字表达自己的思想或借助阅读接受他人思想的言语形式。儿童真正掌握书面言语是从小学开始的。在小学初期，儿童书面言语的发展远远落后于口头言语；在学校教育的影响下，儿童的书面言语得到迅速的发展和加强，大约从小学二三年级起，书面言语的水平就逐步赶上口头言语的水平；到了四年级，儿童书面言语的发展逐步超过口头言语，并显示出充分的优越性。小学生书面言语的发展主要表现在识字、阅读和写作等方面。

（一）识字

识字是对文字符号的识别和理解，是儿童从口头言语向书面言语过渡的最初环节，也是学生阅读和写作的基础。识字是小学低年级语文教学的重点。研究表明，各年龄段小学生都能胜任教学对他们提出的识字要求且发展趋势良好。但小学生的识字发展不均衡，年级越低，优劣的两极分化越大。城乡之间，儿童识字水平有一定差别，但并不明显。①

汉字是由音、形、义三者构成的统一体，儿童学汉字是在口头言语的基础上进行的。初入学的小学生一般对所学的字音、字义比较熟悉，但对字形感到生疏，掌握起来比较困难。研究发现，小学生在单元复习测验中，听写成绩比读音、释义成绩差。此外，字形的书写还要求小学生掌握拿笔的方法、写字的正确姿势以及笔画、笔顺和字形的结构，这需要小学生在一系列的动觉、视觉、空间知觉之间形成良好的联系。所以，字形学习是小学识字教学的重点。

1. 字形的掌握

掌握字形是识字教学的重点和难点。研究结果表明，小学生很早就意识到汉字的

---

① 黄仁发. 中小学生语言的发展和教育系列研究之一——中小学生识字的发展与教育 [J]. 心理发展与教育. 1986（2）：7-12.

结构以及声旁和形旁在表音、表意功能上的分工。随着年级的升高，小学生逐渐能根据声旁一致性猜测不熟悉汉字的读音。语文能力较强的小学四年级学生已经开始意识到声旁的一致性，六年级学生几乎都具备了声旁一致性的常识。在教学中，教师要注意小学生识字的这些特点，用比较、直观教学等方法，提高小学生精确分辨字形的能力，使其牢固掌握汉字。

小学生认识字形的心理过程一般有以下三个发展阶段。

一是泛化阶段。此时小学生对字形结构各组成部分以及音、形、义之间初步建立了模糊联系。但这种不稳定的暂时联系有泛化现象，以致会发生种种错误，认知汉字还缺乏精确性。例如，小学生经常把"衬衫"的"衤"旁和"祝福"的"礻"旁混淆。

二是初步分化阶段。此时小学生对字形结构各组成部分以及音、形、义之间，初步建立了统一联系，对汉字的基本部分及整体达到初步分化水平，但综合概括不全，对字形结构的细微部分还有遗漏和小的错误。例如，小学生知道"衬衫"的"衤"旁，中间有两点；"祝福"是古时候求神赐给幸福的意思，与"神"有关，"福"的"礻"旁，中间有一点。

三是精确分化阶段。此时小学生对字形结构各个组成部分以及音、形、义之间，已经建立了统一且牢固的联系，对字形的认识达到精确、熟练的水平。例如，小学生知道"衬衫""祝福"都是合体字，合体字的偏旁部首表达意义。凡与衣服有关的字，都是"衤"旁，如补、裤等字。"祝福"是古时候求神赐给幸福的意思。凡与神有关的字，用"礻"旁，如"祠""礼"等字。

上述三个阶段的划分不是绝对的，需要视字形的难易和小学生的知识经验来决定。小学生想要有效地认识每一个字形，就必须对它有精确的感知和辨认。为了避免小学生认错、写错、记错，教师在教学时，可将相似的字进行对比，明确指出易混淆部分并提醒学生注意，要求学生勤查字典，不要主观猜想；此外，还应根据小学生思维的具体形象性及情绪化色彩浓厚的心理特点，充分利用图画、挂图、模型、演示等直观性的教学手段。

历年真题

【3.3】拿出写有"香蕉"一词的卡片，小强能认识，但是如果把这两个字分开，他就搞不清了，不知道哪个是"香"字、哪个是"蕉"字。这说明小强处于认字的（　　）。

A. 再现阶段　　　　B. 泛化阶段　　　　C. 情境阶段　　　　D. 识字阶段

【3.4】根据《义务教育语文课程标准（2011 年版）》，谈谈应如何开展识字教学？

2. 字音的掌握

字音是言语的基本要素，汉字通过音调来区分字义。如"妈、麻、马、骂"，由于音调的区别，相同的音韵组织就区分出不同的意义。因此，只有读准字音，才能理解字义，也才能辨认字形。

小学生掌握字音的难易与这个字在口语中出现频率的高低有关。刚入学的儿童对不理解的或口语中没有出现过的字词，感知和发音往往不准确。有研究表明，小学生掌握字音的困难主要有以下几种情况：前鼻音和后鼻音相混，韵母念错较多，拼音字母中字形结构相近的 b 和 d、p 和 q、f 和 t 易混淆。此外，学习拼音时许多小学生还容易受方言的干扰，教师应及时纠正。教师应根据汉字容易读错或读音相混淆的特点，及时地采取预防教学，提醒学生应注意的地方；不要等学生读错后再去纠正，那样的话将会事倍功半。

3. 字义的理解

理解字义是儿童识字的中心环节。儿童对字义的理解，直接影响着他们对字音、字形的辨认、记忆和应用。对字义的理解常与词联系在一起，因为往往一个字只有当它与其他字组成词时，才有明确的意义。对于词的掌握，具体情况不同，掌握的程度不完全相同，比起那些不完全理解也不会运用、但在听别人说话或看文章时能够听懂或猜出词义的那些词，小学生对那些在口语或书面语中能够理解并经常使用的词的掌握要好得多。根据这一特点，教师应尽可能多地运用直观教具，使字形形象化，便于学生理解。例如，教师在教"渗透"一词时，学生不易理解，教师亦不易讲清。这时，一位教师用一张纸接触水面，让学生看到水被纸慢慢吸收的情况，这样学生对"渗透"就有了深刻的印象。又如，教师在教"眺望"两字时，很难运用语言来解释。一位有经验的教师，做了一个动作——他将手横放在眉前，两眼看向远方，再稍加解释，学生就很快理解了"眺望"的意思，而且也记得牢。

20 世纪 60 年代以来，关于识字教学就存在集中识字和分散识字的争论，并且各自都有教学实验结果证明其优越性。

（1）集中识字。

集中识字以汉字构形规律为基础，继承了《三字经》《百家姓》《千字文》的蒙学识字教育经验，采用"基本字带字"的方法教学，让学生大量识字、大量阅读，打好扎实的语文基础。集中识字利用了汉字自身的规律，重视一组字当中的音、形、义的联系。其优点是：能够化难为易，增强学生对汉字的科学认识；可以培养学生归纳演绎的思维能力，有利于他们今后独立识字；教学任务单一明确，充分揭示汉字的特点及规律，学生易于科学识记、举一反三，加快了识字速度。

（2）分散识字。

分散识字，也叫随课文识字，该识字方法的优点是："字不离词，词不离句，句不离篇"，寓识字于阅读，学与用紧密结合，符合儿童从具体到抽象的认识特点，有利于激发学生的学习兴趣；有利于学生牢固掌握汉字的音、形、义。分散识字的最大优势是在具体的语言环境中识字，学生可凭借上下文读准字音，理解字义，因此有利于学生对词义的准确理解。尤其对多义词、虚词、含义较深的词，如虚词"其实""如果"，意义较抽象的词"英明""祖国"，引申意的词，如"花朵"引申儿童、"园丁"引申教师，如果脱离了课文进行教学，很难说明它们的意义，学生也难以理解。而通过结合课文，从上下文的联系中去理解这些词，就不难掌握。

总之，识字教学的集中识字和分散识字之争提供了一个极好的例子，说明课程改革的核心问题是：我们的教学既要使学生通过学习该门学科的基本原理、基本概念和基本方法，掌握该门学科的基本结构，又要符合学生的认知活动规律，认知发展水平、特点，这样才能提高学生的学习效率，促进学生的认知发展和整个心理水平的提高。

（二）阅读

阅读是儿童掌握书面言语过程中的理解阶段，是小学语文教学的中心环节。阅读是一种由多种心理因素构成的复杂的心理活动过程。它既是对小学生识字熟练程度的检验，又是提高小学生写作水平的基础，因此它是整个小学语文教学的中心环节。

阅读的形式有朗读和默读。朗读比默读出现得早，朗读是默读的准备条件，默读是阅读的高级阶段；反过来，朗读又可以作为检查默读的手段。因此，朗读和默读是相辅相成的，是整个阅读能力发展过程中的统一体。

1. 朗读

朗读要求眼看、口读、耳听相结合。它不仅使朗读者自己获得知识，而且也可以使听者理解并受到感染。儿童掌握朗读，大体要经历以下三个阶段。一是分析阶段。儿童由于识字不够熟练和知识经验的限制，常常是一个字一个字或一个词一个词地读，而不是整句地读，停顿很多。二是综合阶段。儿童由于有了第一阶段的经验，常常忙于读出整个词或句子，但同时往往会对组成词的字或组成句子的词缺少精确分析和了解，以致对词或句的感知和发音不能同对词或句子的理解完全结合并统一起来，因而常发生念错或理解不清楚甚至理解错误的情况。三是分析综合阶段。在第二阶段的基础上，儿童在阅读时分析和综合两个方面的能力逐渐均衡起来，读出的音和对词句的理解逐渐统一起来，从而达到由看到的词向说出的词迅速而准确地过渡，能流畅地朗读。

2. 默读

默读是个人阅读的一种主要方式，平时看书、看报都是默读。默读不用把每个字都读出来，可以直接由看到字形到理解字义。默读时，语言器官的发音被抑制，不发出声音，依靠视觉和思维活动对读物内容进行分析概括，以达到理解。小学生默读能力发展一般经历两个阶段。一是小声的"默读"阶段，这是从朗读到默读的过渡阶段。学生不时发出轻而低的声音，嘴唇不断做出动作，口中念念有词，因为只有读出字音，才能领会字义。这时如果不让他们读出声音，他们就会不知所措。二是无声阶段，经过小声"默读"阶段的训练，学生逐渐达到默读阶段，他们能根据上下文的意思迅速看懂内容。这时，阅读速度加快，记忆效果提高。

3. 小学生阅读能力的培养

（1）强调阅读的准确性和目的性。

在培养小学生阅读能力时，首先要强调准确性和目的性，并在实践中培养学生的朗读能力和默读能力。首先，让学生反复朗读课文，熟悉课文的内容，了解层次结构，把握文章的重点。在学生朗读的过程中，一定要加强引导，让学生在教师的引导下学会对文章的正确把握和正确的阅读方法。其次，在学生阅读课文之前要让其明白阅读的目的，只有目的明确，学生才能做到由浅入深，由整体到部分，再由部分到整体，也才能读得准确，读得有感情。再次，教师还应根据课文长短不同，在学生阅读的过程中有意识地让学生采用默读的方法，培养其独立思考的习惯。

（2）加强段落层次分析训练。

对小学生的阅读训练还应该包括加强段落层次分析训练，以培养其逻辑思维能力。在阅读过程中，划分段落、概括段落大意是一个比较复杂的环节。这个环节与学生对字词的掌握、阅读技巧的训练和表达能力的发展都有关系。心理学工作者研究了小学生对课文分段、概括段落大意的思维特点，发现小学低年级学生可能出现下列三个阶段：第一个阶段，对自然段进行片段的、不完整的概括；第二个阶段，对逻辑段进行较完整但不够简明的叙述式的概括；第三个阶段，对逻辑段做出比较简明的但仍带叙述式的概括。经过训练后，小学低年级学生多数能达到第二个阶段水平，小学中年级以后才能达到第三个阶段的水平。针对小学生的这个特点，教师应观察他们每一个阶段的发展，根据每个学生停留在每一个阶段时间的长短，有针对性地促进他们阅读能力的提高。此外，教师在培养学生阅读能力的过程中还应注意因材施教，发展各类学生的阅读能力。

（三）写作

写作是书面言语的高级形式，写作能力的形成是和一系列因素相联系的。首先，它是以一定的口头表达能力为基础的，特别是独白言语能力，对写作能力的发展起着重要的作用。其次，它又是以一定程度的阅读能力为基础的。一个人只有掌握了阅读能力以后，才能把注意力转到领会文章的思想内容和表达方式、方法上，从而学习如何取材、布局、选择词汇，如何使写作重点突出，如何使写作合乎语法、修辞的要求，如何更富于表达力等。最后，写作和内部言语的发展，特别是言语意识（即对言语本身进行分析综合活动）的发展有密切的联系。

在写作之前必须预先考虑作品的组织结构。在写作的过程中，必须时时考虑如何用字遣词，而这一切都要求内部言语的积极参加，都要求有一定程度的言语意识的发展。小学低年级学生还不会有意识地进行写作，还不善于有意识地组织自己的言语活动。

1. 小学生写作能力的发展

小学生写作能力的发展，大体上经过以下的三个阶段。一是准备阶段，其主要是口述的阶段，如口头造句、看图说话等。口头叙述是书面叙述的基础，必须加以重视。小学低年级学生处于这一阶段。二是过渡阶段，这里包括两个方面的过渡，一是从口述向笔述过渡，即把口述的内容写成书面的东西；二是从阅读向写作过渡，如模仿作文、改写或缩写等。三是独立写作阶段。学生根据题目要求自己独立地思考、计划写作的过程，如主题、选材、布局等。小学中、高年级学生处于这一阶段。

2. 小学生写作能力的培养

作文就是让小学生把自己看到过、听到过、想到过、觉得有意义的生活内容用文字表达出来。它是儿童对客观世界的认识能力、逻辑思维能力和文字表达能力的体现，是遣词造句、篇章结构、标点符号的综合训练。因此，作文是衡量儿童书面言语能力的最重要的标志。教师应将识字、阅读、作文三者作为发展儿童书面言语能力的有机统一体。阅读是作文的基础，阅读为作文提供知识和技能，而丰富的生活则是作文的素材和源泉。

随着年级的增长，对小学生写作能力的要求逐渐提高，相应的，写作能力的培养目标也不同。对于低年级的小学生，应重点抓好口头言语，做好口述向笔述的过渡。对于小学一年级的学生，应训练其讲完整的话，观察课文插图，训练看图说话，而且要加强造句练习和看图写话练习。对于小学二年级的学生，教师应启发其将感知事件再现，使其在头脑中出现几幅"图画"，让他们忆图写话。对于小学三年级的学生，作文课进入语文教学中，此时教师应鼓励他们多阅读材料，并选择一些适合小学生学习的范文，让小学生在模仿的基础上学会写作。在小学四年级之后，教师则可以通过对范文的分析，引导小学生对主题、选材、布局、分段、开头、结尾等加以摸索，逐步进行独立的构思和写作。此时，教师还应该鼓励小学生勤观察、勤思考、勤练习，启发他们主动地、独立地练习写作。

三、小学生内部言语的发展

内部言语是一种不出声的言语活动，它是在外部言语的基础上产生的。内部言语虽然不直接用来与别人交际，但它是人们言语交际活动的组成部分。

（一）内部言语的特点

1. 隐蔽性
当我们默默思考时，言语的发音器官肌肉组织仍有活动，虽然它不发出声音，但它却向大脑皮层发出动觉刺激。有研究表明，把电极放在被试的下唇或舌头上，记录其动作电位，结果发现，在出声数数或完成简单应用题时，记录到的动作电位的节律与在内心默默完成任务的动作电位节律是一样的。可见，内部言语也是一种言语活动，它需要言语的发音器官的参与。

2. 简约性
内部言语不是一种直接用于交际的言语，所以不存在别人是否理解的问题，因而它常常以十分简略、概括的形式出现。内部言语常常只使用片段的词句，句子的大量成分常常被省略，只保留主语和谓语。片段的词或词组和完整的句式保持着固定的联系，因此一个词或词组就可以代替一句话，甚至代替一系列的意义。

（二）小学生内部言语的发展

1. 小学生内部言语发展的阶段性
学前晚期儿童已初步表现出内部言语的萌芽。儿童入学以后开始了以学习为主导活动的新生活。这时，无论是在课上回答问题、复述课文，还是在课下完成书面作业，都需要学会先想后说、先想后写、先想后做，这就促使他们的内部言语迅速地发展起来。

在整个小学时期，小学生内部言语的发展大体经历以下三个阶段。

第一阶段：出声思维阶段。刚入学的小学生还不善于考虑问题，这时，教师主要是通过引导其出声地思考和回答问题来培养其内部言语能力。例如，小学一年级学生在语文课上读课文往往"唱读"，在数学课上演算往往边自言自语边演算，而且出声言语内容、演算内容基本同步。

第二阶段：过渡阶段。最初，在遇到比较简单的问题时，教师应引导小学生进行出声思维，同时进行短时的无声思维，这时教师常常提醒学生"想一想"。一段时间以后，教师就可以通过向小学生提出比较复杂的问题，要求他们进行比较长时间的思考，与此同时，小学生的内部言语也就具有更加复杂的性质。

第三阶段：无声思维阶段。在教学影响下，随着学习内容的复杂化、抽象思维和独立思考问题的要求日益提高，小学三四年级的学生在读课文或演算时，无声言语逐步占主导地位，但是当阅读或演算遇到困难时，仍会出现出声思维，即使小学高年级的学生也是如此。

儿童内部言语并非在小学时期就全部发展完善，在小学以后的各个发展时期，乃至终身，都在不断地发展和完善。

历年真题

【3.5】下列有关内部言语的说法，错误的是（　　　）。

A. 从功能上讲，出声的自言自语不属于内部言语

B. 游戏言语是内部言语的一种表现

C. 问题言语是内部言语的一种表现

D. 从形式上讲，内部言语是不发出声音的

【3.6】以下不属于内部言语发展阶段的是（　　　）。

A. 出声思维阶段　　B. 过渡阶段　　　C. 无声思维阶段　　D. 口述阶段

2. 小学生内部言语的培养

内部言语的发展是一个螺旋式上升的过程，不是在小学时期就能发展成熟的，它在人生的各个时期都在不断地发展和完善。不过小学阶段内部言语的培养十分重要。教师在教学过程中应重视发展小学生的内部言语，可以用是否出声思考来了解相同年级小学生思维发展水平的个体差异，启发小学生独立思考。在提出问题后，先让小学生想一想，不要求立即回答，有意识地指导小学生思考问题。内部言语的发展能促进小学生逻辑思维能力的提高。

内部言语的发展不仅和学习活动相联系，而且和日常生活也有关系。在日常生活中，也常需要运用内部言语。例如，小学生参加少先队的集体活动、制订计划、执行任务等工作也需经过先思考后执行，因而在实际活动中也能进行内部言语的培养。

第二节　小学生双语学习

随着各地区、各民族之间交流的日趋增多，童年中期的儿童在婴幼儿时期掌握了母语口语能力的基础上不仅进一步学习了母语的书面语言，而且在许多有条件的小学里开始了第二语言（主要是英语）的学习。在这种情况下，儿童是先掌握了母语（中

文），再学习第二语言，因此第二语言的水平大大落后于母语，到小学毕业时他们还只是个不熟练的双语者。

另一种情况是，有些儿童的父母是熟练的双语者，这些儿童从小生活在双语的环境中。如在美国出生的中国移民的儿童，从一开始就同时接触和学习英语和中文，在上小学时已能流利地说两种语言。自小同时学习两种语言，会不会加重儿童的负担或两种语言相互干扰从而影响儿童的言语发展？许多家长的经验和有关研究证明，从小学习双语不仅不会影响儿童正常的母语习得，而且能促进儿童的认知发展。

语言学习存在一个敏感期，因此应该在生命的最初几年接触语言。但是，关于学习第二语言的最佳时期的研究证据却是混杂的，并经常受严肃的方法论问题的影响。简单来说，双语方面的早期教育不仅对掌握正确发音——特别是如果这门语言与儿童的母语不大相同的话——而且对掌握复杂的语法结构来说都是十分重要的。除了这些可能的限制外，儿童和青少年不论何时开始接受教育，都能熟练地掌握第二语言。虽然第二语言可能并没有一个明确的敏感期，但是早期就开始第二语言教育是有明显益处的。

一、第二语言对儿童的影响

第二语言向儿童展示了另一套与母语不同的语言符号系统，一方面可以促进儿童对语言多样性的理解，丰富儿童的多种语言经验，另一方面还可以促进儿童语言能力的发展。首先，第二语言的学习可以使儿童对两种语言之间的差异产生敏感。例如，英语和中文不属于同一语系，各自有相对独立的语音系统和语法系统，随着学习的深入，他们会逐渐意识到两种语言之间的差异，在学习和运用不同语言时能够及时调整自己的学习策略。对语言之间差异产生敏感的直接结果是儿童开始将语言看作他们头脑中已经拥有的诸多系统中的一个特殊系统，从而提高了他们的语言操作能力，也提高了他们的语言学习能力。其次，第二语言的学习和掌握有利于儿童言语交际能力的提高。学习并掌握第二语言使儿童获得更多的机会参与以语言为交际手段的活动，从而提高了他们对交往情景和交往对象的敏感性。最后，儿童早期学习第二语言，使他们更容易获得纯正、地道的第二语言发音。

研究表明，与学习单语的儿童相比，学习双语的儿童较早地发展了一种分析语言本身结构的能力，他们能较早地意识到言语表征与语义是分离的，他们在学习语言时注意力更加集中在语义上而不仅仅在形式上。儿童更多地依赖事物的具体形象或表象及其联系进行思维。语言是人思维的工具，在概念的形成、思维的发展等过程中起着重要作用。儿童学习第二语言使同一形象与两种语言序列发生联系，加速了儿童对语言和语义的分离，对儿童概念的形成和思维能力特别是发散性思维能力的提高起到促进作用。实验表明，学习双语的儿童，往往在思维的流畅性、灵活性、创造性和新颖性方面优于学习单语的儿童。

影响儿童社会化发展的因素有社会环境、生物学因素和心理工具等，其中心理工具主要是指语言。学习并掌握第二语言使儿童有可能与不同语言群体的成员进行交往，可以在一个多文化环境中认识世界的同时，更好地认识自己、评价自己，从而提高自我认知和自我评价的能力。

二、小学生第二语言学习

对于我国的大多数小学生来说，他们虽然住在国内，但是他们很早就已经开始学习第二语言。对于这部分小学生而言，对第二语言进行沉浸式强化训练（像婴幼儿学习母语时沉浸在母语环境中一样）是一种较好的方法。相对来说，沉浸式强化训练有助于学生更快地掌握第二语言，而这种沉浸式强化训练对小学生学习其他课程的不利影响是短暂的。

对那些刚移民到国外、不会第二语言的中国学生来说，进行沉浸式强化训练实际上不利于第二语言的学习。对这些学生来说，双语教育——用学生的母语教授专业学科课程，同时用第二语言教他们说和写，能让学生获得更高的学业成就，更能增加他们的自尊心和对学校的好感。

对于这两类学生而言，有一点是相同的，即第二语言的学习对学生的第一语言的掌握、认知发展和社会化起着促进作用，所以不能让他们在掌握一种语言之前就失去另一种语言。

考虑到第二语言学习和双语制的优点，我们应当严肃、认真地考虑在所有小学生中推广双语制，这样做不仅能够促进学生的认知和语言发展，而且也会促进小学生对不同语言的文化背景的理解。

语言为个体提供了重要的认知发展基础，它提供了可用来在心智上代表世界的符号，让小学生能与他人交换意见，帮助他们内化复杂的认知策略。虽然第二语言的学习没有一个明确的敏感期存在，但是早些开始教学的确有好处，因为第二语言能增强阅读能力、增加词汇量等。第二语言的学习也会使小学生注意到这个世界的国际性与多元文化特征。在小学阶段学习第二语言的学生，不仅会对说该语言的人群有较正面的态度，而且也会提高其在中学学习这门语言的积极性。

历年真题

【3.7】以下关于第二语言表述错误的是（　　）。

A. 第二语言学习存在关键期

B. 针对不同的人群，第二语言的教育应因材施教

C. 第二语言的学习对儿童的认知发展具有重大的促进作用

D. 第二语言的学习会影响母语的学习，应当在教学中加以约束

第三节　小学生语言障碍及克服

在儿童语言的发展过程中，由于自身因素和环境的影响，儿童的语言发展也存在一定的差异性，甚至有些儿童出现了语言发展型障碍，并因此对心理和生理产生了一定的影响。

一、小学生的语言障碍

语言障碍主要表现为沟通障碍，即在发出语声、使用口语进行沟通或理解他人的说话内容方面存在困难，主要包括：语言表达障碍、语音障碍、接受-表达混合型障碍和口吃等。对小学生而言，语言障碍多表现为发展型障碍，而非获得型障碍（由一些与发展无关的实践引起，如大脑损伤、头部外伤或打击等）。发展型障碍往往随着年龄的增长而逐渐消除，比如儿童在童年早期，轻度的语音障碍或音位障碍相对来说是常见的，大概占学前儿童的10%。然而，到他们六七岁时，符合语音障碍诊断标准的只有2%～3%。同样，语言表达障碍和接受-表达混合型障碍在年幼的学前儿童中相对来说也是常见的。不过，到青春期中期和晚期，大多数有发展型沟通障碍的儿童都获得了正常的语言。其中大约有一半的人完全克服了他们的问题，另外一半虽然直至青春期晚期仍存在一定程度的问题，但也有很明显的进步。

尽管语言发展型障碍通常随着时间的推移而消失或减弱，但存在沟通障碍的儿童的早年负性行为的发生频率通常高于正常儿童。儿童过多的负性行为会影响其与同伴交往和学业表现。小学教师在发现儿童出现过多负性行为时，应该首先鉴别言语发展障碍的原因。一般来说，男童患沟通障碍的比例略大于女童。因为有言语困难的男孩会出现更多行为问题，所以他们更容易被发现并被带去看医生，所以在沟通学习障碍的诊断中男孩就明显多于女孩。

处于小学阶段的学生，尤其是低年级的学生，最可能发生的语言障碍是发音错误和口吃。从发展角度看，这是正常现象。不论是否接受口吃治疗，这些问题都将随着年级的升高而减少。但是，如果某个小学生的发音错误或口吃引起其心理上或社会交往方面（如被嘲笑）的困难，那就需要接受言语治疗。对于存在这些语言障碍的小学生，教师也可以发挥很重要的作用——接纳这些存在语言障碍的学生。大多数的语言障碍最终会自行消除，比较持续性的危害往往是心理上的，而不是语言上的。

二、小学生语言障碍的克服

对于有语言障碍的小学生，教师可从以下几个方面来帮助他们。

1. 鼓励口头交流

因为言语有交流障碍的小学生和任何其他学生一样，需要大量地在公众场合锻炼讲话，教师应该鼓励他们在课上参与讨论，前提是这样做不会给这些小学生带来额外的压力，以及他们的同学知道如何细心、富于同情心地对待他们。例如，一个小学三年级的学生有很明显的口吃，所以他非常不愿意在同学面前讲话。他的老师仅在适当的情境下鼓励他说话，这个时候他觉得自己可以在小组其他成员面前自然地表达自己的想法。

2. 耐心倾听想法

当小学生自我表达有困难时，教师可以通过诱导来帮助他们，例如帮他们完成整句话。但是对于有语言表达障碍的小学生，如果允许他们完整地表达自己的想法，无论他们因此花费多长时间，他们都可能会取得更大的进步。所以，教师应耐心地倾听讲话有困难的小学生，也应该动员其他同学这么做。

3. 询问不明信息

对有语言障碍的小学生所说内容的理解有困难时，教师应重复自己已经听明白的部分，让学生把其余部分再讲清楚。这样的反应有助于学生了解自己的交流状况。

4. 提供谈话指导

当小学生缺乏实际的谈话技能时（如他们占据了整个谈话过程以至于其他任何人都无法加入），有指导的练习和对他们谈话技巧的明确反馈将使他们受益匪浅。例如，一个学生有时候显得非常不成熟和自我中心，所以当她和同学谈话时，大多数人都回避她。放学后教师一对一地教授她一些适当的谈话技巧，并且在小组活动时观察她的表现，观察她在与别人交流方面所取得的缓慢但是平稳的进步。

☞ 本章小结

本章属于小学生认知发展的重要组成部分，着重阐述了小学生言语发展的特点与规律，通过了解小学生口头言语、书面言语和内部言语等三种言语现象的特点与发展规律，学会应用相关知识指导教学，来提高教学效率。

☞ 本章要点回顾

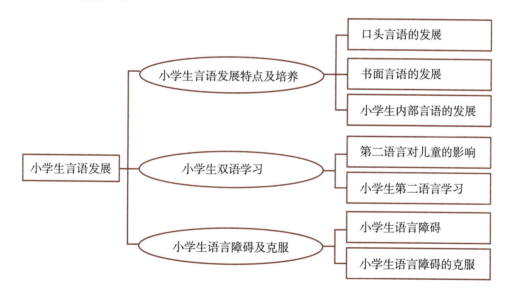

第四章

小学生个性与社会性发展

☞ **学习完本章，应该做到：**

◎ 准确理解并区分情绪情感的类别；熟悉小学生情绪情感的发展特点及其培养方法。

◎ 熟悉并区分四种意志冲突和四种意志品质。

◎ 识记并理解小学生自我意识、气质和性格的发展特点。

◎ 理解小学生社会性发展特点，掌握小学生良好社会性行为的培养方法。

☞ **学习本章时，重点内容为：**

◎ 情绪情感的类别。

◎ 意志冲突和意志品质的类型。

◎ 气质类型和性格特征。

◎ 小学生良好社会性行为的培养方法。

☞ **学习本章时，知识要点与具体方法为：**

小学生的个性与社会性发展是社会化的重要一步，是社会适应能力的重要体现。本章包括情意发展、个性发展和社会性发展三个部分。第一部分介绍小学生的情绪、情感和意志的发展，它们的发展对小学生个性和社会性发展具有重要作用。第二部分介绍小学生个性的发展，主要讲述小学生的代表性心理特征气质、性格和自我意识的发展特点，及如何针对个性特点开展教育工作。第三部分介绍小学生社会性的发展，主要从社会认知、社会行为和社会交往三方面来讲，主要阐述小学生社会性发展特征，以及如何培养良好的社会行为。在学习过程中，应学会运用普遍联系和发展的眼光，具体问题具体分析，掌握并灵活运用小学生良好社会性行为的培养方法。

【引子】

1931年2月8日，被誉为20世纪50年代美国最伟大的男明星的詹姆斯·迪恩，出生在美国印第安纳州的一个普通家庭。迪恩自幼受母亲影响，热爱艺术和诗歌，母亲也给予他亲切的鼓励。在他8岁那年，母亲病故，迪恩变为孤身一人。他不善于交际，害怕被伤害，总是很机警地保护自己。初到好莱坞拍电影时，他常常一个人待在化妆室里，不拍片的时候就不与人说话。到了拍他最后一部电影《巨人》时，他还是会悄悄避开人群。好莱坞浮华的名利场好像离他很远，从未有一个地方能让他产生归属感，也没有谁能与他保持长久的亲密关系。

通过上面的描述，我们可以看到詹姆斯·迪恩的内心世界和个性发展的特点，同时也可以看到影响他的社会性发展的环境。个体的发展在很大程度上表现为社会性发展，从一定意义上说，个体的心理发展就是个体的社会化过程。因此，个体的社会性发展由于在个体心理发展中占有独特地位，已经成为发展与教育心理学研究和实际教育工作关注的重要课题。小学时期是个体社会化发展的重要时期。儿童在这段时期的经历和体验，以及在此基础上的社会性发展状况，将影响其一生。对小学生进行社会性发展教育，不仅是小学生个人素质全面发展和适应社会的生存需要和社会发展的需要，也是学校教育的重要内容，必须高度重视。

第一节　小学生情意的发展

一、小学生情绪与情感的发展

情绪与情感是指以个体的愿望和需要为中介的一种心理活动，即人对客观事物是否满足自己的愿望和需要的态度体验及相应的行为反应。当客观事物或情境符合自己的愿望和需要时，就能引起积极的、肯定的情绪与情感；而当客观事物或情境不符合自己的愿望和需要时，就会产生消极的、否定的情绪与情感。

一般来说，情绪与情感主要由生理唤醒、主观体验和外部表现三个部分组成。生理唤醒是指情绪与情感产生时的生理反应，如发怒时肾上腺素的分泌增加，血糖升高，心跳加速，呼吸加快等。主观体验是指个体对不同情绪与情感状态的自我感受，或高兴，或愤怒，或悲伤，等等。外部表现是指在不同情绪与情感状态下，身体各部分的动作量化形式，通常称之为表情，包括面部表情、姿态表情和语调表情，如小学生高兴时会手舞足蹈等。

（一）情绪与情感的分类

1. 情绪的分类

从生物进化的角度，常把快乐、愤怒、悲哀、恐惧列为情绪的基本形式。而情绪的表现形式是多样的，依据情绪的强烈程度、持续时间和紧张度，可划分为心境、激情、应激三种情绪状态。

（1）心境。

心境是一种微弱的、平静而持久的情绪状态。如"人逢喜事精神爽"形容的就是这种状态。它具有弥漫性，可以使人的整个精神活动都染上某种情绪色彩，也称为心情。心境持续的时间可能是几天、几个星期或是更长的时间。引起心境的原因是多种多样的，可能是外界环境、生活中发生的事情、别人的态度，也可能是人本身的健康状况和思绪，或可能是时令因素等。

（2）激情。

激情是一种爆发性的、强烈而短暂的情绪状态。如惨遭失败后的绝望、重大成功后的狂喜、亲人突然死亡引起的极度悲伤等都属于激情。激情发生时会有强烈的外部表现，如暴怒时的暴跳如雷、大喊大叫，狂喜时的手舞足蹈等。处于激情状态的人，会出现"意识狭隘"现象，即认识范围缩小、分析能力受到抑制、自我控制能力减弱等，进而使人行为失控，甚至做出一些鲁莽行为。但是，在激情发生时，人并不是完全失去意识，人仍可以采用各种方式预先抑制激情的发生，使这种情绪达不到突然爆发的程度。激情通常是由一个人生活中的重大事件、对立意向的冲突、过度的兴奋或抑制所引发的。

（3）应激。

应激是一种由出乎意料的紧急情况所引起的急速而高度紧张的情绪状态。在应激状态下，人们可能有两种表现：一是消极的、减力的应激，它使人认识中断、不知所措、肌肉僵直、行为混乱；二是积极的、增力的应激，它使人思维敏捷、急中生智、精力旺盛、顺利应付危机。

历年真题

【4.1】当同学们获悉本班取得学校合唱比赛第一名的成绩时欣喜若狂。他们的情绪状态属于（　　）。

A. 心境　　　　　　B. 激情　　　　　　C. 应激　　　　　　D. 热情

【4.2】"忧者见之则忧，喜者见之则喜"这是受一个人的（　　）的影响所致。

A. 心境　　　　　　B. 激情　　　　　　C. 应激　　　　　　D. 热情

2. 情感的分类

情感常用来描述具有深刻而稳定的社会意义的感情，具有稳定性、持久性。从社会内容的角度来看，情感有道德感、美感和理智感三种形式。

（1）道德感。

道德感是根据一定的道德标准在评价人的思想、意图和行为时所产生的主观体验。道德感具有明显的社会历史性和阶级性。不同社会、不同民族、不同时代、不同阶级有着不同的道德评判标准，而且不同的人对同样的道德标准和道德规范理解也有差异。

（2）美感。

美感是根据一定的审美标准评价事物时所产生的情感体验。美感包括自然美感、艺术美感和社会美感。美感既具有共同性，又有差异性。美的追求成为人类向往美好、抵制丑恶的重要动力，是人类的高尚情操。

（3）理智感。

理智感是在智力活动中，在认识和评价事物时所产生的情感体验。它总是与人的求知欲望、认识兴趣、对解决问题的需要、对真理的追求相联系。

历年真题

【4.3】欣欣解决了一个困惑已久的数学难题，心里很高兴，美滋滋地给自己"点了个赞"。这种情感属于（　　）。

A. 美感　　　　　　B. 道德感　　　　　　C. 理智感　　　　　　D. 责任感

（二）小学生情绪与情感的发展特点

1. 小学生情绪的发展特点

（1）情绪具有很强的情境性、不稳定性和外显性。

小学生的情绪容易受具体事物或情境的左右，也容易因情境的变化而变化。因此，他们的情绪极易转换，持续时间很短，比如他们时常会出现诸如"破涕为笑"的情况。小学生尚未面临升学、求职等重大压力，因而其基本情绪状态一般是平静而愉快的。此外，小学生还没有学会掩饰自己的情绪，情绪外露明显。

（2）情绪的控制能力不强，但在逐步提高。

小学生的情绪很容易激动或冲动。当然，随着年龄的增长，情绪的稳定性、可控性也在不断地增强。小学高年级学生已逐渐能意识到自己的情绪冲动可能产生的后果，开始有意识地控制和调节自己的情绪。有人专门对学前儿童与小学生的愤怒情绪进行了对比研究，发现以下特点。

一是学前儿童常用哭泣等方式来表示自己的不满，小学生则逐渐学会以言语来表达自己的不满；二是随着学前儿童的归因能力不断提高，愤怒的情绪开始逐渐减少，并更加现实化，学前儿童常因父母的各种规定（如吃饭、睡觉、洗澡）而产生愤怒，小学生则经常因在同伴交往中或在学校情境中受到戏弄、讽刺、不平等待遇等而产生愤怒；三是学前儿童可能由于父母因下雨而取消野餐计划而感到愤怒，小学生则可能理解实际原因而只是产生失望感。

2. 小学生情感的发展特点

（1）情感的内容不断丰富。

进入小学后，实践活动的领域扩大了，学习活动、集体生活、文体活动、劳动及社会公益活动，都对小学生提出了更多的具体要求，学习的成败、在集体中的地位、同伴之间的关系，都使小学生产生各种各样的情感体验，大大充实了他们的情感世界。

（2）情感的深刻性和稳定性不断增强。

学前儿童之间的友情很多是为了能在一起玩而建立的友情，这种友情既不深刻也不稳定，而小学生开始逐渐形成一些比较深入且相对稳定的友情。此外，学前儿童对父母的情感主要是依恋，而小学生开始出现一定的责任感，开始为父母分担一些事务，并能够初步体贴和照顾父母的情绪和需要。

（3）道德感发展迅速。

首先，从内容上看，小学生已经具有荣誉感、责任感、集体感及爱国主义情感；其次，从形式上看，小学生的道德体验与具体形象密切联系，光辉的道德形象最能引起情感共鸣；最后，我国学者的研究表明，我国小学生道德发展存在明显的转折期，一般是在小学三年级。儿童道德感的发展是一个从外部控制向内部控制转移的不断内化过程，小学三年级是道德感发展的一个转折期。小学低年级学生主要以教师、父母的反应作为自己道德感体验的依据，小学中年级学生主要以一定的道德行为准则为依据，而小学高年级学生则开始以内化的抽象道德观念为依据。

在道德感发展的同时，小学生的理智感及美感也在不断发展，初步形成了一些判断真假、善恶及美丑的标准。不过这些标准还十分粗浅、绝对，他们还不能一分为二地评价人或事。

（三）小学生良好情绪的培养

1. 获取积极的情感体验

小学生心理发展的最大特点就是具体形象性。教师可通过开展丰富多彩的活动调动学生的积极性，引导他们形成良好的情感，如开展课外阅读、观看文艺演出、开展体育比赛等。在活动之后，和学生一起谈认识、谈感受，在收获知识、增长阅历的同时，培养情感的丰富性、深刻性。教师还要引导学生在生活中将情感体验和行动结合起来，体验真实而具体深刻的情感，如引导小学生从小在行动上尊敬、热爱父母，热情关心、帮助他人，以发展他们的同情感、责任感；鼓励他们参加集体活动，使其关心集体，发展集体荣誉感和自豪感；让他们做一些力所能及的家务劳动和参加一些社会公益活动，逐步培养他们的义务感、责任感等。

2. 树立正确的生活态度

情感是在认识的基础上产生发展起来的。一时的激情和朴素的情绪还不能成为稳定的情感和高尚的情操。情感和认识相联系，才能稳定而深刻。对小学生尤其要注意知识的传输，引导其明辨是非，提高其对思想情趣的判断能力，使他们的情感向正确的方向发展。这就要求教师在教学时不仅要传授具体知识，培养学生的道德品质、理想、信念、人生观，还要挖掘和发挥各科教学在情感培养中的积极作用。如进行语文教学时通过解读文章蕴含的情感培养学生的高尚情感，进行地理教学时通过对各种自然现象的展现培养学生对自然的热爱，等等。

3. 培养调控情绪的能力

善于调节和控制自己的情绪，不仅有助于小学生建立良好的人际关系，培养健全的人格，而且也是社会性成熟的一个重要标志。调节和控制情绪的策略是逐渐掌握的。教师应该抓住机会，教小学生学会调节和控制情绪的手段，使他们正确对待自己的情绪表现。例如：感到愤怒时，可通过转移注意或向亲密的人诉说等来调节、释放情绪；感到烦躁时，可通过读书、写日记、倾诉等改变心境；在非常兴奋时，也要学会保持冷静；等等。教师要帮助学生学会一些具体的控制方式，使学生保持心理平衡，促使其心理健康发展。

二、小学生意志的发展

意志是指个体有意识地支配、调节行为，通过克服困难，实现预定目的的心理过程。

（一）意志行动的过程

意志常通过人们克服困难的行为表现出来，受意志支配的行为叫作意志行动，意志行动可分为两个阶段：准备阶段和执行阶段。

1. 准备阶段

在准备阶段要在思想上权衡动机，确定目标，选择方法，并做出行动的决定。该阶段的重点是解决动机冲突。确定目标是意志行动的前提，但在确定目标的过程中，往往会遇到动机的冲突。在人们的意志行动中，常常具有两个或两个以上的目标，但是这些目标又不能同时实现，所以就产生了冲突。如一位高三年级学生在填报志愿时，既想报 A 大学又想报 B 大学，难以取舍，于是就产生了冲突。意志行动中的冲突有四种类型。

（1）双趋冲突（接近–接近型冲突）。

双趋冲突指两种对个体都具有吸引力的需要目标同时出现，而由于条件限制，个体无法同时采取两种行动所表现的动机冲突。如鱼和熊掌不可兼得。

（2）双避冲突（回避–回避型冲突）。

双避冲突指两种对个体都具有威胁性、不利的事情或目标同时出现，两种都想躲避，但受条件限制，只能避开一种，接受一种，在做抉择时内心产生矛盾和痛苦。如不想学习又怕挂科。

（3）趋避冲突（接近–回避型冲突）。

趋避冲突指同一目标对于个体同时具有趋近和逃避的动机冲突。这一目标可以满足人的某些需求，但同时又会构成某些威胁，既有吸引力又有排斥力，使人陷入进退两难的心理困境。如想吃糖又怕胖。

（4）多重趋避冲突（多重接近–回避型冲突）。

多重趋避冲突指面对两种或两种以上目标，每个目标都既具有吸引力又具有排斥力而产生的冲突。如个体在选择就职单位时，对比外企和国企的优劣，不知如何选择。

2. 执行阶段

在执行阶段要执行意志准备阶段所做出的决定。执行阶段具有自我调节功能，即反复修订自己的行动方案，审定自己的目标，检查自己行动的方法和手段，使之与目标的实现更靠近。

历年真题

【4.4】小斌既想得高分又不愿努力学习，这种心理冲突属于（　　　）。

A. 双趋冲突　　　　B. 双避冲突　　　　C. 趋避冲突　　　　D. 多重趋避冲突

【4.5】小学生既不想完成作业又不想被老师惩罚，这种心理现象属于（　　　）。

A. 双趋冲突　　　　B. 双避冲突　　　　C. 趋避冲突　　　　D. 多重趋避冲突

（二）小学生意志的品质

构成人的意志的某些比较稳定的方面，就是意志的品质。意志品质既有积极的，也有消极的。可以从以下四个方面对小学生意志的品质进行分析。

1. 自觉性（独立性）

意志的自觉性是意志的首要品质，指人在行动中具有明显的目的性，并充分认识到行动的意义，使自己的行动服从于一定要求的良好品质。与自觉性相反的品质是易受暗示和独断性。易受暗示的人依赖感强，做事缺乏主见、人云亦云；独断性的人行事主观、片面，一意孤行。而自觉性是以冷静的理性思考为基础，既能倾听和接受有益的建议，又能坚持原则、排除诱惑。

整个小学阶段，学生意志的自觉性基本上处于低水平。尤其是小学低年级学生的自觉性比较差，他们不善于自觉调整行为，常常靠家长或老师提出行为目的和任务并需要家长或老师的督促。小学中、高年级学生的自觉性虽有一定的发展，但水平仍然较低，常常离不开家长或老师的启发和帮助，并明显表现出易受暗示和独断性的特点。这些都说明小学生对行动缺乏充分的认识，其行为容易受暗示。

2. 果断性

意志的果断性是指一个人勇于明辨是非，及时采取有充分根据的决定，并在深思熟虑的基础上执行决定的能力。与果断性相反的意志品质是优柔寡断和草率。优柔寡断的人遇事容易犹豫不决；草率的人遇事则缺乏周密的考虑和斟酌。

小学生意志的果断性还比较弱。小学低年级的学生还不善于理智地考虑和决定自己的行为，易受外力的影响。随着教育和抽象思维能力的发展，从小学四年级开始，学生明显表现出果断性的意志品质。但在整个小学阶段，要求学生按照一定的观念、原则并经过深思熟虑果断地做出决定，还是比较困难的。

3. 坚持性

意志的坚持性是一种在行动中能以坚忍不拔的毅力克服困难而坚持到底的良好品质。与坚持性相反的意志品质是动摇性和顽固、执拗。动摇性指一遇到困难就退缩，见异思迁，有始无终；顽固、执拗指当实践证明其行为有误时还固执己见，刻板地依照一成不变的计划行事。

小学生意志的坚持性是逐步发展起来的。小学低年级学生意志比较薄弱，坚持性比较弱，需要依赖教师和家长的帮助。但在教育的要求和影响下，小学生意志的坚持性品质随着年级的升高而迅速发展。其中一年级至三年级发展最为迅速，三年级以后有一个缓慢的发展阶段，到了五年级又开始一个新的发展阶段。但与中学生相比，小学生意志的坚持性品质还比较差，还具有一定的冲动性和不稳定性。

4. 自制性

意志的自制性是指善于控制和支配自己行动的能力的品质。自制性强表现在：发动行动（去做应做的事）；抑制行动（不做想做的事）；调控情绪反应（抑制暴怒、失望、悲伤等）。与自制性相对立的意志品质是任性和怯懦。任性的人不能约束自己的行为，不能控制自己的情绪，不能抵制诱惑；而怯懦的人在行动时畏缩不前、惊慌失措。

尽管小学生在自我约束、遵守规章制度等方面的能力发展得较晚，但在学校各种活动的要求下，他们的自制性也逐渐发展起来。有研究表明，小学生意志自制性的发展呈波浪式：低年级平稳发展，中年级迅速发展，高年级再度进入平稳发展。而且，小学生的行为明显受内外诱因的干扰，但随着年级的升高，内外诱因干扰的影响逐渐减弱。

历年真题

【4.6】"我行我素""固执己见"是和意志的（　　）品质相反的表现。

A. 自觉性　　　　B. 果断性　　　　C. 坚持性　　　　D. 自制力

【4.7】对过分活跃和缺乏自控的人，应注意特别培养他的（　　）。

A. 自觉性　　　　B. 果断性　　　　C. 坚持性　　　　D. 自制力

（三）培养小学生良好的意志品质

优良的意志品质不是天生的，而是在克服困难的实践活动中逐渐形成和发展起来的。小学生正处在意志品质发展的重要时期，因此，重视和加强小学生意志品质的培养是十分重要的。

1. 引导小学生树立远大志向

人的志向是其人生观的集中体现。志向中有着强烈而持久的动机，是坚强意志的前提。教育心理学表明，志向能激发个体的热情和斗志，充分发挥个体的主观能动性，使其克服困难，实现自己的目标。古往今来不少有成就的人的事迹都说明了这一点，教师应引导小学生通过阅读名人传记、优秀文学作品等来帮助他们从小树立远大志向。

2. 通过活动锻炼小学生意志

小学生意志品质形成的关键在于实际活动的锻炼。教师要通过多种有目的的活动来培养学生的意志品质。如通过学习目的教育，使学生明确学习的目的，克服困难坚持学习，来锻炼意志品质；在体育活动中，通过鼓励学生坚持体育锻炼，克服来自自身与外部的困难，来锻炼意志品质；在集体活动中，通过让学生独立完成任务，来锻炼意志品质。小学生如果能在许多小事中通过练习磨炼出坚强的意志，那么遇到大事就能把这些意志品质表现出来。教师要注意，对小学生意志品质的锻炼是长期的过程。小学生形成的意志品质会随着环境条件的变化而出现反复，因此要给小学生创造反复锻炼意志品质的环境和条件，使其意志品质能够稳定发展。

3. 培养小学生良好行为习惯

良好的行为习惯能使小学生不必付出太大的意志努力就能很好地完成任务。小学生的行为习惯应从小事开始培养，如遵守作息时间，做完功课后收拾好自己的书包，等等。教师对小学生要严格要求，要求他们必须完成的任务就一定要完成，不能半途而废；要求他们改正的缺点，就一定努力克服。小学生在形成这些良好行为习惯的同时，也锻炼了意志品质。

4. 创设合适情境，使小学生克服困难

小学生意志品质的培养必须与克服困难相结合。因此，教师应该为小学生创设一些困难的情境，为其意志品质的发展提供机会。当然，教师创设的困难情境应符合小学生的实际水平，过难或过易的困难情境都将对其造成不良影响。困难情境过难，会使小学生感到任务难以完成，产生挫折感和自卑心理；困难情境过易，则激不起小学生参与的兴趣。只有那些小学生付出一定的努力才能完成的困难情境才是适当的情境。

第二节　小学生个性发展

个性指一个人的整个心理面貌，即具有一定倾向性的各种心理特征的总和。世界

上没有两片完全相同的树叶，也没有两个孩子的个性倾向性和个性心理特点完全相同。个性是一个人生活经历的积淀和反映，受遗传因素影响，也受环境制约。尤其是小学阶段，儿童正处于个性形成的关键时期，除了社会环境和学校教育的影响外，与儿童先天遗传素质也有很大关系。因此，分析小学生的个性发展，须先了解小学生的气质及性格特点。

一、小学生气质与性格的发展

（一）小学生气质的发展

气质是表现在心理活动强度、速度、指向性和灵活性等方面的一种稳定的心理特征，即日常所说的脾气、禀性。气质不以活动的内容为转移，它是个体与生俱来的，表现出一个人生来就具有的自然特性，如有的儿童好哭、好动，有的则沉稳、安静。

1. 气质类型

气质类型是指表现在人身上的一类共同的或相似的心理活动特性的典型组合。古希腊医生希波克拉底最早对气质进行了分类，他认为人体内有黏液、黄胆汁、黑胆汁、血液四种体液，这四种体液配合的比例不同，构成了四种不同类型的气质类型：多血质、胆汁质、黏液质、抑郁质。这种划分虽然缺乏科学依据，但日常生活中确实可以在人们身上观察到这四种表现，所以这种分类至今仍被使用。

俄国生理学家巴甫洛夫用高级神经活动类型学说解释气质的生理基础，并与四种气质类型相对应。他认为，人的气质是由人的高级神经活动类型决定的。他根据神经过程的三种基本特征——强度、平衡性和灵活性，将人的气质划分为四种高级神经活动类型。兴奋和抑制过程强、平衡而且灵活的称为活泼型；兴奋和抑制过程强、平衡但不灵活的称为安静型；兴奋和抑制强烈但不平衡的，称为不可抑制型；兴奋和抑制均不强烈的称为弱型。活泼型相当于多血质，不可抑制型相当于胆汁质，安静型相当于黏液质，弱型相当于抑郁质（如表4.1所示）。神经类型可看作气质的生理基础，而气质则是神经类型在心理活动动力上的表现。

表 4.1　高级神经活动类型与气质类型

神经过程的基本特征			高级神经活动类型	气质类型
强度	平衡性	灵活性		
强	不平衡	—	不可抑制型	胆汁质
强	平衡	灵活	活泼型	多血质
强	平衡	不灵活	安静型	黏液质
弱	—	—	弱型	抑郁质

拓展阅读

胆汁质的特征：急躁，莽撞，情绪变化快。胆汁质的神经过程的特征是强但不平衡。和这种神经过程的特征相适应，胆汁质的人一般是感受性低而耐受性高，他能忍受强的刺激，能坚持长时间的工作而不知疲劳，显得精力旺盛，行为外向，直爽热情，情绪兴奋性高，但心境变化剧烈，脾气暴躁，难以自我克制。

多血质的特征：活泼好动，反应快，善交往。多血质的神经过程的特征是强、平衡且灵活。和这种神经过程的特征相适应，多血质的人的感受性低而耐受性高；活泼好动，言语行动敏捷，反应速度、注意转移的速度都比较快，行为外向；容易适应外界环境的变化，善交际，不怯生，容易接受新事物；注意力容易分散，兴趣多变，情绪不稳定。

黏液质的特征：反应迟缓，沉默寡言，沉静，忍耐。黏液质神经过程的特征是强、平衡但不灵活。和这种神经过程的特征相适应，黏液质的人感受性低而耐受性高，反应速度慢，情绪兴奋性低但很平稳；举止平和，行为内向；头脑清醒，做事有条不紊，踏踏实实，但容易循规蹈矩；注意力容易集中，稳定性强；不善言谈，交际适度。

抑郁质的特征：敏感，孤僻，忧郁，常在内心经历暴风骤雨。抑郁质的神经过程的特征是弱，而且兴奋过程更弱。和这种特征相适应，抑郁质的人感受性高而耐受性低；多疑多虑，内心体验极为深刻，行为极端内向；敏感机智，别人没有注意到的事情他能注意到；胆小，孤僻，情绪兴奋性弱，寡欢，爱独处，不爱交往；做事认真仔细，动作迟缓，防御反应明显。

2. 针对小学生的气质特点因材施教

相关研究发现，小学生中各种气质类型的人都有，其分布是不均衡的。"中国儿童青少年的气质分布与发展"协作研究组 1990 年发表的《中国儿童青少年的气质分布与发展研究》指出，我国儿童青少年的气质分布如下：胆汁质类型的小学三年级的学生为 16.38%，五年级为 16.16%，从小学五年级至初中二年级这种气质类型的学生呈显著下降的趋势；黏液质类型的学生在小学三年级时占 20.26%，五年级时占 18.78%；多血质类型的学生在小学三年级时占 9.69%，五年级时占 9.61%；抑郁质类型的学生在小学三年级时占 11.01%，五年级时占 9.61%。

这些数据表明，小学生的气质类型虽然具有较大的稳定性，但也会发生变化，有一定的可塑性。教师不能对学生的气质有任何偏见，要正确认识学生的气质，了解小学生的气质特点并针对这些特点因材施教。

（1）根据小学生气质特点，采用不同的教育方法。

教师要深入了解每个学生的气质，在了解的基础上，根据学生的气质特点采取不同的教育方法，使教育工作更加顺利有效。例如，胆汁质的学生直率，容易冲动，不够冷静，教师可以采取直截了当的方式进行教育，但不宜激怒他们，对他们的批评要以理服人，使其能够心服口服；多血质学生活泼、反应快，但做事缺乏恒心，教师要注意提醒他们认真踏实，坚持到底；黏液质学生反应缓慢，教师要耐心教育，让他们有充分考虑和反应的时间；抑郁质学生敏感，教师对他们的教育要委婉亲切，多关心鼓励他们，而不宜在公开场合指责他们，不宜进行过于严厉的批评。

（2）正确认识小学生气质，帮助小学生扬长避短。

教师应当认识到学生的气质并没有好坏之分，每种气质类型都有优点和缺点。每种气质类型的学生都能够掌握教师所传授的知识与技能，形成良好的个性品质，成为对社会有用的人才。教师要教育学生正确对待气质的积极特点和消极特点，加强修养，帮助小学生克服气质的消极面、发扬积极面，促使学生更好地发展。例如，在发扬胆汁质学生豪放、勇于进取等气质特点的同时，要注意帮助其克服容易冲动的缺点，培养其自制力以及坚持到底的精神；在发扬多血质学生朝气蓬勃、足智多谋的气质特点的同时，应鼓励他们勇于克服困难，培养其扎实专一的精神，防止见异思迁；在发扬黏液质学生行事稳重、工作踏实等气质特点的同时，要注意帮助其克服冷淡、固执和拖拉，培养其生气勃勃、热情开朗的个性；在发扬抑郁质学生认真、细致等气质特点的同时，要鼓励他们多与人交往与沟通，提高他们的自信心，培养他们的积极情绪及自尊自强等个性品质。总之，教师要针对不同气质类型学生的特点进行适宜性教育，促进其顺利发展。

（二）小学生性格的发展

性格是指个人对现实的稳定的态度和习惯化了的行为方式。人对客观现实总有自己的态度，并以一定的形式表现在个体的行为之中，构成个体所特有的行为方式。如：有人对任何事情总是认真细致，有人却粗心马虎；有人待人热情直爽，有人则冷淡狡猾；有人谦虚谨慎，有人骄傲自满；等等。这些都是各自对待事物及其行为方式上表现出的行为特征。性格是个性中的核心成分，它以遗传素质为基础，在教育与环境相互作用的过程中形成，具有直接的社会意义。

目前，我国大多数心理学家认为性格有四种特征：①性格的理智特征，主要表现在感知、记忆、思维和想象等认识方面的认识活动特点与风格，如敏捷、聪明等；②性格的情绪特征，指人对情绪的控制所表现出的某种稳定的、经常表现的特点，主要表现在情绪的强度、稳定性和主导心境等方面，如热情、冷淡等；③性格的意志特征，指一个人在自觉调节自己的行为方式和水平上表现出来的心理特征，如是否果断、有恒心等；④性格的态度特征，指反映在对现实的态度上的特点，主要是在处理各种社会关系方面的性格特征，如勤奋、懒惰等。

1. 小学生性格发展的特点

性格的形成有一个发展过程。小学生的性格发展水平是随年龄的增长而逐渐升高的，但其发展速度表现出不平衡、不等速的特点。小学二至四年级学生的性格发展较慢，为性格发展的稳定时期；四至六年级学生的性格发展较快，为性格快速发展的时期，主要是因为小学高年级学生已适应了以学习活动为主的学校生活，集体活动范围逐步扩大，同伴交往日益增加，教师、集体、同伴对学生的性格产生越来越直接的影响，其性格特点也日益丰富和发展起来；到小学六年级，学生开始步入青春期，青春期身心的巨变将对学生的性格发展产生深刻的影响。因此，小学六年级是学生性格发展的关键期。

2. 小学生良好性格的塑造

小学生的性格主要是通过后天教育实践活动及环境等的影响逐渐发展形成的。性格具有一定的可塑性，教师要培养和塑造小学生良好的性格。

（1）在活动中塑造小学生的良好性格。

小学生的性格总是在生活实践中产生并表现出来的。教师应该有目的、有计划地组织小学生参加各种形式的实践活动，在活动中塑造小学生良好的性格。例如，组织小学生参加夏令营、冬令营活动；开展书法、音乐、绘画、舞蹈等活动；举行体育竞赛活动、进行社会公益劳动等。在活动中，教师要结合榜样示范教育，根据强化的原理来奖惩学生，对小学生在活动中体现出的助人为乐、勤奋努力、认真负责、善于合作等良好性格品质进行表扬，对小学生做事浮躁、怕苦怕累、自私自利的不良性格品质提出批评。

（2）用知识孕育和丰富小学生的良好性格。

知识是孕育和丰富小学生性格的土壤。在小学生的性格教育中，教师要丰富小学生的知识，开阔小学生的视野，提高小学生的认识能力，以知育性。教师在传授知识的同时，要对小学生进行正确的人生观、价值观教育，要引导他们阅读优秀文学作品及名人传记，观看优秀的影视作品。通过这些作品描述的主人公的先进事迹及良好的性格特征与魅力来潜移默化地影响小学生，培养小学生为人谦虚、勤勤恳恳、认真负责、大公无私、助人为乐的良好性格，以及面对挫折时的坚强意志品质。

（3）用集体教育塑造小学生的良好性格。

集体教育是培养小学生性格的强大力量。班级是小学生进行集体活动的主要场所，是与小学生的学习和发展息息相关的微观环境。班集体的教育力量是教师无法替代的，因为班集体是小学生自己的组织，小学生是班集体的主人，良好的班集体有利于培养小学生关心集体、遵守集体纪律、维护集体荣誉和利益等品质，有利于培养小学生的责任感。教师要注意引导班级形成正确的班集体舆论和良好的班风，要鼓励小学生在班集体的活动中互帮互助、团结友爱，积极向上，通过班集体的教育力量来塑造小学生的良好性格。

（4）教师要以良好的性格品质影响小学生的性格。

小学生往往把教师当作自己学习的榜样，教师的一言一行都受到学生极大的关注。一名性格友善的教师，往往会引导小学生形成与之相同的友善性格；而一名性格粗鲁的教师，往往会教育出同样性格粗鲁的小学生。因此，教师要热爱、尊重小学生，多与小学生进行情感的交流。良好的教师示范可以使小学生感受到教师的温暖，并影响小学生形成友爱、关心、尊重他人的良好性格。

拓展阅读

1. 气质与性格的区别

（1）气质是先天的，更多地体现了个性的生物属性；性格是后天的，更多地体现了个性的社会属性。

（2）气质无好坏之分，性格有优劣之别。

（3）相对于气质而言，性格可塑性较大，更容易发生改变。

2. 气质与性格的联系

（1）不同气质类型的人可以形成相同的性格特征。如四种气质类型的人都可以成为勤奋、聪明的人。

（2）气质可以影响某些性格特征形成的速度。如黏液质的学生易形成较强的自制力，能较好地克制自己的冲动，胆汁质的学生要做到这点则需要较大的努力。

（3）性格可以在一定程度上掩盖和改造气质。如在会计工作中，多血质和抑郁质的员工都表现为耐心细致。①

历年真题

【4.8】"笨鸟先飞""勤能补拙"说明（　　　）。

A. 需要对能力有影响　　　　　　　　B. 动机对能力有影响

C. 性格对能力有影响　　　　　　　　D. 气质对能力有影响

【4.9】诸如正直、慷慨、吝啬这些个性品质都表示人物的（　　　）特点。

A. 气质　　　　　B. 性格　　　　　C. 能力　　　　　D. 动机

【4.10】小明敏捷活泼，善于适应环境变化，他的气质类型属于（　　　）。

A. 多血质　　　　B. 胆汁质　　　　C. 黏液质　　　　D. 抑郁质

二、小学生自我意识的发展

自我意识是一个人对自己以及自己和他人关系的意识，是个性结构中的最高层次。自我意识是在个体与社会环境的相互作用中发展起来的，其发展过程是个体不断社会化的过程，也是个性形成的过程。

一般认为，个体自我意识的发展经过三个时期：（1）自我中心期（8个月至3岁），即生理自我时期；（2）客观化时期（3岁至青春期），即社会自我时期；（3）主观自我时期（青春期至成人期），即心理自我时期。小学生的社会活动范围逐渐扩大，其生理进一步发展，促使他们的心理出现了新的特点，表现出明显的协调性和过渡性，自我意识客观化，开始产生社会自我。

小学生自我意识发展趋势表现为：第一，小学一年级至三年级属于上升期，其中二年级的上升幅度最大，是上升期中的主要发展时期；第二，小学三年级至五年级属于平稳阶段，是发展的一个平稳过渡期；第三，小学五年级至六年级属于第二个上升期，从而进入从对行动性理解向对内部品质理解的发展水平。总体而言，小学生自我意识发展的趋向是从具体向抽象概括水平过渡。

（一）小学生自我意识发展特点

自我意识由自我认识、自我体验、自我控制三部分组成，因此小学生自我意识的发展也具体体现在这几个方面。

1. 自我认识的发展

自我认识是对自己的洞察和理解，主要包括自我概念和自我评价两方面。

---

① 杨玉洁. 人的气质与性格——学会与不同性格的人有好相处教育［J］. 教学论坛，2010（18）：171-173.

（1）自我概念的发展。

自我概念是自我认识发展的前提。自我概念是在经验积累的基础上发展起来的，最初它是对个人的简单认识，随着年龄增长而逐渐复杂化。所谓自我概念是指个人心目中对自己的印象，包括对自己身体、能力、性格、态度和思想等方面的认识。

对自我概念的研究通常借助自我描述来进行。小学生的自我描述是从比较具体的外部特征的描述向比较抽象的心理词汇的描述发展。此外，小学高年级学生尽管开始能用心理词汇描述自己，但还是以具体形式来看待自己，把自己这些特征视为绝对的和固定的。例如，他们说自己是善良的，因为他们把东西分享给了同伴或其他人，但并不能理解"善良的"人在某些场合也会抢东西。

（2）自我评价的发展。

自我评价是指个体对自己思想、愿望、行为和个性特点的判断和评价。它是自我意识发展的主要标志。自我评价是在自我分析和评价自己的行为和活动的基础上形成的。儿童在学前阶段还不具有自我评价能力，进入小学以后，这种能力进一步发展起来。

小学生自我评价的发展表现出以下特点：第一，逐渐从顺从别人向有自己的独立见解发展。初入学的小学生的自我评价在很大程度上依赖于成人的评价，从小学三四年级开始，小学生的自觉性和独立性有了明显发展，他们逐步学会对自己的行为和别人的行为加以比较，从而能够独立地对自己做出评价。第二，从比较具体的外部行为的评价发展到比较抽象的内心品质的评价，自我评价的稳定性增强。研究认为，儿童的自我评价是从注重行为效果的具体评价过渡到注重行为动机的抽象评价，从对别人和自己的外部行为的评价逐渐转向内部世界，自觉地评价别人和自己的个性品质。第三，自我评价的批判性有一定程度的提高。小学低年级学生的自我评价能力落后于评价他人的能力；小学低年级学生的评价标准具有片面性；小学高年级学生的评价具有较为明显的批判性，并能对自己"一分为二"。

总体而言，整个小学阶段学生自我评价发展的总趋势是从具体到抽象的过渡，是从对外显行为的评价到内部心理世界评价的发展过程。

2. 自我体验的发展

自我体验是伴随自我认识而产生的内心体验，是自我意识在情感上的表现。

随着小学生理性认识的增加，他们的情绪体验也逐步加深。小学生自我体验的各种情感中，愉快和愤怒的情感发展较早，而自尊感、羞愧感和委屈感发生较晚，其中自尊感最为重要。良好的认知能力、社会能力、评价自我价值的能力对于增强小学生的自尊心至关重要。学习成绩良好，朋友多的小学生，一般自尊心强。

3. 自我控制的发展

自我控制是个人对自己行为的监督和调节，使之达到自我的目标。它是自我意识在行为上的表现，对自我意识进行调节，包括自我监控、自我激励、自我教育等。自我控制直接影响着小学生的学习、生活、社会交往等方面，对于小学生形成良好的个性极为重要。

从总体上看，小学生自我控制的能力随着年龄的增长逐渐提高，呈现出由低到高的发展趋势。

（二）对小学生自我意识的教育

自我意识的发展是个性发展的一个重要方面，健康、积极的自我意识可以促进小学生的健康发展。对小学生进行自我意识的教育，要引导小学生形成正确的自我认识，培养小学生积极的情感体验和自我控制能力。

1. 自我认识的教育

小学阶段教师对学生自我观念的影响作用最大。教师对学生的自我概念的形成与发展有着长期、重大而持久的影响，这种影响的性质很难为其他过程所取代，教师看待学生的态度和对待学生的方式是学生在学校环境中处境是否积极的最重要因素。因此，教师要热爱学生，公平对待每一个学生，鼓励和帮助学习困难的学生，通过改变他们的地位和学业成绩，来促进学生积极自我概念的发展。对于自我评价过高的学生，要给予适当的表扬和适时的批评，通过角色扮演、情境暗示等，使其有一个正确的自我认识。教师可以通过以下方式培养学生的自我认识能力。

一是改变以往师生的交往类型。从权威型强调式的交往改变为民主平等式的交往，变批评为动力、建议，使学生获得自主感，获得积极的自我意识。这种方式体现在教学中，即：①要发扬教学民主；②不断培养学生的自信心，如学生的回答正确时，给予肯定，而对于错误则给予宽容的纠正，使学生在学习中获得安全感、成就感，形成积极的自我认识。

二是教师要注意改变学生交往中的等级性、歧视性现象，引导他们平等地、合作地交往。通过一些活动课程，如选择性的兴趣活动、保健性的体育活动、实践性的科技小组活动等，使学生在同辈群体的交往中不仅获得知识，而且及时得到关于自我的信息反馈，了解自我行为与集体行为之间的差距，有效地进行自我调节。同时，小学生在活动中展示各自的个性，相互取长补短，相互尊重，和谐竞争，也可以达到各自的自我完善。

2. 情感体验教育

在儿童的自我情感体验中，归属感的培养至关重要。自我认识如何，在很大程度上依赖于自己被他人接受的程度，同集体的融合程度，在集体中的位置、参与机会以及由此产生的价值感。按照马斯洛的需求层次理论，人有寻找归属群体，获得安全、满足和得到情感寄托的需要。这些需要的满足，会促使个人形成积极的自我体验。所以，培养小学生积极的情感体验，具体可以从以下几个方面来进行。

（1）鼓励小学生扮演好自己的角色。

使小学生明确意识到自己在集体中的地位，端正自己的学习态度，积极努力，保持和集体目标一致的追求。教师对学生，不论其目前的学习状况如何，都要鼓励他积极主动地扮演好自己的角色。教师要为学生创造参与的机会，使学生智力得到最大限度的发展，让学生找到努力的方向。

（2）培养小学生的自尊心。

在班级中，教师应激发学生的动机，使其确立自我意识的目标，使学生想表现；通过班级活动以及评价活动，使学生确立自信心，敢表现；使学生体验到成功，爱表现。教师通过培养学生的自我表现能力，使学生能自我展示，发展其自尊心。

3. 自我控制教育

学会控制自己的冲动，需要达到以下三个方面的要求：动作、运动的控制，情绪、情感的控制以及认识活动的控制。对小学生的自我控制教育主要从后两个方面进行，具体操作如下。

（1）创造良好的师生、同伴互动情境。

教师既为学生提供行为指导，也是学生的模仿对象，教师对学生的要求应保持一致性，并注意自己言行一致，让学生处于准则、要求一致的情境。同时，对学生行为的要求应基于其认识、行为发展的水平，使其理解并知道如何达到要求，奖惩的使用应着眼于发展其内在的动力性。这两种互动经验的结合，可共同促进小学生自我控制的发展。

（2）指导学生形成有效维持注意的认知策略。

实际活动往往要求在自我和环境聚集间灵活转换，缺乏自我控制的学生相对缺乏自我聚集能力，显得冲动，难以完成行为调节。研究表明，通过想象、自我暗示等认知策略的训练，可以有效地促进儿童的注意力和自我调节行为的提升。教育活动中教师可采用这些方法来指导或训练学生，帮助他们形成有效的认知策略，以维持各种行为调节中所需的注意力。

第三节　小学生社会性的发展

儿童的发展既包括个体心智的发展，也包括在社会交互中社会性的发展。一般而言，社会性发展是指个体在其生物特性的基础上，在人际交往和社会互动中掌握社会规范、形成社会技能、学习社会角色、控制自身行为、协调人际关系的过程，最终使一个生物的人转变成一个合格的社会人。

进入小学以后，儿童开始接受正规系统的学校教育。他们不仅通过课堂学习来获得许多社会规则和行为规范知识，还会通过参加各种社会集体活动和与师生、同伴交往来发展社会技能、学会控制自己的行为。而且由于儿童认知能力的进一步发展直接推动了其社会认知能力的提高，儿童社会认知的许多方面在小学阶段都获得了迅速发展。小学阶段是儿童社会性发展的重要时期，本节从社会认知、社会行为、社会交往三个方面来论述小学生社会性的发展。

一、小学生的社会认知

社会认知是指人们解释、分析、记忆及使用社会环境信息的方式。如对他人的行为状态、行为动机和后果认识判断过程，对家庭、学校、社会机构、民族国家等社会环境和现象的认知，对文明礼貌、生活习惯、公共规则、交往规则等社会规则的认识。社会认知的核心和关键是观点采择能力。

观点采择能力是指儿童能够区分自己与他人的观点，并具有根据有关信息对他人观点做出准确推断的能力，即站在他人的角度看问题的能力。它是与个体的自我中心化相对而存在的。

美国著名儿童心理学家塞尔曼提出了较为系统、影响较大的观点采择理论。他采用两难故事（例如霍莉爬树的故事），对儿童在友谊、权威、亲子关系等不同社会交往情境中的观点采择的发展进行了研究，并依据儿童对自我与他人关系理解的发展变化，把3岁到青春期儿童的观点采择能力划分为五个阶段。

（1）3～6岁为自我中心阶段。

儿童只知道自己的观点，意识不到他人可能有不同的观点，总认为自己觉得正确的事，别人也会同意。

（2）6～8岁为社会信息的观点采择阶段。

儿童意识到由于他人与自己所了解的信息可能不同，各人的动机目的可能不同，故他人可能有与自己不同的观点。不过，此时的儿童还不能理解他人的想法，不能预测他人的行动。

（3）8～10岁是自我反省的观点采择阶段。

儿童知道自己即使有与他人相同的信息，自己与他人的观点也可能发生冲突。儿童能够考虑他人的观点，预测他人对其行为的反应，能够意识到他人对自己观点的判断而主动地采取应对，但是还不能同时考虑自己和他人的观点。

（4）10～12岁为相互的观点采择阶段。

儿童能够同时考虑自己和他人的观点，知道他人也能这样，在做出反应之前能站在对方的立场考虑。同时，儿童还能考虑到第三方的观点，并能够预测自己和互动的另一方对第三方的反应。

（5）12岁以后为社会和习俗系统的观点采择阶段。

儿童不仅能采纳他人的观点，而且能够归纳整合、概括社会的观点，更多地思考社会群体中大多数人所持有的观点。

通过塞尔曼的研究不难发现，小学阶段是儿童观点采择能力的关键时期。小学教师要善于抓住这个关键时期，根据儿童的发展规律，因势利导地培养小学生的观点采择能力。

小学生社会性认知发展的趋势：①从表面到内部，即从对外部特征、外部行为的注意到更深刻的心理品质的注意；②从简单到复杂，从问题的某个方面到多方面多维度地看待问题，从呆板到灵活的思维；③从具体思维到抽象思维，从弥散性的、间断性的想法到系统的、有组织的综合性的思想。

拓展阅读

　　塞尔曼讲了这样一个故事：霍莉是一个喜欢爬树的8岁女孩，她爬树的技能是附近儿童中最好的。一天，她从一棵高高的树上摔了下来，但并没有受伤。其父亲正好看见了这一幕，很是担心，要求霍莉不能再爬树，霍莉答应了。后来有一天，霍莉和朋友遇见了肖恩，肖恩的小猫爬到一棵树上下不来了，如果不立即采取措施的话，小猫就会摔下来。只有霍莉能爬到那么高的树上救下小猫，可是她想起了对父亲的承诺。然后，塞尔曼询问听故事的儿童如下问题："霍莉知道肖恩对小猫的感情吗？""霍莉父亲发现她爬树会怎么想？""霍莉父亲发现她又爬树后会如何对待她？""如果你是霍莉，你会怎么做？"①

---

① 池丽萍，辛自强. 儿童社会认知发展研究：过程观与结构观及其整合 [J]. 河北师范大学学报（教育科学版），2004（01）：61-68.

二、小学生的社会行为

在社会互动中，个体间必然会发生各种各样的社会行为。根据对他人的影响和社会赞许程度，个体的社会行为可以分为亲社会行为和攻击行为等基本类型。前者有利于他人，为社会所赞许和支持；后者侵害他人，为社会所拒绝和控制。

（一）亲社会行为

亲社会行为，通常指对行为者本身并无明显好处，而对行为对象（他人和社会）有益的行为，主要包括分享、合作和助人等。儿童在很小的时候就会表现亲社会行为，如婴儿时期的儿童愿意将东西分享给父母或同伴。由于亲社会行为是社会所支持和鼓励的，所以在社会的强化下，随着儿童年龄的增长，儿童的这些行为也会增加。

1. 小学生亲社会行为的发展

（1）分享和助人。

分享是指按一定标准与人分享共有物品的行为，它是儿童亲社会行为的一个重要方面。儿童分享的发展模式为：从"自我中心"阶段出发，经历按个人能力和成绩的阶段，达到同情和重视个体需要的阶段。

助人是一种不期望以后获得报答而自觉自愿地帮助他人的行为。小学生的助人行为也是随着年龄的增长而变化的。一般认为，6～12岁是助人行为发展最快的时期，这与儿童的认知能力的发展以及生活的内容和范围的扩大有关。

（2）合作。

合作是指两个或两个以上的个体为了达到共同的目标而协作活动，以促使某种既有利于自己，又有利于他人的结果得以实现的行为。合作是亲社会行为的表现，也是个体适应社会生活所不可缺少的社会技能。小学生的合作行为呈现出年龄特征：6、7岁儿童的合作处于低级的简单配合阶段，9岁儿童基本上形成了具有互相协作关系的合作行为，11岁儿童开始出现齐心协力的、重视整体利益的、协调一致的合作。这同儿童的社会认知、自我概念的发展是分不开的。

2. 小学生亲社会行为的培养

随着年龄、社会认知以及教育和环境的变化，小学生的亲社会行为也发生着变化。教师应该如何培养小学生的亲社会行为呢？

（1）树立正确的班级舆论。

正确的班级舆论是班集体形成的标志。教师要注重形成良好的班级舆论导向，建立一个积极上进的群体意识。要与学生一起讨论确定班级规范，执行班级规范检查，强化班级规范的宣传，树立班级规范标兵，让良好的班级舆论深入人心，让不良风气无立足之地。

（2）强化小学生的责任心。

社会责任感是利他行为的主要动机之一。通过增强责任心，可以培养个体的亲社会行为。

（3）训练小学生的社会技能。

在日常生活中，有些小学生的行为意图虽好，但其行为结果却不尽如人意，主要原因是缺乏必要的社会技能。通过改善儿童的社会技能，可以提高他们的亲社会行为和同伴地位。主要的训练方法有：角色扮演、移情训练法、榜样示范法、行为训练法。这些方法各有优劣，在具体教育和培养过程中，教师要根据小学生的实际，采用一种或多种方法。

拓展阅读

角色扮演是指将学生暂时置身于他人的社会位置，并且按这一位置所要求的方式和态度行事，以增进学生对他人社会角色及自身原有角色的理解，从而有效地履行自己的角色的心理学技术。

移情训练法是旨在提高儿童善于体察他人的情绪、理解他人的情感，从而与之产生共鸣，并给予需要者帮助的训练方法。

榜样示范法是指设置一定的社会情境，通过树立一定的榜样，使儿童通过模仿来提高其亲社会行为的能力。

行为训练法是一种针对儿童已经具有亲社会行为倾向，但是还不够或者不符合情境要求的那些行为，以图达到提高儿童亲社会行为发生的概率而采取的类似行为强化法。运用行为训练法时所采用的形式可以是各种强化（如奖励等）、代币制、偶联契约（也称行为契约，这项契约是由达成协议的双方签写，由一方或双方采取目标行为，并决定该行为出现或未出现的偶联结果，即强化或惩罚）等。

（二）攻击行为

攻击行为，又称侵犯行为，指有意伤害他人身心的行为。例如，暴力殴打他人，故意刁难他人，散布谣言或言语辱骂他人，等等。依据不同标准，攻击行为可划分为不同类型。根据攻击表现形式的不同，攻击行为分为身体攻击、语言攻击和间接攻击。身体攻击表现为直接伤害身体的暴力殴打他人等行为；语言攻击表现为损害人格的谩骂等行为；间接攻击表现为打压精神的冷落、摔东西等行为。根据攻击目的不同，攻击行为可分为工具性攻击和敌意性攻击。工具性攻击是为了获得某种实物而对他人实施抢夺等行为；而敌意性攻击是以伤害他人为目的的行为。

一般来说，攻击行为具有性别差异。男孩的攻击性比女孩要强，男孩倾向于直接的身体攻击，而女孩倾向于语言攻击。攻击对象也有性别差异，儿童对女性的攻击强度较低。此外，男孩比女孩更常参加攻击性事件，在受到伤害时更易采取报复性行为。

家庭的社会地位不同，儿童的攻击行为表现也不同。社会地位较低的家庭的儿童更容易表现出攻击行为。此外，家庭的教养方式对儿童的攻击行为的表现也存在影响。消极、恐吓或放纵等教养态度下的儿童，攻击行为增加的可能性更大。因此，重视儿童的教育环境是控制和减少攻击行为的有效方式。

攻击行为的危害性极大，教师和家长要加强对儿童攻击行为的预防和干预。具体可以从以下措施着手。

1. 进行归因训练，提高小学生明辨是非的能力

认知是行为的先导，要改善行为，归根结底需要在认知上努力。如通过归因辅导、

大脑震荡法等，让学生各抒己见，提高他们从多角度看问题的能力。

2. 培养小学生运用应对策略的能力，增强其对挫折的容忍力

培养小学生运用应对策略的能力，要遵循适应性原则，即教育学生学会直接针对问题的应对方式。教师要帮助学生分析或明确问题的性质，找到造成麻烦的原因。要防止学生对问题描述过于笼统，防止其把注意力放在情绪反应上而不是问题本身。要帮助学生制订行动改变的方案。如与同学发生矛盾是由于误解，就应该马上道歉。要从各种方案中选择一种可行性强、效果好的方案，要机动灵活地实施行动方案。

3. 处理好小学生与他人的关系

教师和父母要避免与儿童对立，应该做儿童的朋友，关心儿童的学习和生活，参与儿童的活动，让儿童在温馨中感受教育，避免因专制或者放任自流而造成儿童的攻击行为。教师和父母要以身作则，成为儿童学习的好榜样。

鼓励儿童与同伴交往，为他们的交往提供宽松的环境。对于发生冲突的儿童，应该想办法让他们主动和好。对于容易产生攻击行为（吵架、打架等）的儿童，要将他们分开，使其保持距离，以保证他们的安全。对于犯规的儿童一定要客观公正地处理，避免采取过激或者视而不见的方法。

三、小学生的社会交往

进入小学以后，小学生的社会活动场所主要集中在家庭和学校，所以他们的社会交往主要体现在亲子关系、同伴关系和师生关系三方面。

（一）亲子关系

随着小学生的人际交往范围逐渐扩大，并且学习成为他们主要的活动，小学生与父母的关系也开始发生变化。首先，双方交往的时间缩短了，父母与儿童待在一起的时间明显减少，而且关注儿童的时间也在减少。其次，父母处理儿童行为的类型也有变化，学前期主要处理孩子发脾气、打架等问题；而到了小学，开始转向学习、同伴交往、做家务等问题。再次，父母对儿童的控制随着年龄的增长也发生着变化。

有美国心理学家提出，父母对儿童的控制在随着年龄增长逐渐减弱，儿童的自我决策权越来越强，具体可分为以下三个阶段。

第一阶段（6岁以前），由父母控制。大部分重要决定由父母做出。

第二阶段（6～12岁），由父母和儿童共同控制。父母主要有三个职责：在一定距离内监督和引导儿童的行为；有效利用与儿童直接交往的时间；加强儿童自我监督和教儿童知道何时寻求指导。

第三阶段（12岁以上），由儿童控制。儿童自己做更多的重要决定。

尽管在小学阶段，小学生的亲子关系会发生一定的变化，但小学生与父母在总体上仍然保持着亲密的关系，父母仍是对小学生最有影响的人，小学生通常会找父母寻求情感支持和建议、提升自我价值和解决日常遇到的问题。因此，在小学阶段，家庭对儿童的成长非常重要，家庭教养方式的好坏直接影响着儿童的成长质量。

 **拓展阅读**

家庭教养方式

一般的家庭教养方式可以归为两个维度：其一是父母对待儿童的情感态度，即接受—拒绝维度；其二是父母对儿童的要求和控制程度，即控制—容许维度。根据两个维度的不同组合，可以形成四种教养方式，即民主型、放任型、专制型和忽视型。①

（1）民主型。父母对孩子的态度是积极肯定和接纳的，同时向孩子提出明确的要求，并经常与孩子讨论、解释有关行为规则的含义和意义。这种教养方式下成长的儿童多数有较强的独立性且对人友好，善于与人交往，有较强的自尊和自信。

（2）放任型。父母非常疼爱孩子，表现出过分的接纳和肯定，但缺乏控制。这种教养方式下的儿童往往比较容易冲动、缺乏责任心、专横、攻击性较强。

（3）专制型。父母对孩子常常采用拒绝的态度和训斥、惩罚等消极反应，他们要求孩子无条件地遵守有关规则，很少听取孩子的意见和要求。这种教养方式下成长的儿童往往缺乏主动性和积极性，不善于交际，容易抑郁、胆怯和自卑。

（4）忽视型。父母对孩子关注较少，对其行为缺乏要求和控制。父母与孩子间的交流很少，因而使孩子往往具有较强的攻击性和冲动性，不顺从、易发怒，而且自尊心水平较低，很少为他人考虑。

可见，父母对孩子的教养方式对孩子的发展具有深远的影响。

（二）同伴关系

同伴是指年龄相当、社会地位平等、认知和行为处于同一水平的儿童交往对象。相对其他交往对象来说，同伴由于其平等性在儿童中备受重视，因此同伴交往是儿童最主要的交往形式，也是其形成和发展个性特点、社会行为、价值观和态度的一个独特而主要的方式。

1. 小学生同伴关系

进入小学阶段的儿童，他们的同伴交往较幼儿时期产生了新的变化：①与同伴交往的时间更多，交往形式更复杂；②儿童在同伴交往中传递信息的技能增强；③儿童更善于利用各种信息来决定自己对他人所采取的行动；④儿童更善于协调与其他儿童的活动；⑤儿童开始形成同伴团体。

（1）友谊。

友谊是指与同伴等建立起来的一种特殊亲密的关系，即朋友关系。友谊对儿童的发展更为重要，它为儿童提供了相互学习社会技能、交往、合作和自我控制的机会，提供了体验情绪和认识活动的源泉，为今后的人际关系建立奠定了基础。

塞尔曼根据儿童对友谊的理解，将儿童友谊的发展划分为五个阶段。

第一阶段（3～7岁），即时性玩伴阶段。此阶段的朋友往往与实利和物质属性及

---

① 王红艳，王洋. 论家庭教养方式与儿童社会 [J]. 太原师范学院学报（社会科学版），2006（02）：159-160.

其邻近性相联系，主要保持着一种暂时的游戏同伴关系，很难做到稳定的友谊关系。

第二阶段（4～9岁），单向帮助阶段。此阶段的友谊以朋友帮我、服从我为特征，一旦对己无助，就不再是朋友。

第三阶段（6～12岁），双向帮助阶段。儿童对友谊的交互性有一定的了解，但功利性特点仍然明显，此时的儿童还不能做到共患难。

第四阶段（9～15岁），亲密的共享阶段。此时的儿童已经能够认识到友谊的持续性、共享性，可以相互倾诉秘密、讨论计划，并认为相互帮助理所当然。此阶段儿童的友谊走向稳定，当友谊一旦形成，就具有强烈的排他性和独占性。

第五阶段（12岁以后），自主的相互依赖的友谊阶段。此阶段是友谊发展的最高阶段，以双方互相提供心理支持和精神力量，相互获得自我的身份为特征。

（2）同伴团体。

同伴团体是指个体之间遵循一定的规则、完成共同的目标、执行一定行为标准的多人结合体。小学时期是开始建立同伴团体的时期。儿童的同伴团体能满足儿童交往与归属的需要，对儿童社会性发展具有重要作用。

同伴交往是儿童社会性发展的非常重要的途径。小学儿童的同伴经历、与同龄人结合的同伴关系，对他们的个性发展和社会性（包括道德）发展具有不可忽视的作用。他们在特有的儿童社会中，通过解决个人与集体之间、个人与同伴之间的矛盾，学会理解他人的观点和立场。他们在这种横向的人际交往中学习社会生活所必需的技能和态度，使社会性发展进入一个新的阶段。

2. 小学生同伴关系的发展过程

小学生的同伴关系的发展过程可以分为以下三个时期。

（1）依从性集合关系期。

小学一二年级是儿童踏入学校这个新的环境的初期阶段，这个时期儿童要经历许多与幼儿园不同的新的体验，部分儿童会产生陌生感、不适应感和不安全感。在适应新的学校生活的过程中，儿童依从作为权威人物的教师就成为这个时期的特征。他们的人际联结关系首先是教师，儿童之间的相互关系尚处于薄弱地位。

（2）平行性集合关系期。

小学三四年级，儿童之间通过非常活跃的活动交往、通过学习生活和各种集体组织的交流，不同个体在班集体中的地位和作用发生分化，他们开始按照接近关系、外在因素相似性以及个人需求的雷同性等，组成团伙并经常在一起活动。于是在这个时期出现了与同伴协同的社会交往趋势。

（3）整合性集合关系期。

到了小学五六年级，儿童同伴社会交往倾向更加突出。这个时期儿童对父母和教师的依从关系明显下降，他们更注重的是朋友间所共有的价值观，更关注自己在同伴中的威信和地位，更重视同伴对自己的评价。研究表明，对同伴的依存性从小学二年级到小学五六年级一直表现为上升趋势，五六年级是同伴关系依从性的高峰期。

（三）师生关系

师生关系是指学生与教师的关系，是学生人际关系的一种重要形式，也是小学生学校生活中最重要的社会关系。较之于幼儿园教师，小学教师更为严格，不仅引导学生掌握学识，还要督促、评价学生的学业和品行。而与中学教师相比，小学教师的教育内容则更加具体而细致。所以，小学教师在学生心目中更具有权威性，进而对学生的发展具有非常重要的影响。

作为一种双向互动的人际关系，小学阶段的师生关系可以从学生和教师两个角度来理解。从学生角度来看，学生的学业成绩、活动表现、外貌等将影响老师的行为和态度；而从教师的角度看，教师的教学水平、个性和期望等也时刻影响着学生的发展。

1. 对教师的"向师性"态度

小学生是带着对教师无比崇敬和敬畏的心理步入校门的，视教师为绝对权威，对教师言听计从。但随着年龄的增长，小学生的独立性和评价能力得到发展，特别是到了三年级以后，他们不再无条件地服从、信任教师了。他们开始对教师做出评价，并且对不同教师表现出不同的喜好。受小学生喜爱的教师往往讲课有趣、喜欢体育运动、严格、耐心、知识丰富、能为学生着想。对喜欢的教师，小学生会报以积极反应，十分重视这些教师的评价；而对不喜欢的教师，往往予以消极反应。因此，教师要重视小学中、高年级学生的这些特点，处理好与学生的关系，使学生能够"亲其师，信其道"。

2. 教师的期望对小学生的影响

期望是对人或事物的未来状况所做的推断，它可以影响个体的态度和行为。教师对小学生的积极期望会影响小学生成功的可能性。美国著名心理学家罗伯特·罗森塔尔对美国旧金山一所小学一～六年级的学生实施了智力测验，测验后从中随机选出20%的学生，告诉这些学生的教师，这些学生是非常有发展潜力的，将来会表现出不同寻常的智力水平，并叮嘱他们务必要保密，以免影响实验的正确性。8个月后，再次实施智力测验，奇迹出现了，凡是上了名单的学生，个个成绩都有了较大的进步，且各方面都很优秀，尤其是一、二年级的学生更为明显。

在这里，教师对这部分学生的期待是真诚的、发自内心的，因为他们受到了权威者的影响，坚信这部分学生就是最有发展潜力的。也正因如此，教师的一言一行都难以隐藏对这些学生的信任与期待，他们将自己的这一心理活动通过情绪、语言和行为传染给了学生，使学生强烈地感受到来自教师的热爱和期望，学生变得更加自尊、自信和自强，从而在各方面都取得了异乎寻常的进步。这就是"罗森塔尔效应"，又称"期望效应"，这种效应充分表明了教师的期望对学生的影响。

当然，教师的期望和他们与学生的关系受到许多因素的影响：教师自己的态度、儿童的外表、种族、能力和兴趣，教师和儿童的个性、家庭等。此外，对学生的控制程度也影响着教师的期望。如果学生的表现是可预见的，回答教师的问题、交作业、参加考试、阅读课外书等，会给教师留下好印象，并提高教师的期望。

在教育过程中，教师应善于向学生表现自己的积极期望，尤其是对待后进生、特殊学生更应满腔热忱，更多地采取积极鼓励的方式激励学生努力学习。

☞ 本章小结

进入小学后，随着社交范围的扩大、社交对象的增多和社会活动的多样化，小学生的情感不断丰富和深化，意志力也得到强化训练，进而促进具有代表性的性格、自我意识等个性心理特征的迅速发展。与此同时，它们也加速了小学生社会化的进程，小学生不仅通过学习掌握了各种社会行为准则和社会经验，而且通过各种集体活动和同伴交往发展了各种社会技能。小学时期俨然成为小学生个性和社会性发展的重要时期。小学生个性与社会性的发展关系到他们能否顺利地社会化，成为社会的合格公民。了解小学生的个性和社会性发展特征，关注小学生个性化与社会化协调统一，对于在教育教学中进行针对性教育具有重要意义。

☞ 本章要点回顾

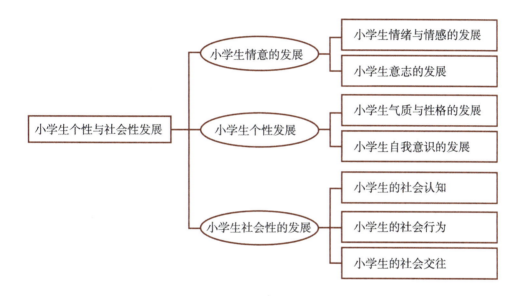

第五章

小学生品德发展

☞ **学习完本章，应该做到：**

◎ 准确识记与理解品德的含义与心理成分。
◎ 知道品德发展的相关理论。
◎ 理解并掌握学生品德不良的概念、表现及其成因。
◎ 掌握小学生品德不良行为的矫正方法。

☞ **学习本章时，重点内容为：**

◎ 品德概念的准确理解，侧重记忆品德的四个心理成分及品德行为的培养方法。
◎ 品德理论基本知识的理解，注重各位心理学家的道德发展理论观点的记忆与理解。

☞ **学习本章时，知识要点与具体方法为：**

本章按品德基本概念、品德的发展与不良行为矫正的顺序展开。第一节和第二节是根据品德是什么—品德的形成和特点这个线索梳理相关要点的；第三节则是根据什么是不良行为—产生的原因—怎么矫正展开的，重点梳理品德形成和不良行为的矫正方法。

在学习过程中，讲授和自学相结合，以学定教，先学后教，在理解基本概念原理的基础上，可适当拓展学习内容，加强理论与实践的结合。

【引子】

在小学语文第七册《钓鱼的启示》一文中有这样一个故事：11 岁的男孩与父亲一起在湖中小岛上钓鱼，男孩钓到了一条非常漂亮罕见的大鲈鱼，父亲却因为儿子是在鲈鱼钓猎开禁前的两小时钓到的，坚持让儿子把鲈鱼放回湖中。他们经受了道德的考验，虽然没人看见他是什么时候钓到的鲈鱼，但男孩还是把鲈鱼放回了湖里。尽管之后男孩再也没有钓到那么漂亮的大鱼，但他却为此终生感谢父亲。在以后的生活中碰到过许多与那条鲈鱼相似的诱惑人的"鱼"，但他从未因无人知道而放松自律、有损公德，他通过自己的诚实、勤奋、守法，依然能钓到生活中的"大鱼"——事业上成绩斐然。

《钓鱼的启示》告诉我们的是，作为一个社会中的人，我们要自觉遵守社会的规定。不管有没有其他人在场，我们都要遵循社会的"游戏规则"。

第一节　品德概述

一、道德认知发展相关理论

（一）皮亚杰的道德认知发展理论

皮亚杰被认为是第一个系统研究儿童道德判断的心理学家。他采用对偶故事与儿童谈话法来考察儿童的道德判断水平。下面是皮亚杰在研究中用到过的对偶故事。

对偶故事：

A. 男孩约翰听到妈妈叫他去吃饭，就过去开餐厅的门。他不知道门外有一把椅子，椅子上放着一个盘子，盘子里有 15 只茶杯。结果他撞翻了盘子，打碎了 15 只杯子。

B. 男孩亨利趁妈妈不在家，想偷吃橱柜里的糖果。由于糖果放得太高，他爬上椅子后还是够不着，结果碰翻了杯子，杯子掉到地上碎了。

皮亚杰要求儿童对故事里两位主人公的行为做出评价，并说出评价所依据的理由。通过分析儿童的回答，他将儿童道德判断发展分成三个阶段。

第一阶段：前道德阶段（2~5 岁）。这一阶段的儿童是以自我为中心的，能意识到游戏规则，但仍然按照自己的想象去活动；对这一阶段的儿童来说，规则还不具备约束力，那只是一种单纯的规则而已；头脑里没有道德观念，行为也没有道德方面的意义。

第二阶段：他律道德阶段（6~8 岁）。这一阶段的儿童认为所有人都必须遵守规则，但不理解规则是怎么来的；只知道绝对要按照规则办事，对行为的评价只看结果不管动机。

第三阶段：自律道德阶段（9 岁以后）。这一阶段的儿童开始明白规则是怎么制定的，可以协商改变，规则只是用来协调彼此之间的行为。因此，这一阶段也称为道德相对主义阶段。

根据皮亚杰的观点，儿童的道德发展是从他律道德阶段发展到自律道德阶段。在这个过程中，发展状况相同的同伴之间的相互作用对道德发展会产生一定的影响。他认为同伴之间冲突的解决使儿童对成人权威的依赖有所减弱，同时也能增加他们的这种意识：规则是可以改变的，只有彼此都赞成，它才有存在的价值。

（二）柯尔伯格的道德认知发展理论

柯尔伯格是美国心理学家，他提出的道德认知发展理论是对皮亚杰理论的修正与完善，在学术界产生了深远的影响。

柯尔伯格从道德两难问题入手，让儿童在两难的推理中做出选择，并且说明理由。

例如海因兹偷药的故事：海因兹的老婆患了癌症，医生说只有本城的一家药店的药才能救她。海因兹四处借钱凑得 1000 元钱，可药店老板把成本只有 200 元的药卖到 2000 元。海因兹请求老板便宜点或者赊账，老板不同意，并且说明卖药就是为了赚钱。走投无路的情况下，海因兹夜里撬开了药店的门偷走了药。

柯尔伯格请儿童回答"海因兹应该这么做吗？为什么？"等一系列问题，然后根据儿童的回答将儿童的道德发展分成"三水平六阶段"，每个水平都有相应的两个阶段。

1. 前习俗水平（9 岁以前）

前习俗水平的特点：儿童遵守道德规范，但未形成主见，着眼于个体行为结果和自身利害关系。前习俗水平分为两个阶段。

第一阶段：服从与避免惩罚阶段。这一阶段的儿童主要根据行为的结果来判断行为的好坏，只因为害怕惩罚而遵守规则。认为所有逃避处罚所做的行为都是对的，遭到批评的行为都是错的。

第二阶段：相对功利取向阶段。这一阶段的儿童认为对自己有利的就是好的、对自己不利的就是不好的，没有客观的是非标准。

2. 习俗水平（9～16岁）

习俗水平的特点：儿童开始认识团体的行为规范并将其进行内化，接受并付诸实践。处于这个水平的儿童能顺从现有的社会秩序，也有维持这一秩序的内在欲望。判断的依据是遵守那些维护社会秩序的规则所达到的程度。服从规则以取悦他人和维持秩序。习俗水平分为两个阶段。

第一阶段：寻求认可取向阶段（好孩子定向阶段）。这一阶段的儿童受到社会评价的影响，期望得到他人的赞许。从而按照人们所说的"好孩子"的标准来约束自己。认为受到赞赏的行为都是好的、受到批评的行为都是坏的。

第二阶段：维护权威的定向阶段（好公民定向阶段）。这一阶段的儿童服从团体的行为规范。认为人们应该遵守公共秩序，遵守法律权威。这个阶段的儿童已有法制观念，但把法制观念看成是固定不变的。

3. 后习俗水平（16岁以后）

后习俗水平的特点：儿童开始发展一套独立的、超越社会团体的道德标准。人格成熟之后已经超越了现实道德规范的约束，达到了完全自律的境界。这个水平是理想的境界，只有少数成年人能够达到。后习俗水平分为两个阶段。

第一阶段：社会契约定向阶段。这个阶段的儿童开始有强烈的责任心和义务感。认为法律和道德是维护社会的契约，人人都应该遵守。如果法律和规则不合理，也可以通过协商进行修订。

第二阶段：普遍道德原则定向阶段。这个阶段的儿童能够根据如人权平等、人性的尊严、相互信任等普遍的道德原则来判定行为的是非。他们认为人们可以完全凭借自己的良心去做事，人们舍己为人、无私奉献的精神是高尚的。

柯尔伯格认为，只有少部分人在20岁之后才能达到这一水平。儿童道德的发展阶段顺序是固定的，但发展水平是不一致的。同一个年龄阶段的儿童可能处在不同的道德发展水平。事实上还有一部分人终身都不能达到道德发展的最高水平。

二、道德与品德

品德又称为德行或者品行，是品质道德的简称，它是指个人依据一定社会道德准则和规范在行动时表现出来的一种稳定的心理特征。在现实生活中，品德和道德常常一起使用，但两者并非是相同的概念，它们彼此之间既有联系又有区别。

首先，两者紧密相连，主要表现在：第一，个人品德离不开道德，品德是社会道德在个体身上内化的结果，品德的形成受道德的影响；第二，个人品德也反作用于社会道德，优秀人物的良好品德对社会道德起到深远的影响。离开社会道德就无所谓个人品德，没有品德基础的道德是空洞的。

其次，两者有区别，主要表现在：第一，道德是一种社会现象，其发展受社会发展规律的制约，而品德是个体现象，形成和发展依赖于个体的发展规律；第二，道德是伦理学或社会学的研究对象，而品德是教育心理学的研究对象。

品德的心理结构极为复杂，但通常情况下将品德划分为道德认识、道德情感、道德意志和道德行为四种心理成分。

道德认识是指个体对道德规范及其执行意义的认识，因此它是品德形成的基础。道德情感是伴随道德认识而产生的一种内心体验，是关于人的举止、行为、思想、意图是否符合社会道德规范而产生的情感体验，因此它是道德行为产生的内部动力。道德意志是指个体在一定道德观的指导下，自觉地克服困难，完成预定的道德目标，以实现一定道德动机的过程，因此它是调节道德行为的内部力量。道德行为是指在一定道德认识支配下所采取的各种行为，因此它是衡量个体是否具有良好道德素质的重要标志。

这四种心理成分紧密地联系在一起，它们共同构成个体的品德。道德认识是道德情感产生的基础，而道德情感又影响着道德认识的形成，两者共同诱发道德动机，并引发一定的道德行为。道德意志调节和控制一个人的道德行为，使之贯彻始终并成为道德习惯；当然持久的道德行为反过来也会磨炼个体的道德意志。

历年真题

【5.1】衡量学生品德形成与否的关键要素是（   ）。

A. 道德认识　　　　B. 道德意志　　　　C. 道德行为　　　　D. 道德情感

【5.2】一名小学生决心改掉上课迟到的缺点，但冬天一到，他又迟迟不肯起床，结果还是频频迟到，要对该生进行教育，应着重强化其（   ）。

A. 道德情感　　　　B. 道德意志　　　　C. 道德行为　　　　D. 道德认识

【5.3】小学生常常"好心办坏事"，其原因主要是（   ）。

A. 道德情感不深　　B. 道德意志不强　　C. 道德认识不足　　D. 道德自律不够

【5.4】小林又一次偷拿水果摊上的水果，被老师叫到办公室。老师批评他："为什么总是拿别人的东西？"小林低头回答："我也知道不对，就是有时忍不住。"这说明小林缺乏（   ）。

A. 道德认识教育　　B. 道德情感教育　　C. 道德意志教育　　D. 道德行为教育

【5.5】采用"两难故事法"研究道德认知发展阶段的心理学家是（   ）。

A. 华生　　　　　　B. 加涅　　　　　　C. 柯尔伯格　　　　D. 皮亚杰

【5.6】义务感、责任感和羞耻感对于儿童和青少年的品德发展是极为重要的，它们属于品德的（   ）。

A. 道德认识　　　　B. 道德情感　　　　C. 道德意志　　　　D. 道德行为

【5.7】（   ）是品德形成的基础。

A. 道德认识　　　　B. 道德情感　　　　C. 道德意志　　　　D 道德行为

第二节　小学生品德的发展

小学生品德的发展包括道德认识的发展、道德情感的发展、道德行为的发展和道德意志的发展四个方面。

一、小学生道德认识的发展

道德认识也称道德观念，是品德的基础，是个体对道德行为准则及其执行意义的认识。道德认识的发展主要体现在道德概念、道德判断和道德信念的发展上。

（一）小学生道德认识发展的特点

道德概念是对道德准则和意义的本质的认识，反映了社会道德现象的本质特征。儿童对道德概念的掌握是从具体到抽象，再从抽象到道德实践的过程。最初，儿童掌握是非、善恶等道德概念是与具体的、个别的事物联系在一起的。后来，由于年龄增长、经验不断丰富，儿童从开始掌握一些粗浅而不准确的道德概念，再通过抽象、概括，逐渐达到对社会道德现象及道德规范的本质特征的理解。有研究发现，小学生对什么是道德行为和什么是不道德的行为的描述比较笼统、范围较窄。因为不良环境或教育工作上的失误会让一部分学生形成错误的道德概念，如把违纪当成英雄行为、把给同学抄作业当作是帮助别人、把包庇坏人坏事当作友谊等。

道德判断是应用道德知识对他人道德行为的是非、好坏进行断定。儿童的道德判断水平与掌握的道德概念密切相关。小学生的道德判断的发展有以下特点。

1. 从他律到自律

小学生的道德判断是从依靠他人的评价标准逐步发展到依靠自己独立的标准。小学低年级学生通常以教师、家长等权威人士的评价标准来评价一个人的道德品质。而到小学中、高年级，随着思维的发展、知识经验的增加以及与其他学生不断的交往合作，小学生开始逐渐摆脱权威人物的思想束缚，逐渐形成自己特有的道德判断标准。以学生向教师"打小报告"为例，低年级学生较多，因为教师会表扬他们，从而增加这种行为；而高年级学生较少，因为高年级的学生会因为告密后同伴被批评，自己也觉得不光彩，从而减少这种行为。

2. 从效果到动机

小学生道德判断的依据从行为的后果逐步发展到行为的动机，最后才发展到后果与动机相统一。在小学生道德判断的发展中，少数低年级学生注重动机，而少数高年级学生注重行为后果，但一般趋势总是从注重后果过渡到注重动机。有研究表明，这种过渡的关键期是9~10岁。

3. 从片面到全面

小学低年级学生的道德评价往往带有很大的片面性。因为他们不善于把个人的行动目的和动机等全部情况联系起来进行评价，甚至会把一个人的某一品质当作他全部品质。比如，小学生会将谁平时成绩好、谁受到老师表扬、谁哪次没交作业这些单一的方面作为衡量标准。到了中、高年级，小学生的道德判断能力有了提高，开始逐步把个人的动机、效果与当时的实际情况联系起来，学会了在道德评价时区分主要和次要、一贯和偶然，再做出恰当的分析和评价。

4. 从他人到自我

学生评价别人与自己的道德品质的能力是从小学时期才开始逐步形成的。小学低年级学生只会评价他人的行为，而不善于评价自己，对他人的评价也通常以权威人物的观点来代替自己的观点。到中、高年级，随着自我意识的发展，他们开始关注内心世界。研究表明，11~12岁的学生往往不会关注小说中所描写的人物的内心体验；而12~13岁的学生则会越来越注意和关心人物的内心世界，他们甚至能从行为动机、个性特点及道德品质来评价和讨论人物。

道德信念是存在于个人头脑中的坚信某些道德行为准则的正确性，具有情绪色彩与力求实现的一种观念形式，是正确的道德认识、强烈的道德情感和坚定的道德意志三者的结晶。小学一二年级的学生道德思维能力差，仍然以具体形象的感性知识为主导，一般只有简单的、直观的道德概念和自发的道德情感以及盲目、单纯的道德行为；他们只有道德信念的某些成分，没有真正的道德信念。少数小学三四年级的学生有了初步的道德信念，但不够明确和稳定。大部分小学五年级的学生开始确立比较明确而稳定的道德信念，但他们的道德信念的发展在速度、起始时间方面存在个体差异性。

（二）小学生道德认识的培养

1. 加强小学生对道德行为准则的理解，使其形成正确的道德观念

教师应有针对地进行理论性的教育教学。教学要符合小学生的年龄特征、道德认识发展水平以及当时的心理状态，要动之以情、晓之以理。

教师应提供必要的具体事例，形象地进行榜样教育，发展小学生的分析判断能力。

教师应运用变式规律，剔除同类道德现象中的非本质特征，突出其本质特征，帮助小学生形成道德观念。

2. 帮助小学生获得道德行为的经验，确立牢固的道德信念

教师应给小学生提供更多的道德实践活动，让小学生通过自己和集体的道德实践，获得道德行为的经验和富有感情色彩的内心体验。使小学生在实践中体验到道德要求的正确性，在实践中丰富并加强自己的道德要求。

同时，教师要言行一致，以身作则，为学生做好的榜样。

3. 引导小学生进行道德评价活动，促进其道德评价能力的发展

教师要利用教科书中的优秀人物事迹或者教学生活中的典型案例引导学生进行分析，使学生建立正确的评价能力。

教会小学生树立正确的人生观、价值观，通过讨论明辨是非，树立正确的道德观念。

 拓展阅读

> **米斯切尔成人言行一致对儿童影响的实验** ①
>
> 美国心理学家米斯切尔设计并进行了这个实验。实验是把儿童放在游戏情境中，即让他们玩小型滚木球的游戏。游戏的内容是让儿童按一定的规则将木球投入球门，投中者得分，得到 20 分以上者就可以得奖。实际上如果严格按规则来进行投球，得分机会很少，如果不按规则进行或偷偷犯规，则可以把球投中，因而得分机会较多。实验第一阶段成人与儿童一起玩。把儿童分为两组，第一组，成人的言行是一致的，既要求儿童遵守规则，自己也严格遵守规则；第二组，成人的言行不一致，成人要求儿童严格遵守规则，但自己却降低标准去投球，即违反了规则。观察发现，当成人在场时，第二组儿童还是按照规则去做。为了研究成人违规对儿童的

① 刘国权.小学教育心理学［M］.北京：人民教育出版社，2005：229.

影响，又进行了第二阶段的实验，即让儿童独自玩此游戏。研究的结果是：第一组得奖的人次只占总人数的1%左右，第二组得奖的人次达到50%以上。这说明第一组儿童严格遵守了规则，而第二组儿童当成人不在时降低了标准，违反了规则。第三阶段，把两组儿童放到一起玩，结果是第一组儿童看到第二组儿童不遵守规则，自己也效仿。这个实验充分说明了身教重于言教。因此，教育者一定要言行一致，才有助于学生形成正确的道德观念。

二、小学生道德情感的发展

个体在评价自己和他人的道德行为时往往会伴随相应的情感体验，如自豪感、荣誉感、羞耻感等。与道德观念相伴随的道德情感成为推动个人道德行为的内部动力，从而产生了道德动机。道德动机是促使个体产生道德行为的直接动机。因此，激发学生相应的道德情感对培养优良品德有重要的作用。

（一）小学生道德情感发展的特点

在人的成长过程中，道德情感的发展有三个水平：直觉的道德情感、想象的道德情感和伦理的道德情感。

直觉的道德情感是由于某些具体的道德情境而感知到的、迅速发生的态度体验，是一种简单的、初级的道德情感。例如，由于某种不好的预感而制止了某些不道德的行为。它的产生与实践经验有关，以社会舆论对人们行为评价的经验为基础。

想象的道德情感是对某种道德形象的想象而发生的态度体验，是比较复杂的、高级的情感体验。它持续时间比较长，没有明显的外部表现，但有深刻的内部体验。所以，给小学生呈现道德榜样，对小学生在大脑中进行道德形象的想象有十分重要的作用。

伦理的道德情感是以清楚地意识到道德观念，并以道德理论为中介的更高的、更复杂的态度体验。它是一种比较持久而富有强大动力作用的情感，在人的道德情感中起主导作用。

小学生道德情感的发展特点主要表现在以下几方面。

1. 道德情感发展的阶段性

小学生的道德情感随着年龄的增长而逐步提高，但发展过程中存在明显的转折期和关键期，即小学一年级和三年级。

2. 道德情感发展的不平衡性

小学生的道德情感的不同范畴发展是不同步的，先产生义务感，接着产生荣誉感，最后产生良心和爱国主义。

3. 从狭隘、模糊的态度逐渐发展到比较深刻、稳定的态度

小学低年级学生对道德概念掌握不全面，只能通过具体形象来理解，他们把道德形象作为自己的榜样时，会有点狭隘和模糊。而小学中、高年级学生随着知识的不断提升，情感体验也变得比较深刻和稳定。

4. 从具体的道德情感逐步过渡到抽象的道德情感

对于小学低年级学生，对越形象具体、熟悉的事物就越容易产生道德情感。小学

高年级学生接受了一定道德理论的教育，在实际生活中不断经历各种道德体验，已经能对某些社会问题和社会观念甚至人生理想产生抽象的道德情感。

（二）小学生道德情感的培养

1. 提高道德认知，加深道德情感

所谓"知之深，爱之切"，任何情感都是建立在一定的认识基础上的。在小学教育过程中，要着眼于小学生道德情感与整个品德水平的提高。应当坚持在情境中陶冶情操，充分利用课文中的主人公唤起小学生的情感共鸣，积极组织各项有教育意义的活动等，使小学生产生相应的道德情感。

2. 通过审美和美感教育培养道德情感

俄国哲学家、文学评论家别林斯基认为，美和道德是亲姐妹，两者紧密联系。美育是德育的深化，用一种独特的手段触及人的情感深处，会起到潜移默化的作用。

3. 培养移情能力，提高学生调控情感的水平

移情是指学生在觉察他人情绪反应时所体验到的与他人共有的情绪反应，是理解和共享其他人的感情的能力。教师要注意培养学生学会换位思考，学会关心和体验别人的情感，与别人共享快乐和痛苦，从而理智地控制自己不适当的情感，养成自己监督自己情感的习惯，提高自己的调控能力。

三、小学生道德行为的发展

道德行为是道德水平的外在表现，是衡量学生道德品质高低的重要标志。

（一）小学生道德行为发展的特点

小学阶段的学生，其道德行为的发展主要有三个特点。一是道德行为的发展与认识水平相适应，但不同步。小学低年级学生的道德行为一般由一些具体的、浅近的动机引起；到了小学高年级，学生的道德行为开始以社会需要作为动机的基础。另外，道德行为和道德认识可能会存在不一致的现象。二是道德行为由外部控制过渡到内部控制。三是道德行为习惯逐步养成。当前小学生的道德行为发展在内容上也有差异，在尊重师长、父母和他人等习惯方面做得比较好，而劳动习惯，尤其是家务劳动习惯比较差。道德行为习惯的发展呈倒"U"形曲线，这表明小学生道德行为的实质正在由外部控制发展过渡到内部控制。

（二）小学生道德行为的培养

1. 教授道德行为方式

通过讲解示范和练习，让小学生懂得基本的行为方式；给小学生讲解榜样行为，潜移默化地影响他们的行为方式，例如讲解"孔融让梨"的故事，让学生明白谦让也是道德行为；适时开展自我分析活动，让小学生知道自己应该怎样行动和为什么这样行动，判断哪些是对的行为和哪些是错误的行为。

2. 制定行为规范，约束小学生的行为

制定详细的规则，要求小学生必须遵守，例如校纪校规、班纪班规和约法三章等。

另外要求家长一起配合监督和检查。

3. 提供榜样示范，训练小学生的行为

教师提供榜样示范，小学生可以学习榜样的各种行为，推动道德实践行为。另外，榜样必须是可敬、可亲、可信的，符合小学生的身心发展特点，也要注意避免在模仿过程中出现"偏差"。通过"角色扮演"的方式，让小学生亲身体验，自觉改变不良行为，从而形成良好的行为习惯。例如，全班实行一日班长制，学生在角色扮演中深受班长角色的影响，使其坚持养成班长角色的行为习惯，形成正确的道德行为。

4. 适当地运用奖励、惩罚的方式，强化道德行为

当小学生做出好的道德行为，可以适时地给予表扬，鼓励其重复良好行为。当小学生出现不良行为时，要给予其适当的批评。虽然惩罚不一定能保证小学生发生良好行为，但在一定程度上能够抑制不良行为。因此，适当的惩罚是必要的，但要慎用。

 **拓展阅读**

> **儿童替代强化实验**[①]
>
> 一群5岁的儿童，先参观许多非常吸引人的玩具，并被告知"不许玩这些玩具"。然后将这些儿童分成三组，前两组分别看不同的电影短片：第一组是榜样-奖励组，影片情节是一个小孩正在玩大人规定不许玩的玩具，孩子的母亲看见了，不仅不阻止，反而高兴地和他一块玩；第二组是榜样-批评组，情节类似，不同的是孩子的母亲严厉地批评了他，小孩马上放下玩具，用毯子捂住脸，显得很害怕；第三组是无榜样组，不给看电影。
>
> 随后，让每一个孩子都单独在玩具房间里逗留15分钟。第一组的儿童很快就开始玩玩具，平均克制时间仅80秒；第二组儿童则保持了长得多的克制时间，平均达7分钟，最长的15分钟内一直不动；第三组介于两者之间，平均为5分钟。

四、小学生道德意志的发展

道德意志是指个体在一定道德观念指导下，自觉地调解内心矛盾，克服内外困难，使自己的行为符合社会道德要求的心理过程。它是调节道德行为的内部力量。在现实生活中充满了种种诱惑，这就需要坚强的道德意志作为后盾来抵制诱惑。所以说道德意志也是道德认识转化为道德行为的保障。

（一）小学生道德意志发展的特点

小学生道德意志的发展主要有两个层次，即抗拒诱惑和勇于奉献。首先要学会抗拒各种诱惑刺激，约束自己，遵守社会道德规范，避免违反社会禁忌。然后在此基础上再发展勇于奉献的精神。小学生的抗拒诱惑能力比幼儿期有了一定进步，奉献精神还处在低级的水平。

小学生道德意志的发展特点主要体现在坚持性、自制性、自觉性和果断性四个方

---

① 伍新春. 儿童发展与教育心理学［M］. 北京：高等教育出版社，2004：342.

面。整个小学阶段，道德意志的坚持性是随着年级增高而增长，但总体水平不高且不太稳定，他们很难长时间地坚持某种道德行为。自制性的发展也比较缓慢，四年级和六年级时期发展速度较快，但总体上还是在起步阶段。小学低年级学生的道德行为基本上是被动的，是在教师的指导或者监督下进行的，直到高年级才逐渐产生主动的道德行为并发展迅速。同样，自觉性也是随年龄的增长而逐步提升。小学阶段的学生道德意志的果断性都比较差，表现为优柔寡断、冲动或冒失。

（二）小学生道德意志的培养

1. 培养有规律的生活和学习习惯

形成有规律的生活习惯是培养小学生意志品质的重要途径之一。培养小学生严格遵守生活制度的习惯，对其意志力的培养非常重要，教师要重视在这方面的指导与督促，注意从日常小事抓起。小学生从进学校的第一天开始，老师、家长就应该帮助他们安排好学习与作息制度，例如按时起床、准时到校、上课专心听讲、完成作业后再玩耍等，并且教育他们要自觉遵守。同时，要注意经常有意识地培养学生抗干扰的能力，使他们在执行规定的过程中，即使遇到各种干扰，也能够控制自己，努力按既定规则办。

培养小学生的意志品质，也需要从日常生活小事做起，要求他们定时地完成任务。目标一旦确定，就要从始做到终，不要中途松懈，或和自己妥协而半途而废。所谓生活小事，也包括学生的一些小缺点，比如说话的声音太小、害怕登台讲话等。必须教育小学生敢于和自己的这些缺点作斗争。这样，学生既克服了缺点，又锻炼了自己的意志。

2. 设计专项活动，锻炼小学生的意志品质

专项活动是培养小学生意志品质的重要途径之一。学校和教师应积极组织一些专项活动，如军事训练、冬令营、夏令营、远足、体验贫苦生活、意志训练游戏等。这些活动更能有针对性地训练小学生的意志品质。同时，组织和引导他们参加体育运动也能培养小学生的意志品质。不同的体育运动项目可以培养不同的意志品质。例如，长跑、滑冰、滑雪、游泳可以锤炼小学生的顽强性和坚韧性，而跳水、登山等可以锻炼小学生的勇敢和果断性。

3. 创设困难情境，培养小学生优良的意志品质

意志行动表现出明确的目的，并与克服困难相联系，因此，意志品质的培养必须与克服困难相结合。所以，教师和家长应该为小学生创设一定的困难情境，为其意志品质的发展提供机会，但困难的程度必须切合小学生的实际能力，过难或过易都可能造成消极影响。如情境过难，将使小学生严重受挫，产生自卑；而情境过易，则激不起小学生的兴趣。只有那些需要克服一定困难而又没有超越小学生实际能力太多的任务，才可以锻炼小学生的意志力。同时，给予小学生的困难活动必须是对小学生有益的，必须使小学生能分辨是非，使其认识到锻炼意志不等于去冒险或盲动。在锻炼小学生意志的过程中，教师和家长对小学生取得的好的结果，应当立即给予肯定，使小学生逐步形成克服困难的坚强意志。

第三节　小学生品德不良的矫正

在小学阶段班级里经常有一些让教师头疼的"淘气包""捣蛋鬼"，因为他们"软

硬不吃"，教师常常拿他们没办法。但是也有教师找到了好办法，比如对体育素质好的学生，就表扬他有一技之长，有可取之处，让他有成就感，然后让他担任体育委员，由于他要先管好自己才能管别人，进而慢慢就不再是"淘气包"了。

一、品德不良及其表现

品德不良是指个体具有不符合道德要求的品质、经常发生违反道德准则的行为或犯有较严重的道德过错。儿童品德不良的行为后果比较严重，有的甚至走到了犯罪的边缘，教育者必须给予足够的重视。品德不良行为的个体一般都存在着错误的道德认识和不良的道德行为习惯，常表现为有偷窃、流氓行为和严重的打架斗殴等。

品德不良个体一般具有以下特点：

（1）行为受不良认识和错误思想支配，行为是有目的性的，个体对行为后果没有自责和悔恨。

（2）不良行为出现频率高、次数较多。

（3）严重行为不良者会损坏他人和集体的利益，带有严重的扰乱性和破坏性，在一定程度上影响学校和社会的安定。

二、小学生品德不良的产生原因

小学生品德不良是在某种客观条件的影响下，因错误的认识而引起的。为了更好地对小学生品德不良行为进行预防和矫正，下面我们从客观因素和主观因素两个方面来分析品德不良产生的原因。

（一）客观因素

1. 家庭因素

家庭因素至关重要，父母和子女的接触时间最多，父母是子女的终身教师。儿童品德的发展状况同家庭环境和家庭教育有着密不可分的关系。品德不良的孩子所在家庭一般有如下几种情况：第一，父母缺乏正确的教育观念，教育方法不当，对孩子或者一味地溺爱、过分迁就，或者粗暴专制、管教过严，这可能会使孩子形成自私、任性或懦弱、暴躁的性格；第二，同一家庭中不同家长对孩子的教育态度不一致，使孩子无所适从，这可能会使孩子形成见风使舵的坏习惯；第三，家庭结构不良，孩子缺乏亲人关爱，可能造成心理上的缺陷，进而影响品德的发展；第四，父母本身作风不良，没有起到良好的行为表率作用。

2. 学校因素

品德的形成是一个不断社会化的过程，我们称之为品德的社会化。学校是品德社会化的主要场所。学校不仅要教给学生思想品德理论知识，更要为学生思想品德的培养提供各种训练活动。学校教育观念偏颇和教育方法失误会给学生思想品德的形成造成不良影响。例如，片面追求升学率，忽视道德教育；对学生不能一视同仁、公正对待；对后进学生只看缺点，不看优点，总是批评，不予表扬；个别教师本身品德不佳等，这些问题都可能会直接或间接地影响学生良好品德的形成。

3. 社会因素

社会因素对儿童品德的发展有着不可忽视的作用。社会因素主要包括社会关系和社会风气。社会关系中主要是同伴群体。归属于一个群体是一个人的正常需要，因此正式群体和非正式群体都会对学生有一定的吸引力，他们试图让自己言行与同伴群体保持一致，以得到同伴群体的接纳和认可。所以，儿童一旦接触不良的同伴群体，很容易误入歧途。社会风气主要包含社会舆论和大众媒介等，当学生不再"两耳不闻窗外事，一心只读圣贤书"时，他们会时刻受到社会风气的影响，小学生的判断能力有限，很容易受到社会不良风气的影响，从而出现品德不良现象。

（二）主观因素

1. 缺少正确的道德认知

小学生因为道德认识模糊和错误，或者缺乏道德认知，就会出现违背道德准则的行为。例如，当教师批评"个人英雄主义""哥们义气"时，学生反而沾沾自喜、洋洋自得，更加逞强闹事。显然，这是由于学生对于"兄弟义气"和"英雄"的认识不完整，从而导致道德行为上的偏差。

2. 缺失理性的道德情感

有的学生缺乏正义感，善恶颠倒，美丑不分，盲目狂热，有的滥讲哥们义气，这样的学生极易发生品德不良行为。

3. 缺乏坚定的道德意志

有些学生尽管知道正确的道德行为准则和规范，但是在面对生活中的种种诱惑或困难时，由于道德意志不坚定，自制力不强，正确的道德意识不能战胜不合理的个人需要，就会被不良诱因所驱使，从而做出不道德的行为。

4. 存在性格缺陷

性格制约着个体的行为，学生性格上存在某些缺陷（如自私自利、性情暴躁、任性执拗、敏感多疑等），会使得这个学生在应对问题时出现行为偏差，如：只顾及个人私利，无视他人和集体利益；头脑冲动，用拳头解决问题；等等。

拓展阅读

中小学生常见过错行为的类型[①]

国内学者一般把中小学生中常见的过错行为划分为过失型、品德不良型、攻击型和压抑型等四种类型，每种类型各有自身的特点，需要采用不同的教育方法。

（1）过失型：属于程度较轻的品德纪律问题，一般由不正当或不合理的需要或单纯由好奇、冲动、试探、畏惧等心理引起。这是由于缺乏知识经验和认识能力不足而产生的违反纪律或一般行为规则的行为，带有情境性、偶发性、盲目性等特点，呈现出随着年龄的增长而递减的趋势。这类行为的可塑性最大，如果得到及时得当的教育，转化过程会比较快。

（2）品德不良型：属于程度较重的品德纪律问题，主要由不良需要引起，受已形成的某些不良意识倾向或个性特点所支配。这是一种有意识地违反道德规范、损

---

① 赵俊峰. 教育心理学［M］. 北京：高等教育出版社，2011：234-235.

害他人和集体利益的不良行为，带有经常性、倾向性、有意性等特点，在青少年中还可能带有集团性。品德不良型行为呈现随着年龄的增长而增加的趋势。此类行为的转化需要教育者的耐心引导，转变过程较长，且易出现反复。

（3）攻击型：属于情绪性格问题。这是由挫折造成的愤怒、不满等不良情绪，并受一定的气质性格所制约。在与他人发生冲突情况下产生发泄、对立、反抗、迁怒等攻击性行为，一般带有公开性、爆发性等特点，在少年期发生率更高。此类行为表现明显，需要加强道德情感和自我控制力的教育，转化过程较快。

（4）压抑型：属于情绪性格问题。这是由受挫折引起的焦虑并受一定的气质性格所支配。在挫折持续作用的条件下所产生的逃避、消极、自暴自弃等行为，一般带有隐匿性、持续性等特点，在青年初期有增加的趋势。此类行为比较隐蔽，不易被发现，转化过程较长。

5. 心理需求未能得到满足

品德不良的学生通常会受到教师和同学的排斥，感受不到集体的温暖和被人尊重的感觉，而爱和尊重的需要对个体来说是重要的社会需要之一，当这些需要不能得到有效满足时，学生就会产生孤独和挫败心理，对自己丧失信心，导致其出现"破罐子破摔"的行为，或故意出现不良行为，以期引起家长和教师的关注。也有些学生把注意力转向校外群体，以满足归属的心理需要，从而受到社会不良习气的影响。

品德不良没有年龄界限，但较多出现在青少年时期。这和青春期发育这个特殊心理时期有关，但青春期的心理特点本身并不会直接导致品德不良行为的发生。品德不良是在内外因素的相互作用下出现的，在不同学生身上体现不同，因此教师和家长应注重对不良影响因素的预防和控制，为学生品德的健康成长提供良好的内外部环境。

三、小学生品德不良行为的矫正

（一）小学生品德不良行为的矫正步骤

1. 醒悟阶段

醒悟阶段是指有品德不良行为的小学生，由于某些原因开始认识到自己的错误，从而产生改过自新的意向。这种意向一般会在以下两种情况下产生：一是在生动事例的触动下或所信赖的成人的教导下。比如，在自己崇拜的老师、自己深爱的亲人的关心、感化下产生改过自新的念头，觉得再不悔改就对不起关爱自己的人。二是学生意识到品德不良行为后果所造成的危害和严重性，产生了罪恶感，想改过自新。

在对品德不良学生进行教育时，教师首先要让学生消除对自己的不信任感，对自己产生好感，慢慢地感化他，使其产生改过自新的意愿。

2. 转变阶段

转变阶段是建立在醒悟阶段基础之上的，即品德不良的学生受悔改意向的支配，在行为上发生一系列积极的变化，从而达到社会道德标准的要求。此时，教师应当抓住醒悟和转变的契机，因势利导，使学生澄清观念，纠正行为。教师要从感情上感化学生，对其正面行为及时给予奖励、表扬。在行为矫正过程中，教师要对品德不良的学生出现反复的现象给予宽容，要有耐心，及时鼓励学生的每一点进步。

3. 稳固阶段

学生的品德不良行为在矫正之后，如果在较长一段时间内没有反复或很少反复，则表明其进入了稳固阶段。对于进入稳固阶段的学生，教师应加倍关心和爱护他们，并给予他们足够的信任和尊重，不要旧事重提。教师应鼓励他们，让他们对自己的前途有信心，但同时也应注意提醒他们不要骄傲自大，督促他们不断进步。

青少年学生的可塑性较强，思想也尚未定型，教师如果能够采取符合其心理活动规律和心理特点的教育措施，给予其真诚的关爱和引导，提供积极健康的成长环境，对其改正不良行为将会有很大帮助。

（二）小学生品德不良行为的矫正方法

1. 了解动机，找准需求

矫正品德不良行为的方法要有针对性才会有效果。因为引发学生品德不良行为的动机有很多，同样一种动机也有可能是由不同的需要引起的。如某个学生经常欺负其他同学，可能是因为他觉得欺负了他人会显得自己很厉害，也有可能是想引起老师们的注意；如果只是给予这个学生批评，那么就有可能没有从实质上解决问题。只有家长和教师充分了解引发学生品德不良行为的动机，才能使品德不良行为的矫正工作具有针对性，从而取得事半功倍的效果。

2. 改善关系，消除对立

品德不良的学生往往会受到教师的批评和同学的歧视，这样一来他就认为别人讨厌自己，最终产生敌对情绪。教师应该尊重学生，分场合、分时间、分地点地对品德不良的学生进行教育，避免伤害他们的自尊心；充分利用班级中优秀学生和班干部，让他们从学习和生活上关心品德不良的学生，主动和他交朋友，不歧视，不排斥；多与家长沟通，争取为品德不良学生创设温暖的环境，调整教养方式，让学生从多方面感受到温暖和真诚，最终消除敌对情绪。

3. 正确认知，明辨是非

道德认识水平低下是所有品德不良学生的通病，甚至有的学生根本没有意识到自己行为后果的严重性和危害性。这就要求教师开展德育教育，提高相关学生的认识水平；利用身边的实例耐心讲道理，在学校和班级创设良好的舆论氛围，让学生明白什么行为是对的、什么行为是错的；在生活和学习中树立榜样的作用，内化学生的道德行为。

4. 强化习惯，提高自控

坚强的意志力在学生品德形成过程中具有重要的作用。教师可通过举办多样的活动来训练学生的意志力，比如登山、拔河等。品德不良行为在矫正中可能会有反复，教师应该耐心地鼓励学生，可以选择用角色扮演来考验其意志力。

5. 集体教育，及时表扬

社会心理学研究表明，群体有它特有的心理效应，比如社会促进作用、模仿和暗示、群体舆论、凝聚力等。个体在群体中的角色和地位对其心理有显著的影响。教师可以运用"角色扮演"的方式（如让学生轮流做班干部或者值日生）来促使学生改正不良行为；要及时发现学生的点滴进步，给予其奖励和表扬；还应注意培养学生的集体荣誉感等。

6. 注意差异，因材施教

个体会有气质和性格差异，教师应注意根据个体的年龄特征和个性差异因材施教。例如，对于抑郁质、黏液质的学生，可以从情感上感化，切不可粗暴地打骂；对于胆汁质、多血质的学生，需要采用相对比较严厉、多样的方法对其进行教育。

7. 及时沟通，争取支持

教师应及时与家长沟通联系，让学生在家庭中体会温暖。家长也应积极配合教师的矫正策略，同时还要争取社会各界的支持，必要时可通过联合举办活动来教化学生。

☞ 本章小结

品德即道德品质，是社会道德在个人身上的体现，是心理学家研究的重要内容之一。我们要从道德认识、道德情感、道德意志和道德行为四个方面来理解品德。品德有其自身的发展规律，每个阶段都有每个阶段的特点。对品德的研究已经形成了比较完整的理论体系，但不同的心理学家对品德的发展阶段看法不同。小学阶段是品德发展过程中的重要阶段，小学生品德发展有其自身的特点。但因为小学生意志力不坚定，会出现品德不良的现象。教师应该寻找学生品德不良的原因，有针对性地纠正学生品德不良行为，使学生形成良好的品德，成为社会真正需要的人才。

☞ 本章要点回顾

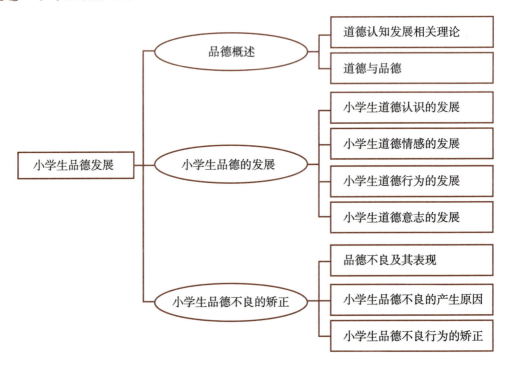

第六章

小学生学习心理

☞ **学习完本章，应该做到：**

◎ 了解智力与非智力因素。
◎ 熟悉学习动机的含义，并能运用有关知识分析如何培养小学生的学习动机。
◎ 掌握学习策略的训练原则和训练方法。

☞ **学习本章时，重点内容为：**

◎ 小学生学习动机的发展及培养。

☞ **学习本章时，知识要点与具体方法为：**

本章从智力和非智力因素的概念入手，分析了它们和学习的关系，以及小学生智力的发展，接下来从学习动机和学习策略两个方面阐述了小学生学习动机的发展特点及培养和学习策略的训练。通过这些内容的学习，帮助教师更好地运用相关知识分析如何培养小学生的学习动机。

【引子】

如果你是一位小学教师，当学生们问道："老师，我们为什么非要读书呢？我们怎么样才能读好书呢？"你会怎么回答呢？要回答这个问题，便涉及学习动机及学习策略的问题。教师不应该是灌输知识的机器，而是学生的引导者。教师如果能够成功地唤起和正确地引导学生的学习动机，那么教学就成功一半了。有了学习动机，学生能成为学习的主导者，在科学的学习策略的导引下展开自主学习，知识的内化效率就会更高。

第一节　小学生的智力发展

一、智力与非智力因素

（一）相关概念

智力是指认识、理解客观事物并运用知识、经验等解决问题的能力。构成智力的因素主要有六个：观察力、记忆力、注意力、想象力、思维力和创造力，其中，思维力是智力的核心，创造力是智力的最高表现。

非智力因素，是指除智力因素之外，影响智力活动和智力发展的那些具有动力作用的个性心理因素。非智力因素主要包括需要、动机、兴趣、情感、意志、气质和性格等。在个性心理结构中，诸多非智力因素组成了彼此联系、相互制约与相互作用的动力系统，是人的个性中最活跃、最积极的因素，它决定着人进行活动的积极程度。

人们在学习过程中，其学习动机、情绪情感及个性特质对学习成果有很大影响。

（二）智力因素、非智力因素与学习的关系

1. 智力因素对学习起直接作用，非智力因素则起间接作用

在学习中，必须有智力因素的积极参与。如果没有智力因素的参与，学习便会寸步难行，因为知识和技能总是通过观察、记忆、想象、思维和注意等来获得的。如果没有非智力因素的参与，学习活动照样可以进行，只是效果不好而已。可见智力与非智力因素的结合，就是其直接作用与间接作用的结合。

2. 智力因素是学习的心理结构，非智力因素则是学习的心理条件

智力的六个因素以思维为核心，组成一个完整的结构，这个结构也就是学习的心理结构，也正因为如此，智力才对学习产生直接作用。而非智力因素只是对学习起间接作用，它只是学习的心理条件。

3. 智力因素是学习的执行——操作系统，非智力因素则是学习的动力——调控系统

学习的运作，总是由智力的六个因素来执行的；没有智力操作，便无所谓学习。这显然是由智力因素对学习的直接作用及其心理结构来决定的。在学习的过程中，还会遇到这样或那样的困难或障碍，必须有非智力因素的积极参与，来推动、引导、维持、调控学习进程，以保证学习的有效进行。这显然是非智力因素对学习的间接作用与心理条件的具体化。可见智力因素与非智力因素的结合，就是其操作系统与调控系统的结合。

（三）小学生智力的开发

开发小学生的智力，教师可以从以下四个方面进行。

1. 激发小学生的学习兴趣

为了让小学生在学习的过程中感受到学习的乐趣，从而乐学、愿学，教师除了不断提高自身的人格魅力外，还须掌握更多的教育教学理论与技能，能运用现代化的教育教学手段，如在教学中适当运用多媒体课件，让无声的学习材料充满声音活力，让静态的图画材料充满动感，让枯燥无味的学习内容丰富多彩，把一些难以理解的知识变得生动有趣，从而激发小学生的学习兴趣。

2. 为小学生创设学习情境

教师应为小学生提供独立活动、自我表现的机会和条件，在问题情境中，鼓励小学生多质疑，多提不同的观点和看法，由此及彼，衍生开来，提出崭新的、有创造性的问题。同时，教师应引导小学生既要敢于坚持己见，又要善于接纳别人的正确观点，从而在问题讨论中获得最大收益。只有这样，才能最大限度地激发小学生的创造性思维。

3. 引导小学生确立学习目标

如果没有明确的学习目标，小学生就会出现懈怠情绪，学习就没有积极性。所以，教师可以在教育教学过程中对小学生进行学习目标教育，也可以在学校组织的各项活动中对小学生进行学习目标教育。确立学习目标时，应注意目标应由小渐大、分级确立。这样做既能让小学生逐渐确立目标，又能让他们在逐步实现各级目标的过程中感受到成功的喜悦。

4. 锻炼小学生的学习意志

在教育教学过程中，教师应加强小学生学习意志的培养。意志坚定的小学生，能够在学习过程中自觉地克服困难，不断进取，不会绕道而行或知难而退。通过刻苦学习、生活实践和身体锻炼（如长跑、爬山、体力劳动、对作业的严格要求等）以及榜样的激励等，都能培养顽强的意志品质。

二、超常儿童的发展

（一）超常儿童的定义

超常儿童是指智力发展显著超过同年龄常态儿童水平的儿童，或具有某种特殊才能，能创造性地完成某种或多种活动的儿童。超常儿童的心理结构不仅包括优异的思维力和创造力，还包括良好的个性倾向和品质。

（二）超常儿童的培养

对于超常儿童的培养可以从以下三个方面进行。

1. 注重超常儿童的心理健康

超常儿童年龄小，社会化程度和心理发育远不如智力发展得快，很容易出现不适应情形，更应培养其良好的个性倾向和特征，教师应激发他们树立远大的理想，陶冶高尚的情操，培养他们良好的道德及奉献精神，并帮助他们发展独立学习、独立研究和解决问题的能力，以及发展自我意识，形成正确的自我评价、自我调节、自我教育的能力。

2. 拓宽超常教育的培养目标

超常教育的培养目标，应从培养知识型人才转变到培养智能型人才和创造型人才上来。超常教育的目标不仅要开发超常儿童的智力，更重要的是要培养他们的非智力因素，重视对他们的情绪情感及个性特质、社会适应能力的培养，有针对性地给超常儿童提供各种机会和教育条件，使他们的优异禀赋或特殊才能得到不断激励和促进，使之持续发展，达到最好的水平。

3. 改变单一的超常培养模式

从理论上讲，有多少种类型的超常儿童，就应该有多少种超常教育的培养模式。而我国多年来超常教育的主流模式是加速式教育，片面的"快"使教育偏离了促进超常儿童自由、全面、和谐发展的大方向。因此，应该改变单一的超常教育模式，因地制宜、因材施教，将多种超常教育模式综合使用，使它们优势互补，各尽其能。

三、低常儿童的发展

（一）低常儿童的定义

低常儿童是指智力发展显著落后于同龄儿童平均水平或智力发展上有严重障碍的儿童。有些低常儿童往往表现出比较自卑，情绪紧张、压抑，缺乏自信心，思维方式绝对化等。大多数有智力障碍的儿童，尽管在学习中会遇到许多困难，但他们仍具有可塑性。在教师的悉心帮助下，有些低常儿童的智能也可以得到很好的发展。

（二）低常儿童的培养

1. 活动多样化

低常儿童入学前都存在着不同程度的刺激剥夺，往往参加活动少，与外界接触少，因而感性知识贫乏。要尽量多组织他们参加校外活动，如参观、游园、观看表演等；校内活动也力求多样化，平时组织丰富多彩的游戏等，这些对低常儿童的培养都非常有帮助。

2. 内容形象化

低常儿童感知觉迟钝，范围狭窄，区别能力弱，教师可以将教材加以改造，使其形象化、具体化、歌谣化，便于学生感知。如学汉语拼音时，为了区别"l、t、f"，可以将其比喻为"小棍儿 l、伞把儿 t、拐棍儿 f"等。教师在教学中应尽量借助实物、模型、图画，防止学生感觉乏味枯燥。

3. 态度细致化

教师对低常儿童要特别热心、耐心、关心。对于个别生活不能自理的学生，要及时予以帮助。在学习上，只要学生有点滴进步，就要及时进行表扬。教师对低常儿童应做到不斥责、少批评，使其处在和谐友爱的气氛中，增强其自信心。

4. 训练及时化

低常儿童的低能并非表现在所有方面，教师要善于发现他们擅长的方面，因势利导，调动其积极性。例如，有的学生脾气暴躁，坐不住，可是很爱劳动，教师可以加以鼓励，并利用各种机会反复强化，就可以使他逐渐变得遵守纪律、热爱学习。

5. 学习正常化

低常儿童的培养要立足于培养能力、发展智力。对低常儿童不能搞单纯适应，一般来说，这样的儿童都有各自的病理特点。施教时，教师要在适应他们特点的基础上，立足培养能力，促其发展，具体包括品德的培养、知识的掌握、体质的增强等。

第二节　小学生的学习动机

一、学习动机概述

（一）动机及其功能

所谓动机，是指直接引起、维持并推动个体活动以达到一定目标的内在心理动力。动机是一种内部心理过程，无法直接观察到。动机是人们从事某种活动的原因，是人们进行某种活动的内部动力。

从动机与行为的关系上看，动机有以下几种功能。

1. 激活功能

动机会促使人产生某种活动，具有发动行为的作用。动机能使个体由静止状态转向活动状态。例如，为了消除饥饿而进行择食活动，为了获得优秀成绩而勤奋学习，为了摆脱孤独而结交朋友，为了受到赞扬而努力工作等。动机激活力量的大小，是由动机的性质和强度决定的。

2. 指向功能

动机不仅能激发行为，而且能将行为指向一定的目标或对象。如在学习动机的支配下，人们可能去图书馆或教室；在成就动机的支配下，人们可能会去选择具有挑战性的任务；在择食动机的支配下，人们可能去饭店或食堂等。动机不同，人们活动的方向和目标也会有所不同。

3. 维持和调整功能

当活动产生以后，动机可以维持和调整活动直到选择的活动完成为止。如在学习动机的作用下，小学生为了解决一道语文题，会产生一系列的学习活动，或者是查阅课外书，或者上网查资料，或者请教老师，直至问题解决，目标达成。

（二）学习动机与学习效果

学生的学习同样受动机所支配，这种动机就是学习动机。学习动机是直接推动学生进行学习活动的一种内在心理因素或内部动力。例如，一个小学生想当一名优秀学生，于是就坚持认真听课和完成作业，这种推动学习活动、想当优秀学生的愿望就是学习动机。学习动机使得学生个体发动、维持其学习活动并使其指向一定目标。一个小学生是否想学习，为什么学习，喜欢学习什么，以及学习的努力程度、积极性、主动性等，都能够用学习动机加以说明。

学习动机不仅具有激发、指向、维持的功能，也直接关系到学习效果。关于学习动机与学习效果的关系，美国心理学家耶克斯与多德森于1908年就提出了耶克斯-多德森定律，其核心思想是：学习效果先随学习动机水平的升高而升高，到顶峰值后学习效果又随学习动机水平的升高而降低。这说明适中的学习动机水平才能使学习效果达到最好。也就是说，当学生的学习动机很低，对学习持漠然态度时，学习效果是差的；然而当动机过强时，由于机体处于高度的紧张状态，其注意和感知的范围过于狭窄，反而限制了正常活动，因此学习效果也不好。考试就是最好的例子，在考试复习中做了充分准备的学生，一心想在考试中考出好成绩，但往往事与愿违，这就是因为动机过强，反而降低了效果。因而，为了使学习活动卓有成效，就应避免动机强度过低或过高。

这种适中的学习动机水平又随着学习的复杂程度而变化。对于简单的学习，学习动机水平适中偏高时学习效果最好；对于高度复杂的学习，学习动机水平适当偏低时学习效果最好。

可见，学习动机过强或过弱对学习都是不利的，只有当学习动机的强度处于最佳水平时，学习活动才会有最理想的效果。既然学习的动机与学习的效果之间有着复杂的关系，教师就要防止给小学生提出过高的目标或施加过大的压力，以免增加小学生的焦虑，影响他们的学习效果。

学习动机与学习效果之间的关系是以学习行为为中介变量的，有良好的学习动机，没有良好的学习行为和学习习惯，也不可能取得好的学习效果。因而，在进行小学生学习心理辅导时，不仅要重视学习动机的辅导，也要重视学习行为和学习习惯的辅导。

二、学习动机的分类

学习动机是非常复杂的，其分类方法和角度也很多，这里只介绍三种对教学实践比较有影响的分类。

1. 近景的直接性动机和远景的间接性动机

根据学习动机的作用与学习活动的关系，学习动机可以分为近景的直接性动机和远景的间接性动机。近景的直接性动机与学习活动直接相关，来源于学生对学习内容或学习结果的兴趣。远景的间接性动机与学习的社会意义和个人的前途相关联。例如，一名师范生想成为优秀的教师，为培养下一代做出贡献，这个动机促使他努力学习各科知识，积极锻炼身体，参加学校的各项活动，这种动机是远景的间接性动机；如果仅仅是为了考试得高分或是应付老师的提问而努力学习，这种动机就是近景的直接性动机。

2. 内部动机与外部动机

根据动力的不同来源，学习动机可以分为内部学习动机和外部学习动机。

内部动机是指人们对学习本身的兴趣所引起的动机。动机的满足在活动之内，不在活动之外，它不需要外界的诱因、惩罚来使行动指向目标，因为行动本身就是一种动力。如有的学生喜爱数学，他便在课上认真听讲，课下刻苦钻研。

外部动机是指个体由外部诱因所引起的动机。动机的满足不在活动之内，而在活动之外，这时人们不是对学习本身感兴趣，而是对学习所带来的结果感兴趣。如有的学生是为了得到奖励、避免惩罚、取悦老师而努力学习等。

具有内部动机的学生能在学习活动中得到满足，他们积极地参与学习过程，而且在教师评估之前能对自己的学业表现有所了解，他们具有好奇心，喜欢挑战，在解决问题时具有独立性。而具有外部动机的学生一旦达到了了目的，学习动机便会下降。另外，为了达到目标，具有外部动机的学生往往采取避免失败的做法，或是选择没有挑战性的任务，或是一旦失败，便一蹶不振。

3. 认知内驱力、自我提高的内驱力和附属内驱力

美国认知教育心理学家奥苏贝尔指出，一般称为学校情境中的成就动机至少应包括三种内驱力，即认知内驱力、自我提高的内驱力以及附属内驱力。奥苏贝尔认为，学生所有的指向学业的行为都可以从这三种内驱力加以解释。当然，随着学生年龄的增长，这三种内驱力在个体身上的比重会有所改变。

所谓认知内驱力，即求知欲，是指想要了解、理解知识信息并阐明与解决有关问题的需要。这种内驱力多是从好奇的倾向与探究、操作、领会以及应付环境等有关心理因素中派生出来的。学生聚精会神地注视蚂蚁活动情景的行为，就是认知内驱力推动的结果。学生对学科的认知内驱力是在学习过程中逐渐形成的，并反转过来又成为推动学习的较稳定的学习动机。

所谓自我提高的内驱力，是个体因自己的胜任能力或工作能力而赢得相应地位的需要。这种需要从儿童入学开始，日益显得重要，逐渐成为成就动机的重要部分。例如，学生在学习中力求以优良的学习成绩来达到名列前茅的需要，就是一种自我提高的内驱力。一般来说，任何学生都有某种程度的自我提高的内驱力。学生这种内驱力

一经作用于踏踏实实的学习过程中，就会促进学习并获得良好的成效。

所谓附属内驱力，是指为了获得他人或社会对自己的认可和赞许而努力学习或工作的需要。它是把目标的追求指向自己获得外界的认可或赞许。例如，儿童为获得别人夸奖而唱一支歌就是这种内驱力的表现。一般来说，附属内驱力的作用和人的年龄成反比。年龄越小，附属内驱力越强，年龄越小越喜欢得到别人的赞扬。研究表明，附属内驱力对学生的学习有较大的推动作用。因此，教师和家长对学生在学习中取得的进步，应恰如其分地给予评价，只有这样才能真正鼓励学生进一步学习；否则，将适得其反。

三、小学生学习动机的发展特点

小学生的学习动机有一个发展的过程。一般来说，它是从比较短近的、狭隘的学习动机逐步向比较自觉的、远大的学习动机发展；从具体的学习动机逐步向富于原则性的、比较抽象的学习动机发展；从不稳定的学习动机逐步向比较稳定的学习动机发展。这个过程反映了小学生学习行为的动机及整个学习活动的水平。教育的任务是逐步引导小学生能够较早地从前者向后者过渡。

1. 小学低年级学生学习动机的发展特点

小学低年级学生的学习动机是与其学习活动本身直接相联系的，是一种比较简单、短暂的动机。其主导动机是教师和家长的叮嘱和要求，还有希望得到表扬和认可。低年级学生还喜欢手工、美术、体育等课程，他们感到这些课程十分新鲜有趣，喜欢的就学，不喜欢的就不学。低年级学生还会出现考试成绩好、经常受到老师表扬的课就愿意听的现象。也就是说，小学低年级学生的学习动机多数属于外部动机，主要靠对活动本身的兴趣或者来自外界的压力来维持某种行为，对学习的社会意义不理解，或者说理解得很少，因此多数学生对学习结果不大关心。

2. 小学中年级学生学习动机的发展特点

小学中年级是小学生思维发展、学科兴趣分化和自我意识发展的重要时期，从情感外露、浅显、不自觉向内控、深刻、自觉发展。与小学低年级学生相比，小学中年级学生的学习动机有所下降；同时，随着学习内容的增加和难度的增大，学习的激励作用有所减弱，但学生的独立性增强，盲目性不断减少，学习的自觉性不断增强。

3. 小学高年级学生学习动机的发展特点

小学高年级学生的学习动机，一方面由于学习内容的丰富和日益深化，学生的兴趣也更为多样化，对学习的推动作用更大、更强；另一方面，这个时期许多学生的责任感和集体荣誉感常常成为学习的强大动力。在完成作业方面，学生的自觉性有所增强，减少了对家长和教师的依赖，能够自觉主动地完成作业。他们的学习动机提高了一大步，更富有社会意义。

总体来说，在小学生的学习动机中，外部学习动机始终占据着主导地位，内部学习动机还处在不断的发展过程中，并且具有长远社会意义的自我实现动机正经历着从无到有的过程。这主要与小学生自我意识的发展阶段以及学习环境的特点有关。这就提示我们，在培养与激发小学生的学习动机时应充分考虑到其发展变化的规律，因"时"制宜。

四、小学生学习动机的培养

1. 创设问题情境，实施启发式教学

要想实施启发式教学，关键在于创设问题情境。所谓问题情境，指的是具有一定难度，需要学生努力克服，而又是他们力所能及的学习情境。这种"问题情境"使学生不能单纯利用已有的知识、习惯及方法就可解决，这就可能会激起学生思维的积极性和求知的需要。所谓"不愤不启，不悱不发"，就是在学生对所要解决的问题达到心求通、口欲言的状态时再去启发。教师应积极创造这种"愤"和"悱"的情境。

在小学阶段，要想创设问题情境，首先要求教师熟悉教材，掌握教材的结构，了解新旧知识之间的内在联系；其次要求教师充分了解学生已有的认知结构，使新的学习内容与学生已有水平构成一个适当的跨度。教师在创设问题情境时需要注意以下几点：

（1）问题要小而具体；

（2）问题要新颖而有趣；

（3）问题要有适当的难度；

（4）问题要富有启发性；

（5）要在学生力所能及的范围内，引导他们自己得出结论，自己概括出定义、定理和法则，即引导学生进行研究性学习。

2. 利用学习结果的反馈作用

让小学生及时了解自己学习的结果，会产生相当大的激励作用。反馈可用来提高具有动机价值的将来的行为。因为学生知道自己的进度、成绩以及在实践中应用知识的成效等，可以激起他们进一步学好的愿望。同时，通过反馈的作用又可使他们及时看到自己的缺点和错误，及时纠正并激发上进心。

要使反馈成为一个有效的激励因素，教师应该努力做到以下几点。

（1）明确的反馈应该是告诉学生对（错）在哪里，这样他们就会知道以后应该怎么做。例如，若要表扬学生某项任务完成得好，那就要具体指明好在何处。例如，"干得不错！我很高兴你能用字典中的检字表来查找练习本上的生词。""这是篇好文章，你首先陈述了自己的观点，然后列举了相关的事实来支持自己的观点，你在拼写和词汇选用方面也很仔细，我很高兴。"

（2）及时反馈。如果一个学生星期一完成的作业一直拖到星期五才得到反馈，那么反馈的信息价值和激励价值都会降低。首先，如果学生出现了错误，那么他们在这一周都会延续类似的错误，而这种情况完全可以通过及时反馈加以避免。其次，行为和行为结果之间的时间间隔较长，学生难以将二者联系起来，对于年幼的学生来说尤其如此。

（3）经常反馈。行为主义学习理论研究证明，不管奖励多么有效，如果奖励的次数不够频繁，那么奖励对改善行为没有多大作用。频繁地给予小奖励比偶尔地给予大奖励更能促进学生的学习。对考试频率的研究表明，经常性地用一些简短的测验对学生的进步进行测试，其效果要好于不经常的、较大的考试。相关研究还表明了课堂中提问的重要性，经常向学生提问，可以使学生获得对自己理解程度的认可等。

3. 正确运用竞赛与评比

一般认为，竞赛是激发学习积极性和争取优良成绩的一种有效手段。因为在竞赛

过程中，小学生的好胜性动机和求成的需要会更加强烈。学习兴趣和克服困难的毅力会大大增强，所以多数人在竞赛情况下学习和工作的效率会有很大的提高。然而，竞赛有时也具有消极作用，过多的竞赛不仅会失去激励作用，还会造成紧张气氛，加重小学生负担，有损小学生身心健康。所以，竞赛中应尽可能地做到以下几点：

（1）按能力分组，使尽可能多的学生获得成功；

（2）按项目分组，使不同特长的学生有施展才华的机会；

（3）鼓励学生自己和自己竞赛。让学生从自己的过去与现在的进步中获取动力，争取这次成绩比上次好，今年成绩比去年好，这同样可以起到激励的作用。

4. 正确的评价和适当的表扬与批评

正确的评价和适当的表扬与批评的作用，主要是对小学生的学习活动予以肯定或否定的强化，从而巩固和发展正确的学习动机。一般来说，表扬、鼓励比批评、指责能更有效地激励小学生积极的学习动机。因为前者能使小学生产生成就感，后者则会挫伤小学生的自尊心和自信心。我国著名医学家林巧稚在上学时，老师夸她有一双巧手，适合做外科医生，她后来真的成了一名闻名国内外的妇产科医生。

进行有效的评价和适当的表扬与批评时应注意以下几点。

（1）评价必须客观、公正和及时。可以适当地制定多种评价标准（这包括最低水平、平均水平、好的、超越的、成功的行为等），允许学生自由地去选择适合他们自己情况的、富有挑战性的任务，鼓励学生自己探索、开拓和创造。

（2）评价必须注意学生的年龄与性格等特征。从实际出发，对学生的学习正确地进行表扬或批评，是激发其学习动机的重要手段之一。正确及时的评价，适当的表扬或批评是对学生学习态度、学业成绩的肯定或否定的一种强化方式。它可以激发学生的上进心、自尊心和集体主义精神等。

5. 正确指导结果归因，促使学生继续努力

根据归因理论，将成功归因于内部因素（努力、能力），将失败归因于外部因素（任务难度、运气）的小学生认为，他们能够控制自己的行为。将失败归因于缺乏努力和方法不当，不会对小学生的坚持性产生消极的影响，正相反，失败会带来一些有益的学习经验，一些任务的失败能够促使学生设立更合理的目标，尝试新的策略，发展自己对挫折的承受力。而将成功归因于外部因素，将失败归因于内部因素（能力）的小学生往往认为他们没有成功的能力，他们无力避免失败，也不去追求成功，这对小学生的坚持性会产生消极的影响，同时也会使小学生产生失落感和无力感，这就是学习无助感。它会导致小学生认为自己无论怎样努力，也不可能取得成功，因此便采取逃避努力、放弃学习的行为，甚至一蹶不振。"我失败了，是因为我笨，这意味着我总是要失败"是其核心观念。因此，教师应引导小学生进行客观归因，尽量将学习上的成功归因于自己的能力和努力，而将学习上的失败归因于内部的不稳定因素，即努力不够，能使小学生产生更高的学习动机，树立对下次学习成功的期望，不放弃自己的努力，争取在以后的学习中获得成功。

6. 利用原有兴趣和动机的迁移

有经验的教师常常在小学生缺乏学习动力时，将该学生对其他活动的积极性迁移到学习活动中。例如，苏联的莫洛佐娃在一个六年级班上，利用男生们想做海员又缺

乏学习动力的情况，组织有关的主题活动。在海军活动的游戏中，她要求学生们学习各种有关的知识（历史、地理、航海、摄影、制模以及音乐等），大大地促进了学生的学习需要和认知兴趣。这是培养后进生学习动机的重要经验。有时后进生似乎什么长处都没有，教师要用极大的爱心去发现他们身上的发光点，将该发光点发扬光大，将学生的积极性迁移到学习上。当然，这里要确保教师所发现的发光点是准确的，对该类学生提供的奖励是他们真正需要的。学生们应该知道他们要对活动结果负责，针对他们的表现有一个明确的衡量尺度。

历年真题

【6.1】激发和维持个体的学习行为，并使行为指向一定学习目标的内部心理过程或内部动力叫作（　　）。

　　A. 学习动机　　　B. 学习期待　　　C. 学习需要　　　D. 诱因

【6.2】小方的妈妈答应他如果这次期末考试能够达到学习目标，就可以得到他心仪已久的一双鞋子。妈妈提供的奖励属于（　　）。

　　A. 学习动机　　　B. 学习期待　　　C. 学习需要　　　D. 诱因

【6.3】在接受了几次感恩教育活动后，小学三年级（5）班的同学都明白了自己肩负着父母的期望，明白了要对自己的未来负责。他们一改往日懒散的学习状态，每天都积极主动地学习。同学们的学习动机属于（　　）。

　　A. 近景的直接性动机　　　　　　B. 远景的间接性动机
　　C. 认知内驱力　　　　　　　　　D. 附属内驱力

【6.4】最近，王华为了通过下个月的出国考试而刻苦学习外语，这种学习动机是（　　）。

　　A. 外在，远景动机　　　　　　　B. 内在，远景动机
　　C. 外在，近景动机　　　　　　　D. 内在，近景动机

【6.5】根据奥苏贝尔的观点，在儿童早期，他们学习的成就动机中（　　）最为突出。

　　A. 认知内驱力　　　　　　　　　B. 自我提高内驱力
　　C. 附属内驱力　　　　　　　　　D. 认知内驱力和自我提高内驱力

【6.6】个体在学习活动中感到有某种欠缺而力求获得满足的心理状态叫作（　　）。

　　A. 学习动机　　　B. 学习期待　　　C. 学习需要　　　D. 诱因

【6.7】小红非常喜欢数学，对数学问题具有强烈的好奇心和探究兴趣，这种学习动机是（　　）。

　　A. 外部动机　　　B. 认知内驱力　　　C. 自我提高内驱力　D. 附属内驱力

第三节　小学生的学习策略

一、学习策略概述

学习策略就是指学习者在学习活动中，为了达到有效的学习目的而采用的规则、方法、技巧及其调控方式的综合。它既可以是内隐的规则系统，也可以是外显的操作程序与步骤。

（一）学习策略的特点

1. 操作性和监控性的有机统一

操作性和监控性是学习策略最基本的特征。学习策略的操作性体现在学生认知过程的各阶段，监控性则体现在内隐的认知操作之中。

2. 外显性和内隐性的有机统一

在学习中使用的一些学习策略可以直接被观察到，足见其外显性的特点。而学习策略又是在头脑中借助内部语言进行的内部意向活动，因此又具有内隐性的特点。

3. 主动性和迁移性的有机统一

学习策略的主动性是指学习策略可以根据学习材料和学习情境的特点，以及学习的变化，进行自我调整。迁移性则是指从某种学习情境中获得的学习策略，能够有效地迁移到类似或不同的学习情境中去。

（二）学习策略的分类

1. 温斯坦的分类

美国心理学家温斯坦认为学习策略包括以下几种：

（1）认知信息加工策略，如精细加工策略；

（2）积极学习策略，如应试策略；

（3）辅助性策略，如处理焦虑；

（4）元认知策略，如监控新信息的获得。

2. 丹塞罗的分类

教育心理学家丹塞罗认为学习策略是由相互作用的两种成分组成的基本策略和辅助性策略。

（1）基本策略，被用来直接操作课本材料，包括获得和存储信息的策略（领会和保持策略）及提取和使用这些存储信息的策略（提取和利用策略）。领会和保持策略又包括理解、回想、消化、扩展、复查五个子策略。提取和利用策略又包括理解、回想、详述、扩展和复查五个子策略。

（2）辅助性策略，被用来维持合适的进行学习的心理状态，如专心策略。辅助性策略包括计划和时间安排、专心管理，以及监控与诊断。专心管理进一步分为心境设置和心境维持两种。这些辅助性策略帮助学生产生和维持某种内在状态，以使学生有效完成基本策略。不论基本策略的有效性如何，如果学生的心理状态不是最佳，那么它们对学习和操作的作用也不会达到最佳。

3. 麦基奇的分类

美国教育心理学家麦基奇等人将学习策略分为三种，即认知策略、元认知策略和资源管理策略，并对它们之间的层次关系进行了分析。

二、典型的学习策略

按照麦基奇的分类，学习策略分为认知策略、元认知策略和资源管理策略三种。认知策略是信息加工的策略。元认知策略是对信息加工过程进行调控的策略。资源管理策略则是辅助学生管理可用的环境和资源的策略，对学生的动机具有重要的作用。

（一）认知策略

认知策略是学习者信息加工的方法和技术。其基本功能有两个方面：一是对信息进行有效的加工与整理，二是对信息进行分门别类的系统储存。认知策略包括复述策略、精加工策略和组织策略三种。

1. 复述策略

复述策略是指在工作记忆中为了保持信息，运用内部语言在大脑中重现学习材料或刺激，以便将注意力维持在学习材料上的方法。它是短时记忆的信息进入长时记忆的关键。常用的复述策略有：①利用随意识记或有意识记；②多种感官参与；③复习形式多样化；④画线强调；⑤排除相互干扰；⑥整体识记与分段识记。

2. 精加工策略

精加工策略是指把新信息与头脑中旧信息联系起来从而增加新信息意义的深层加工策略。它常被描述成一种理解记忆的策略，其要旨在于建立信息间的联系。联系越多，能回忆出信息原貌的途径就越多，即提取的线索就越多。精加工越深入、越细致，回忆就越容易。对于比较复杂的课文学习，精加工策略有说出大意、总结、建立类比、用自己的话做笔记、解释、提问以及回答问题等。精加工策略具体包括以下几种。

（1）记忆术。

通过把那些枯燥无味但又必须记住的信息"牵强附会"地赋予意义，使记忆过程变得生动有趣，从而提高学习记忆的效果。常用的记忆术主要有：

①形象联想法。这种方法是通过人为联想，使无意义的、难记的材料和头脑中的鲜明奇特的形象相结合，从而提高记忆效果。想象的形象越鲜明、越具体越好，形象越夸张、奇特越好，形象之间的逻辑联系越紧密越好。

②谐音联想法。这种方法是通过谐音线索，运用视觉表象，假借意义进行人为联想。例如，把圆周率（3.1415926535……）编成顺口溜"山巅一寺一壶酒，尔乐苦煞吾……"等。

③首字连词法。这种方法是利用每个词语的第一个字形成缩写，或者用一系列词描述某个过程的每个步骤，然后将这一系列词提取首字作为记忆的支撑点。例如，利用二十四节气歌"春雨惊春清谷天，夏满芒夏暑相连，秋处露秋寒霜降，冬雪雪冬小大寒"，就把二十四节气都记住了。

④位置记忆法。这是一种传统的记忆术，最早被古希腊演讲家使用。它是通过与熟悉的地点顺序联系起来，记忆一些名称或者客体顺序的方法。位置记忆法对记忆有顺序的系列项目特别有用。比如，为了记住一个杂货单，你可以在心中将其中的某个条目（假设要买面包、果汁、冰激凌、香蕉）沿着你从家到学校的路线顺序排列（你从家到学校分别经过一个人的雕像、一面红旗、一个垃圾桶和路灯），你可以想象那个雕像的人举着面包、红旗代表果汁、你把包装冰激凌的纸屑丢进垃圾桶、路灯上挂着香蕉皮。只要你记得这几个标志，就不会遗漏你要买的东西了。

⑤关键词法，这是将新词或概念与相似的声音线索词，通过视觉表象联系起来。例如英文单词"tiger"，可以联想为"泰山上的一只虎"。这种方法在记忆外语词汇时非常有用。

（2）做笔记。

做笔记策略是使用较普遍的精加工策略。俗话说，"好记性不如烂笔头"。对于复杂的知识，教师可以指导学生做笔记。做笔记不仅可以有效地控制自己的认知加工过程，还有助于概括新的知识和建立新旧知识之间的联系。做笔记有利于保持学习者的注意和兴趣，以及有效地组织材料。

（3）提问。

无论阅读还是听讲，学生要经常评估自己的理解状态，思考所学的这些新信息意味着什么，与课文中的其他信息以及以前所学的信息有什么联系等，或许还可以用例子来说明这些新知识。如果教师在阅读时教会学生提出一些"谁""什么""哪儿"和"如何"的问题，学生可能将知识领会得更好。

（4）生成性学习。

生成性学习就是要训练学生对所阅读的东西产生一个类比或表象，如图形、图像、表格和图解等，以加强其深层理解。这种方法最重要的一点就是需要积极地加工，不是简单地记录和记忆信息，也不是从书中寻章摘句或稍加改动，而是要改变对这些信息的知觉。在教学中，教师要指导学生拟写课文中没有的、与课文中某些重要信息相关的或用自己的话组成的句子，从而把所学的信息和自身的知识经验联系起来。

（5）运用背景知识，联系客观实际。

对于意义性较强的学习材料则可以通过新知识与旧知识之间的连接，用头脑中已有的图式使新信息合理化。要充分利用背景知识，应注意在对新材料理解的基础上进行学习，而不是机械记忆式地学习，适时建立类比。也可以在学习新材料之前，温习与新材料有关的已有的背景知识，以理解和记忆新知识。

3. 组织策略

组织策略是整合所学新知识之间、新旧知识之间的内在联系，形成新的知识结构的策略，组织策略主要有两种：一种是归类策略，用于概念、语词、规则等知识的归类整理；另一种是纲要策略，主要用于对学习材料结构的把握。

（1）归类策略。

归类是把材料分成小单元，再把这些单元归到适当的类别里。归类策略的应用能使人理清头绪，防止将各知识点与概念混淆，方便知识的理解、记忆及提取。

（2）纲要策略。

纲要策略也称提纲挈领，是掌握学习材料纲目的方法。纲要可以是用语词或句子表达的主题纲要，也可以是用符号、图式等形象表达的符号纲要。

①主题纲要法。主题通常是学习材料的各级标题，有时也需要自己进行提炼。列提纲时要先对材料进行系统分析、归纳和总结，然后按材料的逻辑关系，以简要的词语描述主要与次要的观点，也就是以金字塔的形式呈现教材的要点，每一具体的细节都包含在高一级的类别中。

②符号纲要法。符号纲要法是采用图解的方式体现知识的结构，即做关系图。它比主题纲要法更直观形象，但要求学习者对符号相当熟悉。在做关系图时，应先识别主要知识点，然后识别这些知识和流程图两种形式。

（二）元认知策略

1. 什么是元认知

元认知是对认知的认知，即个体对认知活动的自我意识与调节，主要包括元认知知识、元认知体验和元认知监控。元认知知识是个体关于自己或他人的认识活动、过程、结果，以及与之有关的知识，即知道做什么，包括三个方面内容：关于人的知识、关于任务的知识和关于策略的知识。元认知体验是指任何伴随着认知活动的认知体验或情感体验。它包括已知的体验，也包括不知的体验，在内容上可简单，可复杂。元认知监控是指个体在认知活动中，对自己的认知活动进行积极监控和相应的调节，以达到预定目标，即知道何时做、如何做。

2. 学习的元认知策略

学习的元认知策略是指学生对自己整个学习过程的有效监视及控制的策略。学习的元认知策略大致可分为以下三种。

（1）计划策略。

计划策略是指根据认知活动的特定目标，在认知活动开始之前计划完成任务所涉及的各种活动、预计结果、选择策略，设想解决问题的方法，并预估其有效性等。元认知计划策略包括设置学习目标、浏览阅读材料、设置思考问题，以及分析如何完成学习任务等。

（2）监控策略。

监控策略是指在认知过程中，根据认知目标及时评价、反馈自己认知活动的结果与不足，正确估计自己达到认知目标的程度、水平，根据有效性标准评价各种认知行动、策略的效果。监控策略具体包括领会监控、策略监控和注意监控。领会监控是指学习者在阅读过程中将自己的阅读领会过程作为监控意识对象，不断对其进行积极的监视和调整。策略监控是为了防止学习者在学习了某种策略后，不加利用，而仍沿用以往的习惯。注意监控是为了调节自己的注意，使其集中在学习任务上，从而获得较好的学习效果。

（3）调节策略。

调节策略是指根据对认知活动结果的检查，及时修正、调整认知策略。如发现问题，则采取相应的补救措施。调节策略与监控策略有关。例如，当学生意识到他不理解某一部分知识，他就会退回去重读困难的段落，阅读困难或不熟的材料时放慢速度，复习他不懂的课程材料；测验时跳过某个难题，先做简单的题目等。调节策略能帮助学生矫正他们的学习行为，补救他们理解上的不足。

（三）资源管理策略

资源管理策略是辅助学生管理可用环境和资源的策略，包括时间管理策略、学习环境管理策略、努力管理策略和学业求助（或资源利用）策略。

1. 时间管理策略

时间管理策略有助于在时间管理上做到：第一，统筹安排学习时间；第二，高效利用最佳时间；第三，灵活利用零碎时间。

2. 学习环境管理策略

学习环境管理策略主要是指善于选择安静、干扰较小的地方学习，充分利用学习情境的相似性等。注意调节自然条件，如流通的空气、适宜的温度、明亮的光线，以及和谐的色彩等，还要设计好学习的空间，如空间范围、室内布置、用具摆放等。良好的学习环境对于小学生保持良好的心态具有重要作用。

3. 努力管理策略

努力管理策略主要指掌握一些方法来排除学习干扰，使自己的精力有效集中在学习任务上。

为了使小学生维持自己的意志努力，需要不断鼓励他们进行自我激励，包括激发内在的动机、树立正确的学习信念、选择有挑战性的任务、调节成败的标准、正确归因、自我奖励等。

4. 学业求助策略

学业求助策略是指当学生在学习上遇到困难时，向他人寻求帮助的行为。学业求助不是自身能力缺乏的标志，而是获取知识、增长能力的一种途径，是一种重要的社会支持管理策略。

历年真题

【6.8】学习策略一般包括认知策略、元认知策略和（　　　）。

A. 记忆策略　　　　B. 资源管理策略　　C. 思维策略　　　　D. 学习方法

【6.9】工作记忆中为了保持信息，运用内部语言在大脑中重现学习材料或刺激，以便将注意力维持在学习材料上的方法称为（　　　）。

A. 组织策略　　　　B. 复述策略　　　　C. 计划策略　　　　D. 调节策略

【6.10】学习课文时分段、总结段意属于（　　　）。

A. 复述策略　　　　B. 理解–控制策略　C. 精加工策略　　　D. 组织策略

【6.11】整合所学新知识之间、新旧知识之间的内在联系，形成新的知识结构学习策略称为（　　　）。

A. 组织策略　　　　B. 复述策略　　　　C. 计划策略　　　　D. 调节策略

【6.12】在小学低年级识字教学中，有人按字音归类识字，有人按偏旁结构归类识字，这属于（　　　）。

A. 复述策略　　　　　　　　　　B. 理解–控制策略

C. 精加工策略　　　　　　　　　D. 组织策略

【6.13】将新学材料与头脑中已有知识联系起来从而增加新信息的意义的深层加工策略称为（　　）。

　　A. 组织策略　　　　B. 复述策略　　　　C. 计划策略　　　　D. 精细加工策略

【6.14】在教师的帮助下，小学生通过列提纲、画思维导图等方式进行学习，这种学习策略属于（　　）。

　　A. 计划策略　　　B. 元认知策略　　　C. 组织策略　　　D. 资源管理策略

三、学习策略的训练

（一）学习策略的训练原则

1. 主体性原则

主体性原则是指学习策略教学中应该发挥和促进学生的主体作用。它既是学习策略训练的目的，又是必要的方法和途径。任何学习策略的使用都依赖于学生主动性和能动性的充分发挥。

2. 内化性原则

内化性原则是指在学习策略的学习过程中，学生能够不断实践各种学习策略，逐步将其内化成自己的学习能力，熟练掌握并达到自动化的水平，从而能够在新的情境中灵活应用。

3. 特定性原则

特定性原则是指学习策略一定要适于学习目标和学生的类型。同样的策略，不同的学生使用起来的效果是不一样的。教师要针对学生的年龄、已有的知识水平以及学习动机类型，帮助学生选择学习策略或改善对其学习不利的学习策略。

4. 生成性原则

生成性原则是指在学习过程中要利用学习策略对学习的材料重新进行加工，产生某种新的东西。也就是说，学习者应该利用学习的策略对学习材料进行生成性加工，而不是简单利用别人已有的知识和经验。

5. 有效监控原则

有效监控原则是指学生应该把注意力集中在学习结果和学习过程之间的关系上，监控自己使用每种学习策略所导致的学习结果，以便确定所选策略是否有效。经过这样的监控实践，学生就能够灵活把握何时、何地以及如何使用某种策略，在运作这些策略时能将它描述出来。

6. 个人效能感原则

个人效能感原则是指学生在执行某一任务时对自己胜任能力的判断和自信程度，它是影响学习策略选择的一个重要的动机因素。

（二）学习策略的训练方法

1. 注重元认知监控和调节训练

在加强学习策略教学的同时，注重元认知监控和调节训练是提高学习策略教学的有效技术。元认知能意识和体验学习情境中各种变量间的关系及其变化，并导致感情活动的形成，而成熟的学习调节与控制则能根据上述体验来监视并控制学习方法的使用，使之自始至终伴随学习过程并适合新的情境下的学习。

2. 有效运用教学反馈

反馈能改进学习，提高学习效果。研究证明，如果降低训练的速度，增加反馈，使学生知道他们运用策略的不足之处，评价训练的有效性，理解学习策略的效应，或者体会到学习策略的确改善了他们的学习，学生就更有可能把学习策略运用于更为现实的学习情境中。

3. 提供足够的教学时间

学习的调节与控制是否自动化、学习方法的使用是否熟练，是学习策略持续使用和迁移的条件之一。所以，给学生提供足够的学习策略训练的时间，使之达到自动化的程度就显得十分必要。

👈 本章小结

初步了解智力和非智力因素，以及小学生智力开发的相关知识。熟悉学习动机的含义，利用小学生学习动机的特点及相关知识，培养小学生的学习动机。通过对学习策略特点和类型的研究学习，掌握学习策略的训练原则和训练方法。

👈 本章要点回顾

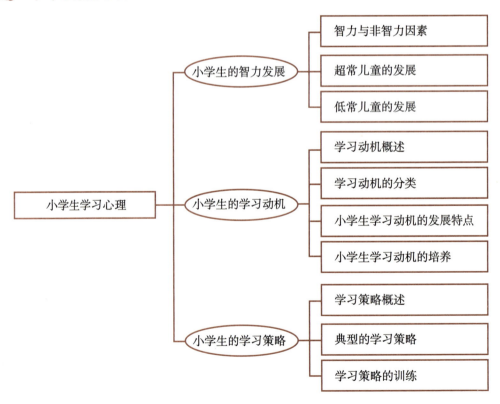

第七章

小学生身心健康

◎ 准确识记与理解健康、亚健康与心理健康的含义，明确小学生心理健康目标。

◎ 熟悉心理健康的基本原则和意义，并能进行评析。

◎ 知道小学生身体发展的一般模式，了解小学生身体健康的保健措施。

◎ 熟记小学生常见的心理问题及辅导技术，并进行合理评价。

◎ 识记小学生常见的心理障碍及治疗技术，并进行合理评价。

☞ 学习本章时，重点内容为：

◎ 健康、心理健康概念，心理健康的基本原则及小学生心理健康目标。

◎ 小学生身体健康的保健措施。

◎ 小学生常见的心理问题、心理障碍。

☞ 学习本章时，知识要点与具体方法为：

本章按照健康中的身体健康、心理健康两条主线展开。前者以小学生身体发展的一般模式、健康保健进行梳理；后者以小学生常见的心理问题、心理障碍进行阐述，重点是针对各类心理问题的辅导与心理障碍的治疗。通过对小学生身心特点的分析、评估及维护等内容的学习，可以帮助教师更好地根据小学生的心理特点，有针对性地进行教育。

【引子】

小明是一名小学四年级的学生，他在课堂上理解老师的问题毫无困难，甚至有些别人不会的数学题他都能解出来，但就是学习成绩总也上不去。他写作业拖拖拉拉，丢三落四，要么忘记写得数，要么抄错数。上自习课时不做作业，回家做作业时事儿特别多，不是上厕所，就是要喝水。小明还有一个最大的毛病就是上课很少认真听讲，不是搞小动作，就是东张西望，注意力很不集中。小明的妈妈给他请了家庭教师，但无济于事。为了做作业，小明不知挨了多少次爸爸的批评。可以说，从上一年级到现在，小明一直是在眼泪中完成家庭作业的。因为他的学习问题，家中总是充满了火药味儿。期中考试，他的数学成绩又是全班倒数第二，他都觉得没有信心了。

孩子的学习问题是令家长头疼的问题。在小学，我们经常可以遇到看上去很聪明，但是学习成绩较差的孩子，这些孩子看电视可能十分专心，玩象棋可能脑瓜很灵，记忆力也许并不差，可学习功课就像"上刑"一样难受。他们智力正常，甚至超常，然而一旦面临学习任务，就像换了一个人似的。一句话，他们唯独在学习方面未能正常发挥自己的能力。[1]

---

[1] 刘翔平. 紧急援助学习障碍儿童［M］. 沈阳：辽宁少年儿童出版社，1998：1-2.

第一节　小学生身心健康概述

古往今来，人人都希望健康。因为健康总是与家庭的幸福、学业的成功和社会的发展联系在一起的。有人曾这样描述：人生有两大心愿，一是家庭幸福，二是事业有成。如果家庭幸福为 10 分，事业有成为 100 分，那么健康就是 0 前面的那个 "1"，没有健康，一切都无从谈起。

一、健康

健康是指一个人在身体、精神和社会等方面都处于良好的状态。传统的健康观是 "无病即健康"；现代人的健康观是整体健康。世界卫生组织提出，健康不仅是躯体没有疾病，还要具备心理健康、社会适应良好和有道德。健康是人生首要的财富。正如古希腊哲学家赫拉克利特所说，如果没有健康，智慧就难以表现，文化就无从施展，力量就不能战斗，财富将变成废物，知识也无法利用。

过去很长一段时期，人们普遍认为，没有疾病和不适就是健康。这种 "无病即健康" 的传统观念一直影响着人们的医疗保健乃至政府的卫生政策。在日常生活中，人们比较注意锻炼身体，却很容易忽视心理的健康，一旦出现心理障碍，往往不能正视。

对健康下定义，涉及健康观。健康观是指人们对健康的看法与认识。人类对健康的认识受不同文化的影响，其发展演变也不相同。

在中国传统文化中，对健康观的阐述主要集中在各种养生理论中，而古代养生著作中谈保健养生以心理保健为主，如魏晋时代著名学者嵇康在《答向子期难养生论》中指出："养生有五难：名利不灭，此一难也；喜怒不除，此二难也；声色不去，此三难也；滋味不绝，此四难也；神虑转发，此五难也。" 嵇康提到的五难，有四难是属于心理方面的，由此我们可以看出，在中国古人看来，影响健康长寿的因素几乎全部与心理有关。东方文化中的健康观一贯强调身心合一，认为健康应该是躯体和心理的双重健康。

而西方健康观的演变历程如下。

（1）古希腊以肌肉发达、体态健美、活力充沛作为健康的标志。

（2）20 世纪 40 年代以前，健康的传统定义为 "人体生理机能正常，没有缺陷和疾病"。

（3）1948 年，世界卫生组织提出了全新的健康三维概念：健康不仅是没有疾病和不虚弱，而且是身体的、心理的和社会的完满状态。

（4）1985 年，英国《简明不列颠百科全书》把健康定义为 "个体长时期地适应环境的身体、情绪、精神及社交方面的能力"。

（5）1989 年，世界卫生组织在健康概念中又增加了 "道德标准"，认为 21 世纪人类的健康应该是躯体健康、心理健康、社会适应良好和道德健康的完美整合。

据此可以看出，随着科学研究的不断进步，现代西方文化中的健康观已由传统的医学模式转变为生物—心理—社会模式，从单纯关注躯体健康，转变为把健康视为

"躯体健康、心理健康、社会适应良好和道德健康的完美整合"。

二、心理健康

心理健康也叫心理卫生，其含义主要包括两个方面：一是指心理健康的状态，即没有心理疾病，心理功能良好，能以正常稳定的心理状态和积极有效的心理活动，面对现实的、发展变化着的自然环境、社会环境和自身内在的心理环境，具有良好的调控能力、适应能力，保持切实有效的功能状态；二是指维护心理的健康状态，即有目的、有意识、积极自觉地按照个体不同年龄阶段身心发展的规律和特点，遵循相应的原则，有针对性地采取各种有效的方法和措施，营造良好的家庭、学校和社会环境，通过各种形式的宣传、教育和训练，以求预防心理疾病，提高心理素质，维护和促进心理活动的良好的功能状态。上述两个方面即构成了心理健康这一概念的基本内涵。

（一）心理健康的基本原则

1. 心理活动的主观感觉良好（快乐原则）

任何行为都必然伴随主观感受。主观感受指行为者自身的内心体验，这种体验中最基本的是本体感觉。无论是工作学习还是待人接物，不是依靠抽象的道理来评定行为是否过分，而是靠内心体验来调整行为，大道理只能起"宏观"调控作用，时刻起作用的"微观"调控几乎完全取决于内心体验。例如，当一个孩子为博得家长的好感，违心地表达自己的真实感受时，家长需要留意这个孩子的心理状况。因为，过分的早熟与"懂事"会压抑孩子的本体感觉，并不会给孩子带来真正的道德愉快。只有行为中的愉快真正来自本体而不依赖于他人的评价，也就是社会性评价真正达到个人化与体验化之后，这种行为才成为健康行为。

弗洛伊德在《详论心理功能的两个原则》中提出心理活动的第一原则为"快乐原则"。该原则表明，本能需要的即时满足给人带来快乐，不满足则会带来紧张、不安甚至痛苦，而每个人都具有追求快乐、避免痛苦的本性。快乐原则是指导人最初心理活动的唯一原则，也是衡量心理健康的首要法则。

如果一个人经常遭受严重的忧郁、焦虑、敌意等不良情绪困扰，并影响了其生活质量；或经常失眠、头痛、注意力不易集中、记忆力减退、情绪大起大落，注意到这些变化并且为此而感到不安；或不敢在班级讨论中发言，不敢与陌生人打交道，一想到要在公众场合抛头露面就会脸红、心跳、出汗、发抖，为此感到自己无能，深陷于沮丧与挫败感中；或一些毫无意义的念头、怀疑与行为不断出现，想控制却又控制不了，诸如此类情况，都会让人感到不安、烦恼甚至痛苦。而此种不快乐大都源于对自己心理状态的不满意。这种根据个人的主观感受做出自己是否处于健康状态的判断，一般是比较准确的。

2. 社会适应性良好（现实原则）

每个人都生活在社会中，一个心理健康的人必须适应社会，与社会处于和谐状态而不是对立状态。个人与社会的适应情况表现在对自己、对他人、对集体、对社会的态度上，表现在与他人和社会建立的联系上，也表现在对各种事情的处理上，并不能完全建立在自我感觉上。例如，精神病是心理疾病中最严重的一类疾病，但精神病人从来不会意识到自己有病，而且病情越严重的越不承认自己有病；自我防御意识很强的人，整天生活在自欺欺人之中，但自己并不觉察；自私自利的人，以自我为中心，内心充满了"我是上帝"的感觉，只管自己的感受，从不顾及对他人的伤害。这些人很快乐，但他们的心理并不健康，因为衡量一个人的心理是否健康，除了自我感受外，还必须考虑其社会适应性。一个人的心理活动与外部环境是否具有同一性，是指一个人的所思所想、所作所为是否正确地反映外部世界，与外部世界有无明显的差异。如果个人只顾追求快乐而忽视社会规范，迟早会受到社会的惩罚。同时，个人在追求快乐时，也必须学会延迟满足，将眼前需要的满足与长远而持久的利益结合起来，这就是弗洛伊德提出的心理活动"现实原则"。

一般认为，快乐原则与现实原则是衡量心理健康的两个基本原则，不论牺牲哪个原则，心理都是不健康的，甚至是病态的。

（二）心理健康的意义

生理健康与心理健康固然都很重要，但比较起来，心理健康对人的生活及人类社会的发展有着更为深远的意义。

1. 心理健康对生理健康的影响

心理健康与生理健康密切相关、互相影响。心理健康可以促进生理健康，生理健康又能促进心理健康，只有两者都得到良好发展，才是高水平的全面健康，才有可能激发自身其他的潜在能力。早在古代，《黄帝内经》就已揭示了心理健康对生理健康的影响，"大怒伤肝，暴喜伤心，思虑伤脾，悲忧伤肺，惊恐伤肾"。近代医学更明确地提出了身心疾病的概念，即心理因素在其发生、发展、治疗和预防方面起着重要作用的一类躯体疾病，主要包括冠心病、原发性高血压、支气管哮喘、溃疡性肠胃病、神经性皮炎、类风湿关节炎以及疼痛综合征等。现代研究证明，长期情绪不良会导致人体免疫功能下降，感冒、肝炎，甚至癌症等疾病的产生都可能与心理因素有关。

2. 心理健康对素质教育的影响

心理健康的人不但具有良好的心理素质，而且对其他素质的形成也起着促进作用。一个心理健康的人能自知、自爱、自制，能够从容地适应社会环境，具有良好的心理素质。良好的政治、道德、文化、技能等素质必须建立在良好心理素质的基础上，心理素质好比是一种载体，人的其他素质必须由良好的心理素质来承载才能变成一个人的良好素质，因此做好素质教育必须从提高学生的心理素质开始。心理健康教育不仅能促进教学，还能使德、智、体、美、劳五育的教育成果得以稳定和巩固。

3. 心理健康对生活质量的影响

心理健康的人，易于充分发挥其心理的潜在能量，在其他条件相当的情况下，他们的学习成绩必然优于心理不健康者，工作效率也相对较高。心理健康的人能够耐受挫折和逆境，比较容易平稳地渡过社会变革和灾难。对人而言，心理健康是成才立业之本。很多人虽有强壮的身体，但由于某种不健康心理因素的存在，如自卑、缺乏毅力等，最终庸庸碌碌、虚度一生。有的人，即使疾病缠身，甚至严重残疾，但由于心理健康，他们仍能以乐观的态度、惊人的毅力，赢得事业上的巨大成功，博得人们的尊重与钦佩。

4. 心理健康对人际关系的影响

人际关系是人与人之间直接的心理关系，反映了人们之间的心理距离，也受到个人心理健康状况的影响。心理学研究表明，在集体中受欢迎的"好人缘儿"的个性品质，恰恰与心理健康的标准相一致，而集体中受人排斥的"嫌弃儿"的个性品质，恰恰与心理健康的标准相悖。研究还证实，有心理障碍的中小学生，无论是与父母、老师的关系，还是与兄妹、同学的关系，其融洽程度都远不及心理健康的学生。

三、健康和心理健康的关系

健康是身心关系的统一。人的生理活动和心理活动密切相关、互为依存。一方面，生理会影响心理，如长期罹患疾病，容易导致抑郁、悲观、焦虑等消极心理的产生；另一方面，心理也会影响生理，俄国生理学家巴甫洛夫认为，忧愁、顾虑和悲观可以使人得病；积极的心态、坚强的意志和乐观的情绪可以使人战胜疾病，更可以使人强壮和长寿。

现代医学研究发现，现代人很大比例的疾病可以归结为心身疾病（由心理社会因素引起的躯体症状或疾病，又称心理生理障碍；是内外各种刺激因素引起人的心理活动特别是情绪反应，导致心理机能失调，并使身体某系统继发产生症状群或疾病）的范畴。由此可见，生理、心理互为因果、相互影响。追求健康既要关注生理，又要关注心理，只有多方面均衡发展、身心协调一致的人，才是一个健康的人。现代社会提倡"大健康观"，心理健康不可或缺。

第二节　小学生的身体健康

儿童一般在6周岁进入小学接受正式的学校教育，心理学上一般将6～12岁的儿童称为学龄儿童。与学前儿童相比，在整个小学阶段，学龄儿童的生理发展速度缓慢，身体变化相对较小，到了小学高年级阶段，女生身体发展的速度要快于男生。学龄儿童开始将自己定位为学生，其主要的任务是完成学业。由于角色和环境的变化，儿童心理发展和社会发展都发生了极大的转变。

一、小学生身体发展的一般模式

人类从出生到生长发育完成，要经过两个生长高峰：第一个生长高峰发生在婴儿期（0～1岁），第二个生长高峰发生在青春期（11～12岁至17～18岁）。小学生的年龄一般在6～7岁至11～12岁，正好处于上述两个生长高峰之间，生长速度相对迟缓。小学生的身高年平均增长不过4～5厘米，体重年均增加只有1.5～2.5千克。因此，在整个小学阶段，孩子身体外形的变化是有限的，且不明显。相比之下，其身体局部和内部的许多变化就相当引人注目。如牙齿、大脑、心脏和肺的发育较为显著。如果说在人的两次生长高峰时期是"生长"占优势，那么在小学阶段就是"发育"占优势。小学时期这段稳定的时间是青春期生长发育高峰的准备期，人体内部正在进行着各种各样的酝酿和准备活动，准备得越好，越有利于青春期的生长突增。在小学高年级

（11～12 岁），女生已开始进入青春期，生长速度明显加快，会迎来了第二个生长高峰。

（一）小学生身体的局部变化

1. 小学生正处于换牙期

人的牙齿有两副，一副是乳牙，另一副为恒牙。人出生后约 6 个月时，乳牙开始发育，一般于两岁半时长齐。大约从 6 岁开始，恒牙萌出，开始替换乳牙，到 13 岁时，除第三磨牙外，基本替换完毕。恒牙一旦长成几乎终生不变，故恒牙的发育状况将影响人一生的生活质量。正处于换牙期的小学生应该注意口腔卫生，少吃甜食，不要用新牙撕咬硬物。

2. 小学生的心脏和肺发育

整个小学期间，孩子的心脏和血管都在不断地均匀增大或增长。小学生新陈代谢快，血液循环量大，脉搏频率高，故心率较成人快。人一生中肺的发展要经过两次飞跃，第一次是在出生后的第三个月，第二次是在 12 岁前后。

3. 小学生的大脑发育

在小学低年级，学生大脑的髓鞘化就已经基本完成。髓鞘起着绝缘的作用，使神经冲动更加迅速和精确，但从这一点来看，小学生的生理与幼儿相比，已经迈向了一个新台阶。

（二）小学生的身高和体重

评价儿童生长发育的指标有很多，如身高、体重、胸围、头围、坐高（指头、颈、躯干的总高度，坐高可以说明躯干的发育状况）等。其中身高和体重是两个最为常用的指标，因为它们标志着儿童骨骼、肌肉，以及内脏器官的发展程度，反映着人体的营养状况。在小学期间，身高和体重的发展不像青春期阶段那样突飞猛进，其评价意义就更为突出。小学生的身高一般每年要测量 1～2 次，以便能及时掌握其生长发育状况。身高增长正常，说明其生长发育良好；身高增长迟缓，甚至停止生长，家长就要引起注意，要仔细分析原因，并采取及时措施进行补救。体重不但能够反映儿童的营养情况，在很大程度上还是身体健康的"晴雨表"。

二、小学生身体健康教育

（一）开展以健康为主、开发为辅的教育

小学生大脑的发育还很不完善，第二信号系统的活动较弱。在思维形式方面表现为：形象思维占优势，逻辑思维不发达；大脑的兴奋过程比较强，抑制过程还比较弱，故小学生的自制力尚差。小学生大脑发展的水平要求人们应贯彻以健康为主、开发为辅的教育策略，不应对其进行大规模的智力开发。心理学研究认为，儿童期的学业成就并不能很好地预示一个人未来成就的大小。为了保障小学生的健康成长，必须实行以健康为主、开发为辅的教育。这并不是不重视学龄儿童的智力开发，只是说，不要片面和过度进行智力开发，应把小学生教育放到个体一生发展的背景下来考虑，教育重在保护小学生的天性。

（二）进行合理的饮食指导

小学生处在生理和心理快速发育的关键时期，这一时期也是健康行为习惯养成的关键时期，好的健康行为习惯对生理和心理的发育都有益。一般而言，一个人的健康行为习惯是在儿童时期发展和形成的。因此，在小学时期开展健康教育不仅有利于小学生获得健康卫生知识，对其健康行为习惯的养成也能发挥作用，并为其奠定了一生的健康基础，意义重大。研究发现，大部分小学生偏好饮料、油炸食品、膨化食品等营养价值低的零食，且存在挑食、偏食、厌食等不良健康行为习惯，缺乏营养知识。虽然近年来在政府各级部门的努力下，我国儿童青少年的生长发育水平得到了提高，营养状况也在不断改善，但学生营养的不平衡性问题仍然存在，表现为营养过剩引起的超重、肥胖以及营养知识缺乏等问题，备受人们关注。可见，从不健康的行为生活方式入手，控制能引发慢性病的危险因素，最为有效的培养小学生健康行为习惯的做法是教育他们去掉一些不好的饮食卫生习惯，建立健康的生活方式和选择合理的平衡膳食，改善他们的营养状况。如以细嚼慢咽的习惯取代狼吞虎咽的习惯；以不挑食和少吃零食的习惯取代挑食、偏食和爱吃零食的习惯；以"食不言"的习惯取代吃饭时嬉闹和说话的习惯；以按时进食的习惯取代不按时吃饭的习惯；以卫生的饮食习惯取代"不干不净，吃了没病"的错误饮食习惯，等等。

（三）为小学生营造安全的生活与学习环境

学生伤害事故又称学校事故，教育部制定的《学生伤害事故处理办法》第一章第二条指出："在学校实施的教育教学活动或者学校组织的校外活动中，以及在学校负有管理责任的校舍、场地、其他教育教学设施、生活设施内发生的，造成在校学生人身损害后果的事故的处理，适用本办法。"目前，部分学校安全管理水平还不够高，在安全管理工作方面还有许多未完的"功课"。如学生溺亡事故、校车事故等，给学校的安全工作带来极大的挑战。为小学生营造安全的生活与学习环境也是社会的首要任务，主要包含以下几个方面。

（1）从思想上增强教育者的法律意识和保护学生的安全意识。对教师开展法制教育、纪律教育和安全教育，使教师清楚地认识到伤害事故的严重性以及防范的重要性；加强教师工作责任心，选择正确的教育方法，严禁体罚和变相体罚；严格地按照有关法律法规开展教育工作，树立时刻注意保护未成年学生安全的观念。

（2）学校应注重校舍、场地、其他教育教学设施和生活设施的质量安全，坚持以防范为主的方针。学校应提供符合安全标准的校舍、场地、其他教育设施和生活设施；建立相应的安全保障制度，配备必要的安全检测人员，对相应校舍、体育器材、学生活动场所进行定期的安检，并使之制度化，保证落实到人，记录在案；及时发现问题，迅速解决问题，防止存留事故隐患。相关部门应加大对学校的监管力度，从而有效地避免这类事故的发生。

（3）要充分保障小学生的休息、游戏与睡眠时间。充足的睡眠有利于孩子身高的增长，因为在睡眠条件下生长激素的分泌量大约是清醒状态下的三倍；睡眠还可以使大脑神经、肌肉等得到放松，对关节、骨骼的生长非常有利。研究表明，体育锻炼也有利于孩子身高的增长。

（四）让小学生树立安全意识

树立积极的防范意识是防止伤害事故发生的重要前提。由于小学生好奇心强，有逆反心理，自制力较差，活泼好动，生活经验严重不足，注意范围狭窄，难以发现环境中的安全隐患。因此，小学教育要引导学生树立安全意识，使小学生更加注意自己的人身安全。如学校（家庭和社会）要向学生开展饮食安全、运动安全、网络安全、交通安全、用电安全、校园暴力应对、突发事件应急自救等内容的安全教育，并且要常抓不懈，以便教给孩子各种生存知识、方法和遇到各种危机时的处理办法、安全避险、逃生的本领，从而激发学生自觉形成对事故防范的主动性和警觉性，树立起强烈的自我保护意识。

第三节　小学生的心理健康

一、小学生心理健康教育的内容

《中小学心理健康教育指导纲要（2012年修订）》对心理健康教育内容做了进一步细化。根据该纲要，心理健康教育的主要内容包括：普及心理健康知识，树立心理健康意识，了解心理调节方法，认识心理异常现象，掌握心理保健常识和技能。其重点是认识自我、学会学习、人际交往、情绪调适、升学择业以及生活和社会适应等方面的内容。

小学生心理健康教育应从不同地区的实际和不同年龄阶段学生的身心发展特点出发，做到循序渐进，设置分阶段的具体教育内容。

小学低年级的教育内容主要包括：

（1）帮助学生认识班级、学校、日常学习生活环境和基本规则；

（2）初步感受学习知识的乐趣，重点是学习习惯的培养与训练；

（3）培养学生礼貌友好的交往品质，乐于与老师、同学交往，在谦让、友善的交往中感受友情；

（4）使学生有安全感和归属感，初步学会自我控制；

（5）帮助学生适应新环境、新集体和新的学习生活，树立纪律意识、时间意识和规则意识。

小学中年级的教育内容主要包括：

（1）帮助学生了解自我，认识自我；

（2）初步培养学生的学习能力，激发学习兴趣和探究精神，树立自信，乐于学习；

（3）树立集体意识，善于与同学、老师交往，培养自主参与各种活动的能力，以及开朗、合群、自立的健康人格；

（4）引导学生在学习生活中感受解决困难的快乐，学会体验情绪并表达自己的情绪；

（5）帮助学生建立正确的角色意识，培养学生对不同社会角色的适应；

（6）增强时间管理意识，帮助学生正确处理学习与兴趣、娱乐之间的矛盾。

小学高年级的教育内容主要包括：

（1）帮助学生正确认识自己的优缺点和兴趣爱好，在各种活动中悦纳自己；

（2）着力培养学生的学习兴趣和学习能力，端正学习动机，调整学习心态，正确对待成绩，体验学习成功的乐趣；

（3）开展初步的青春期教育，引导学生进行恰当的异性交往，建立和维持良好的异性同伴关系，扩大人际交往的范围；

（4）帮助学生克服学习困难，正确面对厌学等负面情绪，学会恰当地、正确地体验情绪和表达情绪；

（5）积极促进学生的亲社会行为，逐步认识自己与社会、国家和世界的关系；

（6）培养学生分析问题和解决问题的能力，为初中阶段学习生活做好准备。

二、小学生心理健康教育的目标

明确小学生心理健康教育的目标，能为心理健康教育工作指明方向，保障心理健康教育工作顺利开展，同时也能较好地评估小学生心理健康教育工作的开展情况。根据教育部《中小学心理健康教育指导纲要（2012 年修订）》，小学生心理健康教育的总目标就是提高全体学生的心理素质，培养他们积极乐观、健康向上的心理品质，充分开发他们的心理潜能，促进学生身心和谐可持续发展，为他们健康成长和幸福生活奠定基础。

具体来说，就是使学生学会学习和生活，正确认识自我，提高自主、自助和自我教育能力，增强调控情绪、承受挫折、适应环境的能力，培养学生健全的人格和良好的个性心理品质；对有心理困扰或心理问题的学生，进行科学有效的心理辅导，及时给予必要的危机干预，提高其心理健康水平。

家卫生健康委、中宣部、中央文明办等 12 部门联合印发的《健康中国行动——儿童青少年心理健康行动方案（2019—2022 年）》提出，到 2022 年年底，实现《健康中国行动（2019—2030 年）》提出的儿童青少年心理健康相关指标的阶段目标，基本建成有利于儿童青少年心理健康的社会环境，形成学校、社区、家庭、媒体、医疗卫生机构等联动的心理健康服务模式，落实儿童青少年心理行为问题和精神障碍的预防干预措施，加强重点人群心理疏导，为增进儿童青少年健康福祉、共建共享健康中国奠定重要基础。各级各类学校建立心理服务平台或依托校医等人员开展学生心理健康服务。

教育部等 17 部门印发的《全面加强和改进新时代学生心理健康工作专项行动计划（2023—2025 年）》提出了加强心理健康教育的主要任务，包括：①开设心理健康相关课程。中小学校要结合相关课程开展心理健康教育。②发挥课堂教学作用。结合大中小学生发展需要，分层分类开展心理健康教学，关注学生个体差异，帮助学生掌握心理健康知识和技能，树立自助、求助意识，学会理性面对困难和挫折，增强心理健康素质。③全方位开展心理健康教育。组织编写大中小学生心理健康读本，扎实推进心理健康教育普及。向家长、校长、班主任和辅导员等群体提供学生常见心理问题操作指南等心理健康"服务包"。发挥共青团、少先队、学生会（研究生会）、学生社团、学校聘请的社会工作者等作用，增强同伴支持，融洽师生同学关系。

> **历年真题**

【7.1】小学心理健康教育的总目标是（　　　）。

A. 提高全体学生的心理素质　　　　　B. 矫正学生的问题行为

C. 发展学生的能力　　　　　　　　　D. 提高学生的成绩

三、小学生常见的心理问题及辅导

小学生心理问题是小学生在身心成长和发展过程中出现的心理冲突、困惑、挫折、烦恼等心理失衡、失调和失误的不良状态，以及不能适应学习、生活和社会的现象。小学生的心理问题主要是发展性心理问题，通常是在人格完善和心理成熟过程中产生的。许多心理问题具有暂时性、不确定性和普遍性，学生可以凭着自己的知识经验和主观能动性，进行自我调节，实现心理调适。但其他一些由于各种主客观因素导致的心理问题，凭小学生个体主观能动作用难以或不能自我调节，又不能及时得到他人的帮助、引导和教育，此时小学生就会呈现出持续性的不良心理症状，产生心理偏差、情感偏差、人格偏差和行为偏差，影响其正常的心理活动，妨碍其健康成长，这种消极的心理现象被称为心理障碍。

（一）幼小衔接不当导致的心理问题及预防和指导

从 20 世纪 90 年代开始，幼小衔接问题就受到了社会各界的普遍重视，并成为教育研究的主要课题之一。但就目前来说，幼小衔接仍然是一个没有得到很好解决的问题。

1. 幼小衔接不当的表现

进入小学后，儿童或多或少会表现出与幼儿园时期不同的行为和情绪特点，这一方面与他们年龄的发展有关，另一方面也与他们进入了不同的学习环境有关。很多儿童经过一段时间的磨合以后，会逐渐适应小学的学习生活，但总有一些儿童即使经过较长的适应期，仍会表现出一些与众不同的行为，表现出幼小衔接的不适应。而这种不适应会极大地影响他们在小学阶段的学习和生活，影响他们健康快乐地成长。幼小衔接不当具体表现在以下几个方面。

（1）不爱上学。

这是很多幼小衔接不当儿童最普遍的现象，也是他们最直接的表现。由于不能很好地适应小学的学习生活，儿童会表现出非常担心自己的小学生活，导致其采取逃避的方法来面对自己的困境。这些儿童可能在幼儿园时非常"受宠"，备受关注，一直都能体验到由此带来的成就感。但进入小学后，不能凭借幼儿园时期的良好表现获得小学教师的关注，当然也得不到赞赏。所以，这些儿童会非常留恋幼儿园的生活，本能地逃避上学。

（2）情绪消极。

很多幼小衔接不当的儿童在学校不能得到他们所希望获得的肯定，因而不愉快的情绪总是伴随着他们，如焦虑、沮丧、愤怒、伤心等。这些负面的情绪同时也会降低他们对学校生活的兴趣，而兴趣的下降带来的往往是学业成绩的不佳，不良的学业成绩又反过来加深他们在学校期间的不良情绪，久而久之就会形成恶性循环。

（3）行为不当。

最初上学时的儿童大都希望能取得好成绩，赢得老师和家长的赞赏。但在进入小学学习一段时间之后，由于幼小衔接的不当，他们发现自己不能凭借学习成绩获得老师的肯定。对于这个年龄段的儿童来说，老师是他们心目中理所当然的权威，他们非常在乎老师的评价，但却不能像其他同学一样用优异的成绩来吸引老师的关注。他们因此会采用诸如欺负其他同学、上课做小动作或大声喧哗等方式来引起老师的注意。还有一些儿童可能因为无法适应小学的学习节奏，不能跟上老师上课的速度，上课时不太能听懂。时间一长，就不太愿意专心听讲了，上课时就会无所事事，因此也会经常做一些违反校规校纪的事情，比如破坏课桌椅、故意找同学的茬等。

（4）成绩不佳。

学业成绩不佳是幼小衔接不当的直接结果，很多父母有时并不知道孩子在学校的情况，但是学业成绩不佳往往会引起他们的关注。大多数幼小衔接不当的孩子，都会因为无法适应小学的学习生活而出现学业不佳的现象。

（5）丧失信心。

与幼儿园相比，小学时期很多要求都变得严格起来，儿童在小学阶段的学习过程中会逐渐认识到自身的局限性，进而修正对自己的评价。但是那些存在幼小衔接不当问题的儿童则可能会更多地面临以往所没有遇到过的打击，如学习成绩不如其他同学、很多东西并不如自己预想的那样学起来非常轻松等。久而久之，他们就会对自己的能力产生怀疑，严重的可能会产生"习得性自弃"，即在学习过程中习得的对自我学习能力的怀疑，认为自己学不好。如果这些儿童没有得到很好的引导，则可能丧失对自己的信心，过低评价自己，这将对儿童的健康发展产生不利的影响。

2. 幼小衔接不当的预防与指导

幼小衔接不当的原因是多方面的，主要是由幼儿园与小学的评价标准不同、课题要求不同、教学内容不同以及家长的期望不同所致。除此之外，还有一些是小学生自身的因素，如自身学习能力比较差，很难在短时间内适应不同的环境，或本身自控力较差。还有一些小学生由于性格的原因，如比较孤僻，不善于与人交流，短时间内也很难交到好朋友，而原本的朋友又因为升学原因没在一起，这也会导致他们在小学变得更孤僻。

不管出于何种原因，当学生出现幼小衔接不当的状况时，家长和教师应及时地给予辅导。当然也可以防患未然，尽早开展幼小衔接教育，防止或减少儿童出现不适应的现象。这并不是提前教会儿童一些小学的知识那么简单，更重要的是其学习习惯的养成，具体可以从以下几个方面入手。

（1）做好入学准备。

家庭和幼儿园是儿童入学前的重要教育基地，承担着学龄前儿童主要的教育工作，对儿童入学准备尤其重要。因此要做好以下几个方面的入学准备。

①培养儿童养成良好的学习习惯和生活习惯。一些家长羡慕那些上学之前就已经

认识很多字的孩子，于是会拼命地让自己的孩子多认字、多做题。其实，随着年级的升高，儿童识字数量的差距会越来越小，到了三四年级基本就没有区别了。所以，在学前的学习过程中，重点不在于学习内容的多少，而应着眼于儿童的学习兴趣、学习方法和能力、学习情感和态度，培养儿童良好的想象力、观察力、表达沟通能力等基本素质，使儿童养成好的学习习惯和生活习惯，成为"会学习"的人。比如，可以尝试着让儿童说出自己所做的事情，练习看图说话以及复述自己经历过的事情；每天与他们一起阅读、给他们讲故事，然后询问一些与故事有关的问题，逐渐培养其阅读能力和理解能力；同时在生活中注意引导他们对文字的兴趣与敏感度，以及对数量关系的感知与学习。在日常的生活中逐渐培养他们的习惯，为能较好地适应小学的学习生活打下基础。

②注重能力的衔接。幼小衔接的关键不是知识的衔接，而是能力的衔接。研究证明，提前学习一年级的课程并不能帮助儿童很好地渡过上小学时的不适应期，相反，有时会造成一些困扰。比如，有些幼小衔接班的培训老师并不是专业老师，很容易使儿童形成一些不好的习惯，如写字的姿态，而儿童一旦学会后再想纠正可能比学习新的内容更困难。很多小学教师反映，儿童刚上学时，往往专注力不足，不能适应相对幼儿园来说是"高强度"的小学学习任务。因此，可以通过绘画、下棋、拼图、夹豆子等活动开发儿童的手眼协调能力；通过沟通交流培养儿童的理解能力；通过给儿童一个属于他自己的学习空间和时间，培养其学习的自觉意识和自豪感；通过引导儿童做一些力所能及的家务、整理自己的物品，培养其自理能力；多带儿童参加一些集体活动，培养其良好的交往能力，这些都能为他们日后的学习打下良好的基础。

③培养儿童作为小学生的自豪感。一些家长为了能让孩子上学后尽快适应小学生活，在入学前就不断地告诫他们小学与幼儿园的不同：小学有着严格的要求、要"收心"、不能贪玩，必须怎样、应该怎样、不要怎样等。家长的本意是希望孩子能尽快熟悉小学的生活，做好心理准备，但事实上这样的描述往往在无形中让孩子对小学产生了恐惧，觉得上小学是一件很可怕的事情。原本能玩的不能玩了，能做的不能做了，进而从心理上开始抵触上小学，一旦上了小学，就会本能地抗拒。因此，家长在孩子入学前需要多说一些"你真的长大了""越来越像小学生了"等欣赏和鼓励的话，从而让他们觉得上小学是件很光荣、很自豪的事情，自然而然对上小学产生了期待，这也有助于孩子能以积极的心态面对小学生活，降低适应不良的可能性。

（2）小学应做好衔接工作。

儿童从幼儿园进入小学后，一下子从以游戏为基本活动的生活跨越到以听、说、读、写、算为主的学生生活，儿童的智能遇到了极大挑战，有可能产生学习适应不良。其实，儿童并不害怕学习上的困难，但种种因素导致他们学习的愿望渐渐消失了。因此，小学教育面对的一个重要问题就是：如何继续保持、激发学生的求知欲。

①改革教学方法。小学阶段的学习并不是一个轻松的过程，采用一些适合此阶段小学生心理特点的教学方法会起到意想不到的效果。如在一年级的课堂上，创造一些生动、有趣的情境，能够提高学生的学习兴趣，有助于他们理解学习，但这种情境只适用于课题线索或背景，并非教学的主要内容，因此不能在这上面花费太多时间；或以把各种"正确"解答方案的开放性任务与封闭性任务结合起来的方式，激发学生的

思维、想象和探究活动的动力，以提高学生学习积极性；或者适当借鉴幼儿园的教学组织形式，利用儿歌策略培养学生良好的听课习惯，提高学生知识记忆能力，运用游戏整合课程内容，在一种愉悦的课堂氛围中培养学生的学习适应性；在实际的教学中还应重视学生学习适应性发展的个体差异，因人施教，多用"为什么""怎么办"之类逻辑分析性较强的问题引导学生多角度、多方位地思考问题，培养他们独立、深入思考问题的能力和习惯，多用一些简单却易混淆的问题培养他们冷静、沉着和细心的品质。这些有的放矢的教学方法，不仅可以将知识传授给学生，而且还可以使他们掌握正确的学习方法和学习策略。

②重视教师的作用。教师的言行对学生的心理影响巨大。小学生对教师充满了崇拜和信任，教师是他们心目中绝对的权威，老师的话甚至比父母的要求影响更大。因此，为人师表，尤其是作为基础教育阶段的教师，不应只教知识，还应教常识；不应只教做题，还应教做人。刚进入小学一年级的学生普遍存在纪律性差、注意力难以持久的现象，这时，教师的教育智慧就显得尤为重要。一年级小学生的学习热情是否高涨、好的学习习惯能否养成，需要教师的悉心培养，而培养的着力点则在于兴趣的培植。小学生在学习习惯和学习兴趣方面的问题复杂多样，简单的教育工作思路和教学设计并不能适应小学生学习适应性培养的复杂性。因此，教师要有意识地去了解和研究小学生心理发展的特点，积极促进小学生的心理发展，通过适当的方法策略，减少发展阶段的局限性给他们带来的负面影响。教师尤其要注意的一点是，不要让分数成为束缚孩子的枷锁。一年级小学生对分数的认识，很大程度上受到成人对分数态度的影响，容易产生"只有考试成绩高的学生才是好学生"的错误观念。教师应给予学生恰当的评价，而不只是单纯以分数作为唯一的评价标准，否则会影响学生的学习积极性。对学生的客观评价实际上体现了教师对待每一个学生的教育态度，教师应当恰当地评价学生取得的进步和克服的困难，不能滥用分数对学生进行评价。

③建立良好的师生关系。因为喜欢一个老师而喜欢一门学科，这种现象在小学一年级学生中体现得尤为明显。研究发现，积极的师生关系是一年级学生适应新环境的一个很重要的方面。要建立良好的师生关系，教师应做到尊重学生、多元评价、鼓励为主等，尽量创设一个有助于每个学生发展的教育环境。

（3）园校、家园、家校应加强双向合作。

加强幼儿园与小学间的沟通、交流与合作，实现双方向互动模式，积极主动地相互了解、相互支持，可以加深彼此在教育方式、教学方法、管理模式、学生情况等方面的了解。幼儿园根据从小学得来的信息改进教育教学，使之与小学衔接得当；小学依据幼儿园提供的学生信息选择教育教学方法，有针对性地开展教育教学活动。家庭配合幼儿园、小学进行教育，协助衔接教育工作的顺利进行，只有三方的密切配合，才能产生教育合力，增强教育的实效性。小学要努力创设环境和机会，为提高家长的教育技巧提供各种帮助，主动做好家庭教育的参谋。家长应经常主动与教师联系，及时了解孩子学习上出现的问题，耐心帮助孩子强化良好的学习适应行为。另外，家庭还要注意与小学的教育活动保持一致性和连贯性，注意发挥孩子的主体性，启发和培养孩子的自律和自觉学习的意识和能力。在现代信息技术高度发达的时代背景下，应充分利用网络信息资源，实现家园、家校、园校之间的双向信息交流与反馈，促进合作。建立一个健全、及时、高效的家庭、小学、幼儿园交流平台，形成一份家庭、小学、幼儿园共同参与记录的学生成长电子档案，以连续、及时、全面地记录学生各方面的发展、变化，反映学生成长的轨迹，有利于教师和家长及时掌握学生的信息，从而有针对性地进行教育活动。

（二）小学生常见的问题行为及预防与指导

1. 问题行为

问题行为是指给家庭、学校带来麻烦，妨碍学生身心健康发展，容易导致品德不良的行为。它既不是身体症状，也不是某种精神疾患症状，而是那些偏离了正常群体的行为，即正常儿童没有的一些不良行为，或者称作适应不良行为。一个人要很好地适应社会，就必须清楚地了解社会的行为准则，并以此来约束自己的行为。但有些儿童由于某些原因，在社会化的过程中没能很好地习得或仅仅是部分习得了这些行为，而他们自己的行为模式又往往与社会推崇的相违背，从而被评价为问题行为。从这个角度看，小学生问题行为的出现是其不能很好地融入生活、适应社会生活的外在表现。

小学生会出现各种各样的问题行为，其形成原因往往是极为复杂的，主要包括家庭因素、学校因素和自身因素三个方面。家庭因素主要有家庭的养育方式（包括家庭的教养方式、父母的教养态度和亲子关系等）、父母的关系、家庭结构（指单亲家庭、离异家庭和正常家庭）、父母对孩子的期望等，学校因素主要有老师的不公平对待、过分注重学业成绩、忽视学生整体素质的提高等，自身因素主要有缺乏正确的道德观念、道德意志薄弱、学习成绩不理想、好奇心强、好胜心强、模仿心理强等。因此，在预防和指导小学生的问题行为时，只有了解了问题行为发生的原因，制定指导措施时才能使其更加有的放矢。

2. 问题行为的预防与指导

（1）加强家长与学校的交流与合作。

儿童的成长往往要受到其所处的环境的影响，因此要预防和指导儿童的问题行为，也应从其所处的环境入手。通过家庭、学校、社会的共同参与，在家长与老师的有效配合下，双方共同探讨学生发生问题行为的原因，找到解决问题的办法，从而促进问题的解决。同时，父母可以通过积极游戏、强化良好行为、冷处理不期望行为等增强亲子沟通和互动，并且通过改善自己的不良行为、情绪和教育方式，以及与学校之间通过商讨并达成一致的教育观念，消除对儿童的不利影响。

（2）加强学校教育。

学生的问题行为是由于他们为了满足正常的自我需要，采用了消极方式所致的心理认识障碍。因此，在学校教育过程中，老师应尽可能公平地对待每一位学生，使每一位学生合理的心理需求都能得到一定程度的满足。对于一些暂时相对落后的学生，允许他们在低水平上获得成功的体验，树立在学习上的自信心；对于希望通过问题行为来获得老师关注的学生，应先采用冷处理、忽视的方法，再寻找机会，在适当时间对学生的某种好的行为予以关注，或者通过建立约谈制度帮助其改变问题行为；对那些借反抗教师的要求而获得心理上极大满足的学生，应避免惩罚，退出冲突，建立一对一的师生关系，营造氛围，尽可能预防类似事件再发生，在制止学生问题行为时，还要采取措施确保学生情感需要的满足；对那些自我认识能力不足的学生，应通过调整心态、小步子训练的方式，在鼓励中帮助他们形成正确的自我认识，使他们既能看到自己的优点，也能坦然接受自己的不足，从而以良好的心态应对任何情况。

（三）小学生的学习问题及指导

1. 小学生的学习问题

学习是儿童入学后最主要的活动，学习成绩也常常是学生、老师和家长最为关注的。在小学生的成长过程中，有很多问题都与学习有密切的关系，学生的学习心理与他们的学习成绩是相互影响的，良好的学习心理能促进学生提高学习效果。但并不是所有的学生都拥有良好的学习心理，有一部分小学生在学习中会遇到各类学习问题。这里涉及的学习问题主要指学生智商正常，但长期缺乏学习动机或基础太差，以致成绩落后的现象，这类学生即常说的"学困生"（学习暂时落后的学生）。

（1）学习压力较大。

由于学习竞争加剧，学习负担过重，外界过于强调学生的智力发展，过分看重分数，加上升学竞争的加剧，小学生普遍存在着学习任务"超重"的现象，并导致其休息和睡眠时间严重不足，失去了享受童年生活乐趣的最基本权利。学生年龄越小，学习过程中越容易产生疲劳，若学生长期处于疲劳状态，会使其视力下降、食欲不振、瞌睡、信心不足、记忆力减退、注意力难以集中、思维迟缓等。甚至一些学生由于学习压力太大，出现了厌学、逃学情况。还有一些"优等生"，由于心理承受能力较差，一旦别人超过自己或自己的目标未达到，也容易产生厌学情绪。

（2）学习动机不足。

学习动机在一定范围内具有加强学习效果的作用，但如果超过了个人的最佳点，那么学习动机的提高反而会削减学习效果。如太迫切地想在考试中取得好成绩的学生，反而在考场上会发挥失常。然而，更多的是因为学习动机不足带来的问题，即在学习过程中推动学生学习行为发生的动力不足，不能有效激发和指引他们进行学习。

（3）学习方法不当。

有一些学生单纯地认为多花时间在学习上就一定能提高学习成绩，但是学习的现实情况告诉我们，时间的确是提高学习成绩的重要保障，但并不是唯一的条件。要想提高学习成绩，恰当的方法是必不可少的。联合国教科文组织在《学会生存》中指出，未来的文盲不是目不识丁的人，而是没有学会怎样学习的人。掌握科学的、适合自身实际发展水平的学习方法可以使学习达到事半功倍的效果。

2. 小学生学习问题的指导

（1）消除导致厌学的各种影响源，使学生愿学、乐学。

例如，消除学业过重、教育方法不当、歧视、否定、环境不良等各种客观的影响源。再如，从学生主观的影响源上入手，消除厌学学生认识上的偏差，学习目的不明确，学习过程中的自卑、无能的消极情绪体验等。

（2）提高学生自尊水平。

教师歧视与学生学习过程中失败的情绪体验，都会引起学生自尊水平的降低。教师对学生的爱的情感是知识的载体。教师应给学生以爱，激发学生愉快的情绪体验，满足学生对情感的需要，从而提高学生的学习兴趣和自尊水平，避免学生厌学情绪和逃学行为的产生。

（3）培养学习动机。

学生的学习动机是多种多样的，以掌握知识为主的内部动机更强烈、更持久。因此，教师和家长应在适当运用奖励措施的基础上，激发学生的认知兴趣，提升学生的自我效能感，帮助学生建立合理的目标，建立积极的归因模式，以引导他们积极主动地学习。

（4）学习方法的指导。

教师有责任也有必要引导学生采用恰当的学习方法，提高学习能力。教师可以从帮助学生制订具体明确、切实可行并留有余地的学习计划，辅导学生预习、听课的方法，以及复习、记忆的技巧，激发学生学习的自主性，提高学生的学习效率。

（四）小学生的人际关系问题与指导

作为社会人，人人都有与他人交往的需要。通过正常的人际交往、沟通，人才能获得正确合理的社会经验，获得生活学习上的知心朋友以及在遇到困难时的支持帮助者。小学生如果缺乏正常的人际交往，依恋感得不到满足，就会使内心的苦闷无法得到宣泄和排解，从而影响正常的人际交往与心理需求，这对小学生的心理健康是有害的。小学生人际关系方面的问题主要表现在与同学、老师以及与父母之间。

1. 小学生的人际关系问题

（1）同伴交往问题。

如何与同学和谐相处是许多小学生面临的一大难题。研究认为，成为同伴的榜样能够增强儿童的自我控制力。如果小学生不能被同学或同伴接受，感觉到孤独和被同伴拒绝的话，会给他们带来沉重的心理压力和影响，会阻碍他们的学习、生活。儿童的自我形象和自我接受与他被同伴接受的程度密切相关，健康的伙伴关系会促进他们的学习与发展。而部分小学生会表现出交往经验的不足和交往技能缺乏，总感觉别人对自己不友好，其他人不理解、不同情自己，难以与人合作，因而也很难融入集体生活。

（2）亲子沟通问题。

在我国目前的小学生家庭中，父母与孩子缺乏沟通，亲子关系紧张的情况并不少见。这主要表现为父母不信任孩子、父母的期望与孩子的意愿冲突、父母在学习上对孩子提出过于严格的要求等。孩子说父母从来不理解自己，不把自己当成一个有生命、有思想的人，父母则说现在的孩子难管，父母与孩子之间似乎有一道永远难以跨越的鸿沟。研究认为，亲子关系中儿童的行为占主导地位，父母的态度和行为会随之变化。早期的亲子冲突处于较低水平，并随儿童年龄的增长而增加。农村地区的家庭则多表现为父母使用简单粗暴的管教方式，多子女家庭中则表现为父母对子女存有偏见。在一些父母长期外出打工的家庭中，由于子女隔代抚养问题，表现为缺乏必要的亲子沟通等。对于小学生来说，家庭是他们赖以生存和生活的空间，是一个安全的避风港，是得到呵护关爱的重要场所。然而，当他们感觉父母不能信任自己时，他们就失去了诉说心灵迷茫和精神困惑的对象。这种亲子间关系的疏离和心灵的隔膜，会造成孩子的抵触、孤独和焦虑。

（3）师生关系问题。

师生关系是一种最基本的教育关系，也是小学生人际关系极其重要的组成部分。许多家长反映，儿童上小学前很听父母的话，可一旦进了小学，就开始不听自己的话了，而对学校老师倒是言听计从，这从侧面反映出教师在学生心目中的地位是很高的。然而，目前小学教育中的师生关系却表现出一些突出的问题，并且一些问题来自老师，具体表现为：一是有些教师对学生缺乏尊重，随意贬低学生价值，使学生的心理遭受创伤；二是有些教师对学生缺乏理解和信任，使学生产生对抗心理；三是有些教师在日常教育活动中缺乏公正、民主精神。

2. 小学生人际关系问题指导

学校中的人际交往是构成少年儿童的社会经验、形成社会人际关系的重要基础。学校作为培养人的基地，不仅要教会学生知识，更要教会学生与人交往。学校必须从根本上重视学生的人际交往，增强学生主动地适应环境、应对各种问题的能力，培养学生的健全人格。

（1）构建发展学生健全人格的学校环境。

对学生真正有价值的东西，是他周围的环境。学校的校容校貌是具有强大引导功能的教育资源，对学生的健康成长有着潜移默化的、巨大的影响。所以，学校要打造校园文化，构建和谐的校园，加强人际教育，此外，开展丰富的活动，完善对学生的心理辅导，使学校成为小学生形成良好人际关系的主阵地，这是时代赋予学校的使命。

（2）营造培养学生健全人格的和谐师生氛围。

教师是学生最直接的榜样，应充分发挥教师的"身教"的榜样作用；通过有效的沟通向每一位学生传递爱的力量，公平客观地评价每一个学生，在课堂知识传授中激发学生的进取心，在特长培养中增强学生的自信心，在各种竞赛中培养学生的竞争力。教学不仅是知识传授的过程，更是精神、情感传授的过程。

（3）凝聚培养学生健全人格的班级向心力。

良好的班风能增加学生之间合作、互助的频率和强度，从而可以有力地促进学生社会化程度的提高。教师可以通过班级舆论导向，加强学生团队合作能力，拓展学生平等协同的空间；借助综合实践活动，搭建学生展示自己的平台，引导学生正确的心理趋向，激发个体潜能，实现健全人格的培养。

（4）缔造学生践行良好人际关系的家庭-学校平台乐园。

学校应积极引导家庭，共同缔造小学生学习和践行良好人际关系的乐园。家长应为孩子营造一个温馨、和谐的家庭气氛，使孩子的个性向着积极、健康的方向发展；在语言、行为、态度、习惯等方面潜移默化地引导孩子形成正确的人际交往观；家庭里平等民主的思想交流和情感分享，更有利于孩子将积极的人际关系方式迁移到学校生活和社会活动之中。

二、小学生常见的心理障碍及治疗

心理问题是一个广义的概念，是否存在心理障碍，要看是否能自我调节以及心理问题是否构成健康发展的障碍。对小学生是否有心理障碍，通常使用四种判别标准进行综合评判：一是运用心理测验和统计学标准；二是根据经验标准；三是生物医学标准；四是社会适应的标准。单从一种评判角度和标准来进行判别会有一定的缺陷，如心理测验实施中本身存在着信度和效度等问题，在统计学标准中存在着对正态分布划分的主观性和对两端的价值评价的问题；生物医学标准是建立在心理障碍的产生一定有神经系统或其他系统的病理解剖、病理生理变化的假设基础上的，而事实上，神经症、人格障碍等心理障碍，通过医学诊断都无能为力；按社会适应标准评判时存在着社会习俗规范的文化差异和社会历史发展影响的问题。因此，在判别小学生是否有心理障碍时，应同时综合运用各种标准，从多个角度进行判断，并联系学生个体的整个学习生活的心理活动全貌。

（一）小学生常见心理障碍

小学生常见心理障碍主要表现在行为、情绪、学习和人格与社会心理四个方面的障碍。

1. 行为方面的障碍

小学生的行为障碍是教师比较关注的一类问题，是指小学生反复出现违反与其年龄相应的道德准则或纪律，侵犯他人或公共利益的行为，包括反社会性行为、攻击性行为或对抗性行为。小学阶段主要以攻击、偷窃、破坏、撒谎（并非为了躲避惩罚）、逃学（一学期三次以上）或离家出走的形式表现出来。

行为障碍的一般特征：①问题行为的发生频率高而且性质比较严重。具有行为障碍的小学生，其打架、发脾气、偷窃等不良行为发生频率很高，有的行为虽然发生频率不高，但后果极为严重。②经常重复缺乏实际社会意义的行为。通常这些行为是由某种压力所造成的，比如居住环境的改变或父母离婚等，往往是经常性地自动发生，缺乏可预测性。③不良行为表现方式比较单一。行为障碍儿童的不良行为通常表现为经常性重复某些单调的行为，不良行为局限于几个有限的行为上。④经常活动过度，坐立不安，容易冲动，比较粗心和笨拙。在学业上更容易出现学业成绩不佳；在人际关系上，由于富于攻击性的行为而遭到同伴的普遍回避、拒绝，与成人交往也不愿意服从成人的权威和按照一定的法规、制度行事；在认知方面，经常对他人的社会行为做出一些与常人不同的偏执性解释和理解。

2. 情绪方面的障碍

情绪障碍是指在情绪感受中严重脱离现实，以一种妨碍解决问题的操作和自我挫败的方式应对外界事件，情绪障碍直接影响人的行为，或者使人不能以社会接受的方式行动，或者使人的行为操作能力低下。小学生情绪障碍主要是由于自身难以在外部环境所带来的压力下有所调节和应对，总是担心或者害怕受到某种伤害。

（1）恐惧症。

小学生的恐惧主要是针对某一特定的物体、活动或处境，如黑暗，具有持续时间短暂和很大的强度差异性等特点。小学生的恐惧一般会伴随年龄的增长而逐渐由针对现实转向针对想象的或未来的对象。如果是对特定对象产生持续和不必要的恐惧，而不得不采取回避行为时，就构成了恐惧症。恐惧症包括社交恐惧症、境遇恐惧症等，在小学生中常见的是学校恐惧症。

在小学阶段，过分依赖父母，自控较差、行为不能自主，在学校缺乏交际能力而受到嘲笑、轻视；或在学校受到威胁和被殴打；或由于个人生活发生重大变故，如父母离婚等；或学校教育定位不当，学校中存在让儿童感到为难或恐惧的事情；或过高的期望和压力，以及教师的不当教学方式，都可能导致儿童的学校恐惧症。儿童的分离焦虑也是学校恐惧症的诱因之一。一般而言，学校恐惧症表现为：对到学校上学存在持久的恐惧、焦虑情绪和回避行为，甚至出现心因性疾病，如到上学时间就出现腹痛；对学校环境感到痛苦、不适，在校时经常哭闹、不语或逃课；不在学校环境或不上学，并与家人或熟悉的人在一起时，则表现正常。

另外，要注意分清恐惧和恐惧症的区别。恐惧是一种意识到危险或面临某些危险时产生的一种强烈的不愉快的合理情绪，是人类四种基本情绪之一。只有当个体表现出对于情境有过分的需求，恐惧反应超出正常表现范围而无法做出合理解释，超越了意志控制，才会发展成为情绪障碍，形成恐惧症。

（2）焦虑症。

焦虑症是一种无法摆脱的、无明确对象的焦虑状态。焦虑是应激反应中最常见的情绪反应，这种情绪指向未来，有不确定感，是人预期将要发生危险或不良后果的事件时，所表现出的紧张、恐惧和担心状态。焦虑症可表现为慢性焦虑（广泛性焦虑）和急性焦虑（惊恐障碍、惊恐发作）两种类型。急性焦虑发作以突然到来的惊恐体验为主要特征，有"大祸临头"甚至濒死的体验，伴有出汗、发抖、心跳加快、呼吸困难、头晕目眩、行动失能等躯体反应。急性焦虑发作仓促，但持续时间往往不长，一般短则几分钟，最长不过数小时，发作后身心疲倦，但焦虑体验已不复明显。慢性焦虑表现为持续性的焦虑不安、惶惶不可终日，学习、活动、与人交往时心烦意乱，记忆和思维受阻，惊慌失措等，同时伴有出汗、尿急、尿频、心悸以及身体颤抖、紧张性疼痛等症状。

需要指出的是，焦虑症要与现实性的焦虑情绪相区分——如果焦虑的强度明显超出客观处境的需要或持续时间过长，才可能成为病理性的焦虑症。而适度的焦虑可以提高人的警觉水平，提高人对环境的适应和应对能力。如在考试前或者在经历考试时，多数学生都会或多或少产生一系列身心应激、紧张反应。适度的焦虑可以调动身心能量投入考试与学习中去。不过有些学生的焦虑程度超出了必要的范围，此时则有负向的效果，导致注意分散、不能发挥出平时应有的水平。这些学生一旦在头脑中预期或在现实中经历考试情境，就会出现心跳加快、血压升高、头昏脑涨、思维迟钝、临时遗忘，甚至失眠、发烧、拉肚子等生理和心理反应。

（3）强迫症。

强迫症的特征是重复出现缺乏现实意义的、不合理的观念或行为（冲动），常导致焦虑、自责、冲突等内心痛苦。强迫观念和强迫行为两个症状可能单独出现，但通常同时出现。前者表现为特定的数字、词汇、想象、联想等观念不受控制地重复出现在意识中，后者则是按某种固定的仪式或刻板程序重复出现某些动作。强迫症的原因较复杂，一般与个体的人格特点、父母的教养行为，甚至个人的生理素质等因素有关。

需要指出的是，小学生的强迫症状往往不像成年人的强迫症那样表现出明显的焦虑和冲突。另外，许多儿童在某个年龄段会频繁地出现某些类似强迫症的症状，如每次上学和放学时反复计数路面的方砖、人行道上的树木等。由于这些情况持续时间不长，不影响正常的生活和学习，而且随着年龄的增长该现象通常会逐渐消失，所以这些情况不应被视为强迫症。

3. 学习方面的障碍

小学生的首要身份是学生，而学生的主要活动就是学习。在学习过程中，小学生也容易出现与学习有关的心理问题。

（1）学习障碍。

学习障碍亦称"学习困难"，是指智商整体正常的学生在听、说、读、写、计算等学习能力的某一个方面或某几个方面表现出显著的困难或能力低下，而其他方面均正常的现象。如有的小学生把 b 当成 d，或把 p 当成 q 等。这种失调来自个体内部因素，一般认为是由中枢神经系统的功能异常引起的。虽然有些学习障碍者还伴有其他障碍因素（如感觉受损、心理迟缓、社会适应不良等），或受一些外在因素影响（如文化差异、文化刺激不足、教学不当等），但学习障碍并非是由上述其他因素直接造成的，个人内部神经生理方面的缺陷才是引起小学生学习障碍的原因。

对学习障碍学生的识别并不能简单地用学习成绩作为唯一的标准。一般而言，学习障碍的判定有三个标准：第一，智力正常，在边缘性智力水准以上，这是与弱智区别的关键，甚至有些学习障碍学生的智力还偏高；第二，学业不良，不能达到其智力和年龄的平均水平；第三，学习过程表现异常，如课堂反应迟缓、记忆效果差、注意力涣散、解题或回答问题的思路混乱、言语障碍或课堂行为问题较多。其中前两条是鉴别学习障碍的必要条件，后一条是重要的补充条件。

小学生学习障碍的类型主要有：第一，感觉统合失调型，即视觉、听觉或动作功能失调，并造成书写、绘画、阅读、计算等方面的能力低下；第二，理解和记忆失调型，即难以对学习材料进行有意义的加工、理解和记忆；第三，学习策略失调型，指不能建立合理的学习习惯和学习方法，并难以调控自己的学习行为。

学习障碍的产生是多种因素综合作用的结果，但主要是内部因素的作用。许多老师不能认识到学习障碍是一种心理问题，未意识到这一学生群体是最需要科学的帮助的，因此加剧了这类学生学业的恶性循环，甚至最终引发其他心理问题。对学习障碍处理真正有效的途径往往是因人而异的，难以有统一的模式，只有准确认识导致小学生学习障碍的主要因素，才可能进行针对性较强的帮助和指导。

（2）注意缺陷与多动障碍。

儿童注意缺陷与多动障碍是一种常见的儿童行为异常综合征，其核心特征是注意障碍，显著特征是行为障碍。其主要表现是：智力正常或基本正常的儿童具有与其年龄不相符的注意力集中困难、行为冲动、活动过度等特点，并因此造成学习困难、学习成绩及社会适应能力差。虽然该障碍可能从学龄前一直持续到小学初期，但是一般到小学低年级时期才被教师或家长识别出来。这主要是因为小学有相对比较严格的纪律要求，这些规则与他们注意时间短暂、不习惯服从指令约束和活动过度产生矛盾。同时，这些表现开始产生消极影响，如造成学生人际关系紧张、学习成绩逐渐与同伴拉开差距，出现品行问题等。10 岁以后，这类表现开始出现一些变化，除了保持注意力集中困难、活动过度外，攻击行为开始减少，攻击行为的普遍性和强烈程度都有所降低，此时造成此类问题的原因在于学生缺乏成就体验。学生如果没有受到相应的教育、训练，将在人际关系和品行方面表现得越来越糟，甚至走向犯罪道路。

注意缺陷与多动障碍属神经性生理异常，但是，生理的和环境的风险因素一起形成了儿童注意缺陷与多动障碍的症状表现形式。该症状产生的原因尚未有明确清晰的解释。

需要指出的是，鉴别注意缺陷与多动障碍时应注意：在年龄限制上，注意缺陷与多动障碍的特征在儿童七岁以前就会出现；在发生频率和后果上，患有该障碍的儿童要比同龄、同性别的其他儿童更频繁、更严重；在时间特征上，该障碍症状具有持续性；在环境上，应脱离具体情境的差异而表现出某种一致性，不管在家庭还是在学校症状都会出现。

历年真题

【7.2】儿童"多动症"的核心特征是（   ）。

A. 活动过多　　　　B. 冲动任性　　　　C. 注意障碍　　　　D. 学习困难

（3）厌学心理。

厌学心理不能仅从对学习的负面情绪上来界定，还要看学生对学习的认识、意志和行为上是否有负面表现。具体来讲，对厌学心理的判断要综合考虑四个方面：第一，缺乏对知识的好奇和学习动力；第二，学习体验消极，厌恶学习，畏惧学习中的困难；第三，缺乏恒定的意志，且学习无目标、无计划、敷衍塞责；第四，在行为上远离、逃避学习情境，严重时可致逃课、逃学。

致使小学生厌学的原因是多方面的，如社会风气、教师教育行为、家庭氛围、学生个人因素等。从社会心理学和人本主义心理学的角度看，外部标准与学生内部心理需求之间的矛盾，是导致学生厌学的最重要的原因。许多学生由于学业成绩不良，直接导致其社会评价较低、师生关系不良、家庭关系紧张、自我意识低弱，这些都将学生进一步推向厌学的境地。另外，从行为主义原理来看，学业成绩不良的学生无法从成绩中获得积极的正面强化，这会让学生与学习之间形成一个牢固而负面的联结，甚至会导致学生对学习产生"习得性无助"，即因为重复的失败或惩罚而造成的听任摆布的行为，形成了一种对现实的无望和无可奈何的行为、心理状态，把失败的原因归结为自身不可改变的因素，失去了继续尝试的勇气和信心。

历年真题

【7.3】小明学习非常努力，但是成绩总是不理想，逐渐出现了被动、退缩、无动力的状态，这种心理反应属于（   ）。

A. 学习焦虑　　　　B. 习得性无助　　　　C. 自我估价降低　　　D. 认知功能障碍

4. 人格与社会心理障碍

小学时期是学生心理发展的重要阶段，他们的心理发展基本是"两条腿走路"：一是学习、智能上的发展；二是人格、个性和社会心理的发展。在实际的教育情境中，教师往往重视第一个方面，没能看到许多学生在第二个方面出了问题，对这些问题缺乏足够的重视和科学的认识。

（1）自我意识方面。

自我意识是个体人格系统中的核心部分，包括自我认识、自我体验和自我控制三个相互交叠的层面。小学阶段，最常见又最困扰学生的自我意识问题包括自我意识低下和自我意识矛盾两种情况。自我意识低下往往指自卑，即对自己在学习、家境、人际关系、身体、外貌等方面的不满、否定和排斥，往往是由自尊心受挫、长期体验不到成就感导致。实际上，适度的自卑是普遍现象，而且有激发学生超越现状的功能，即中国古人讲的"知耻而后勇"。当然，过分自卑显然是不健康的。这类学生经常只看到自己的弱势、缺点和失败的一面，加之可能家长、教师、同学的强化，从而丧失信心、否定自己，感到自己时时处处不如他人。自我意识矛盾一般指理想自我和现实自我的分歧，其中多数情况是理想自我不切实际地高于现实自我。许多父母对学生的期待过高，不符合学生的实际情况，而学生却内化了这种期待，这也是理想自我和现实自我矛盾的最常见情况。另外，小学高年级面临青春期的学生，由于自我发展尚不成熟，经常会在自卑和自大之间来回摆动，不经过一段时间的探寻，往往很难建立相对稳固的理想自我和现实自我的平衡。

（2）人格障碍。

人格障碍是指明显偏离正常范围且根深蒂固的心理行为模式，伴随着认知、情感、冲动控制、需求满足、人际关系等领域中一种及以上的偏离。首先，这种偏离在多数社会情境中适应不良，或造成个人痛苦，或对他人有不利影响，而且部分类型的人格障碍者缺乏自知力。其次，这种偏离会稳定且长期存在，通常开始于儿童晚期或青春期。最后，这种偏离不是由脑损伤、疾病或其他精神障碍所致。人格障碍有偏执-妄想型、分裂型、攻击型、反社会型、边缘型、表演-癔症型、自恋型、回避型、依赖型等多种样态。人格障碍即使得到专业的精神和心理治疗也较难改变，而且在小学生群体中，人格障碍的整体比例并不高，但容易与其他轻度、短暂的人格缺点或特点相混淆。因此，教师应尽量避免依据人群障碍类型将小学生行为对号入座。

（3）成瘾与网络成瘾。

成瘾指个体强烈地且不可自制地反复渴求滥用某种药物、物质或进行某种活动，尽管知道这样做会带来各种危害，但仍然无法自控的现象。成瘾可分为吸食毒品、酗酒、抽烟等物质性的成瘾和病理性赌博、病理性偷窃、网络成瘾等行为性成瘾。小学阶段比较常见的行为性成瘾是网络成瘾。致使儿童网络成瘾的原因有社会学、心理学、生物学等多个方面，但缺乏人生目标、现实生活受挫、人际关系处境不良是最普遍的致瘾原因。

一般来讲，网络成瘾主要表现为：一是网络关系成瘾，即沉迷于网络上的社会关系，甚至不与现实生活中亲朋好友维持关系；二是网络性成瘾，即沉溺于各类色情信息；三是网络强迫行为，即对网络赌博、购物、聊天工具等行为有难以抵抗的冲动；

四是信息收集成瘾，即强迫性地浏览网页以查找和收集无关紧要的信息；五是网络入侵成瘾，即无法抑制地去做网络黑客；六是网络游戏成瘾，多涉及升级和角色扮演类游戏。对小学生而言网络成瘾往往体现在网络关系成瘾、网络强迫行为、网络游戏成瘾这三个方面。

判断网络成瘾需满足五个标准：第一，上网成为其主要活动；第二，如果无法上网则会有紧张、焦躁甚至攻击等心理或生理行为；第三，必须逐渐增加上网时间和投入程度，才能获得之前曾有的满足感；第四，严重干扰到学习、人际关系等生活功能；第五，往往有矛盾心态，已自知过度上网的危害但又不愿放弃由网络带来的精神满足。

（二）小学生常见心理障碍的治疗

有关小学生心理障碍治疗的理论有很多，小学生常见心理障碍治疗的方法也很多。不管是哪种理论与方法，都应该从学生的个人特征和所遇到问题的具体特点出发，以最有利于学生心理发展为原则，选择科学、有效、适当的方法。为了达到最佳效果，通常还需要将多种方法结合起来使用。

1. 强化法

行为治疗中的强化是建立在操作性条件反射原理基础上，系统地运用强化手段去增进某些适应性行为，减弱或消除某些不适应行为的方法。强化法主要包括以下几种。

（1）行为塑造法。

行为塑造法是指通过正强化的手段，矫正人的行为，使之逐步接近某种适应性行为模式，是行为治疗中最常用的方法之一。运用行为塑造法时，要采取小步子策略，避免因标准定得太高而使学生无法达到。

（2）代币管制法。

代币管制法是一种利用强化原理促进更多适应性行为出现的常用方法。代币是可以在某一范围内兑换物品的证券，其形式有小红旗、小铁牌、小票券等，儿童可以利用这些证券换取自己所需的物品。

（3）消退法。

消退法是指对不合适的行为不给予注意、不给予强化，使之逐渐削弱以致消失。例如，有的儿童力图通过哭闹的方式引起父母的注意，但如果父母不予以注意，儿童哭得没有意思了，自然就停止哭闹。

（4）行为契约法。

行为契约法又称合约法，即通过与学生签订契约合同的方法来增强他们的自我控制能力，这有益于学生通过对后果的承担来养成对人对己的责任心。行为契约是一份非常清晰的陈述书，有效的契约必须满足以下条件：明确描述在约定中要表现的具体行为；说明可获得的强化；具体说明对行为进行检查、测量和记录等条件。

> 历年真题

【7.4】针对小明上课不敢发言的情况，王老师在数学课上多次鼓励他发言并加以表扬，使小明逐渐克服了胆怯的心理。王老师运用的方法是（　　　　）。

A. 强化法　　　　B. 代币奖励法　　　C. 自我控制法　　　D. 系统脱敏法

【7.5】小强不按时完成作业，妈妈就禁止他看动画片，一旦按时完成就取消这一禁令，随后小强按时完成作业的次数增加了，这属于（　　　）。

A. 正强化　　　　B. 负强化　　　　C. 自我强化　　　　D. 替代强化

【7.6】妈妈要求小华必须完成作业以后才能看动画片。这种做法符合（　　　）。

A. 负强化原则　　　B. 替代强化原则　　C. 自我强化原则　　D. 普雷马克原则

2. 厌恶疗法

厌恶疗法又称对抗性反射疗法，它是基于经典条件反射的原理而建立的一种治疗方法，是行为治疗中应用最早和最广泛的方法之一。厌恶疗法一般通过在求助者的不良行为即将出现或正在出现时呈现一个令人厌恶的刺激，使求助者产生厌恶的主观体验。经过反复实施，不良行为和厌恶体验就建立了条件联系，求助者为了避免产生厌恶的主观体验，就会改变以往不良的行为习惯。常用的厌恶疗法有以下几种。

（1）电击厌恶疗法。

电击厌恶疗法即在求助者出现不良行为时给予电击。电击的强度以引起求助者心理上的厌恶感为准，每次治疗时间为 30 分钟，随着治疗的效果而适当调整电击的频率，但要注意避免电击对身体产生损害。

（2）橡皮圈疗法。

在日常生活中，橡皮圈可以取代电击的方法，采用同样的治疗原理。此方法简单，易于求助者自己根据实际情况进行操作。其具体做法是：将橡皮圈戴在手腕上，有不良行为出现或有类似想法出现时，立即用橡皮圈弹击皮肤，以引起厌恶感。

（3）想象厌恶疗法。

想象厌恶疗法即通过厌恶情境的想象与不良行为相联系来达到控制不良行为的目的。

3. 系统脱敏法

系统脱敏疗法是由行为治疗心理学家约瑟夫·沃尔普所创。此方法用于治疗求助者对特定事件、人、物体或泛化对象的恐惧和焦虑。这种治疗方法分为三步：第一步，放松训练，教求助者掌握放松技巧，反复进行放松练习；第二步，建立焦虑等级，也就是了解引起求助者焦虑反应的特定情境，将其按照由弱到强的次序排列成一定的"焦虑等级"；第三步，进行脱敏治疗，也就是让求助者想象或置身于引起焦虑的情境，同时进行放松练习。

对于学生而言，采用系统脱敏法旨在使学生对本来可引起敏感反应的人或事物不再产生敏感反应。例如，对于一名有考试焦虑的学生而言，先让该学生在辅导教师的指导下学会放松身体各部位，进行全身松弛训练；建立学生害怕考试的焦虑情境等级，分为"考试前一天晚上想到考试""走在考场的路上""进入考场""第一遍看完卷子""答题过程中出现不会的题目"五个等级，辅导教师引导学生按照"由弱到强"的顺序想象引起自己焦虑的情境，并结合全身放松训练，以放松对抗焦虑反应，直到最高焦虑情境下也不会出现焦虑反应为止。

4. 角色扮演法

角色扮演法是一种通过行为模仿或行为替代来影响个体心理的方法。让学生扮演一定角色，通过某种表演方式进入角色、体验角色，让学生更清楚地认识自己，更理智客观地面对自己出现的问题，从而提高心理素养。角色扮演法有以下几种形式。

（1）哑剧表演。

哑剧表演即辅导教师提出一个主题或一个情景，要求学生不用言语而用表情和动作表演出来。例如，让学生表演与新同学见面的情景，表演赞美别人、喜欢别人或者讨厌别人等情景。这种方法可以促进学生非言语沟通能力的发展。

（2）空椅子表演。

这种方法只需一个人表演，适合在社交方面有困难的学生。例如，某名学生在异性同学面前总是很害羞，难以正常交往，我们可以用空椅子表演的方法帮助他。具体做法是：将两张椅子面对面放着，让他坐在一张椅子上，假设另一张椅子上坐着一名异性同学；让其先表演彼此间曾经有的或可能有的对话，然后坐到对面的椅子上，以对方的立场说话。如此重复多次，往往能使这名学生了解对方，从而改善双方的交往。

（3）角色互换。

这种方法与空椅子表演类似，只是参与的人有两个或者更多。例如，辅导教师可以让一名学生扮演失败者，另一名学生扮演帮助者，两人对话一段时间后，互换椅子和角色。

（4）改变自我。

在角色扮演中，辅导教师让某名学生扮演自己改变后的情况。例如，某名学生上课时行为多动，辅导教师让他扮演上课时行为不再多动的自己。

（5）双重扮演。

这种方法要求两名学生一起表演，一名是有问题的学生，另一名是助理演员。有问题的学生表演什么，助理演员就重复表演什么，这样可以重现事实，帮助有问题的学生认识自己。

（6）魔术商店。

由辅导教师扮演店主，店里销售各种东西，如理想、健康、幸福、财富、成功等。由学生扮演买主，说出自己最想要的东西及其原因。然后，辅导教师问他愿意用什么来交换。用这种方法教师可以了解学生的需求和价值观，帮助学生树立正确的价值观和人生观。

5. 认知疗法

认知疗法认为个体的认知过程会影响其情绪和行为，通过改变对自己、他人和事件的不良认识和态度，个体达到矫正不良行为、改变或改善呈现的心理问题的效果。认知疗法一般可以分为四个治疗阶段：一是建立求助动机，认知给求助者造成困扰的不良的认知、情感、行为模式类型，双方对此能达成共识，理解不良模式与问题间的因果关系，同时能预期辅导的结果；二是不良认知的矫正，通过辅导，使求助者通过发展新的认知和行为来替代原来的不良认知和行为；三是在处理日常生活问题的过程中培养新观念，对抗和替代原来的认知，教会求助者练习将新的认知模式应用到社会情境中去，发挥迁移的效果，并取代原来的认知模式；四是改变有关自我的认知，针对新认知和行为结果，引导求助者重新评价自我效能和自我认知在情境中的作用，在练习中，要帮助求助者学会利用元认知对自己进行监察、反思。

6. 理性情绪疗法

理性情绪疗法由美国心理学家阿尔伯特·埃利斯提出。他认为，错误的思维方式或非理性信念是情绪和行为问题产生的根本原因，消除不合理信念是解决求助者心理问题的关键。一般来说，不合理信念有三个特征：绝对化、过分概括、糟糕至极。理性情绪疗法的实施原理就是帮助求助者克服不合理的信念，建立合理的合乎逻辑的思维方式，以寻求心理问题的解决。其操作步骤如下：

（1）找出不合理信念及思维方式。

治疗者通过与求助者之间的交流，找出求助者所关注与困扰的问题及问题背后不合理的信念及思维方式，帮助他们弄清楚为什么会变成这样，怎么会发展到目前这样，弄清楚不合理的信念与他们的情绪困扰之间的关系。进行这一步时要注意以理解、关注、尊重、积极的态度与求助者交谈，与求助者建立良好的咨访关系，帮助求助者树立自信心。

（2）找出不合理信念的影响。

治疗者坦白和真诚地向求助者提出他们自身存在的不合理信念及其对生活的影响，使求助者明确情绪困扰的真实原因在于自身的不合理认知，他们自己应当对自己的情绪状态及事态发展负责任。

（3）与不合理信念辩论。

治疗者通过以与不合理信念辩论为主的治疗技术，帮助求助者认清其信念的不合理性，改变其头脑中固有的不合逻辑与现实的认知，进而做到放弃这些不合理的信念，并要防止新的不合理信念的产生。这是治疗中最重要和最关键的一环。

（4）治疗者要保持耐心。

治疗者要保持耐心和毅力，不仅要帮助求助者认清并放弃某些特定的不合理信念，而且要从改变他们常见的不合理信念入手，帮助他们学会以合理的思维方式进行思维，代替不合理的思维方式，以避免不合理信念对其情绪的干扰。

历年真题

【7.7】六年级学生小辉因一次模拟考试失败，就认定自己考不上理想中的中学，感觉前途无望，根据理性情绪疗法的原理，小辉的这种不合理信念属于（　　　）。

A. 主观要求　　　　B. 相对化　　　　C. 糟糕至极　　　　D. 片面化

7. 来访者中心疗法

来访者中心疗法又称患者中心疗法，是由美国心理学家卡尔·罗杰斯创建的。人人都具有生存、成长、发展的本能和开发能力，以及成为真正自己的"自我实现"的倾向。罗杰斯认为，对求助者持无条件积极关注、坦诚相对、共情理解的态度，并为其营造一种安全、开放、自由的气氛，求助者便能发挥自我实现的潜能，并使之成为治疗性的资源，主动表达与探寻成长之路。因此，不需要额外采取什么技术方法，也不需要采取直接指导和解释的态度对待求助者。

历年真题

【7.8】在下列矫正学生行为的方法中，不属于行为疗法的是（　　）。

A. 强化法　　　　B. 暂时隔离法　　　C. 系统脱敏法　　　D. 合理情绪疗法

【7.9】接受心理辅导后，小欣非常信任和依赖刘老师，内心里已把她当成妈妈，这属于（　　）。

A. 移情　　　　　B. 共情　　　　　　C. 同情　　　　　　D. 反移情

☞ 本章小结

　　初步掌握健康、心理健康等概念之后，了解心理健康的基本原则和小学生心理健康总目标。从身体健康和心理健康两个方面展开阐述，前者侧重于小学生身体发展的一般模式，强调教师应掌握科学的健康保健措施；后者侧重于小学生常见的心理问题和心理障碍，并分别针对各类问题介绍了相应的辅导和治疗方法。通过对小学生心理健康特点的分析、评估及维护等内容的学习，可以帮助教师更好地根据小学生的心理特点，有针对性地进行教育。

☞ 本章要点回顾

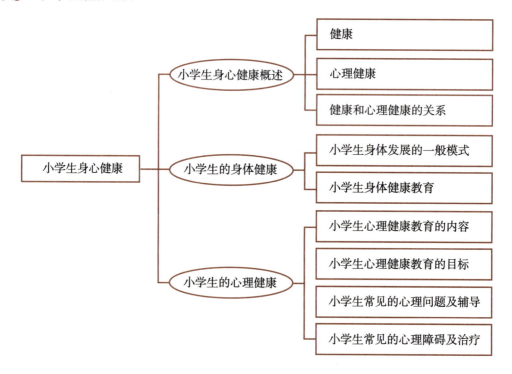

第八章

小学教师心理

☞ 学习完本章，应该做到：

◎ 理解教师专业素养的构成，了解教师的人格特征。

◎ 熟悉自我效能感、教学效能感的含义，了解教学效能感的影响因素及提高措施。

◎ 识记教师角色心理的构成、形成阶段。

◎ 识记教师专业成长理论，熟记教师专业成长历程及成长历程中的相关问题。

◎ 了解专家型教师，熟悉专家型教师的基本特征。

◎ 理解小学教师心理健康的影响因素，识记小学教师心理健康维护措施。

☞ 学习本章时，重点内容为：

◎ 教师专业素养、教学效能感、教师角色心理、专家型教师、教师威信、职业倦怠等概念。

◎ 教学效能感的影响因素及提高。

◎ 教师专业成长理论、成长历程及成长历程中的相关问题、专家型教师的基本特征。

◎ 小学教师心理健康的影响因素及维护措施。

☞ 学习本章时，知识要点与具体方法为：

本章按照小学教师心理特征、成长心理、心理健康三条线索展开。教师心理特征涉及教师专业素养、人格特征和教学效能感，教师成长心理侧重于教师角色心理、成长历程和专家型教师，教师心理健康着重于心理健康的影响因素及维护。

在学习过程中，要结合生活经验，以常识、常情、常理去理解本章内容。

【引子】

2016 年 4 月 15 日，沈阳市心理研究所组织 12 名心理专家走进浑南二中附属小学，为 100 多名老师开展了一场"让快乐洒进心田"的心理减压活动。

沈阳市心理研究所所长、教育专家邹茹莲认为："小学教师由于年轻化、生活环境单一，教育经验不足等原因，他们的压力呈现多元化，非常需要掌握心理减压的技术和建立长期的心理辅导机制。"

现场记者看到，80%老师的自画像都是太阳、笑脸。参与活动的心理专家李上认为，通过这些自画像，可以看出小学老师内心美好，有爱心，乐于冒险，很开放。他们内心中有很多积极的资源，只要他们再掌握一些心理减压的方法，心情会更加愉悦。

浑南二中附属小学德育主任将小学教师的压力大致分成五种：

（1）一些家长的思想两极分化：有的特别重视孩子学习，有的特别轻视孩子学习。老师和这两类家长沟通有困难。

（2）一些家长过分溺爱孩子：不能让孩子受一点委屈，这让老师不知该如何管孩子。

（3）小学班级人数太多：最多的每班60个人，老师责任大，精力不够。

（4）小学老师多数年轻：由于年轻，情绪不稳定，操控自身情绪也成为压力之一。

（5）家长的维权意识越来越强：老师们面对情绪冲动的家长都不敢说话了。

邹茹莲认为，社会、学校以及学生对教师有着高标准的要求和期待，家庭的琐事以及教师自己所面临的工作方面的问题，无疑对教师都构成了巨大的压力。[①]

第一节　教师职业心理特征

心理特征是指一个人在心理过程和个性心理等方面所表现出来的本质特征。教师职业特点、社会角色和人际关系，决定了教师应具备良好的心理特征。教师的职业心理特征主要表现在以下几个方面：教师的专业素养、教师的人格特征、教学效能感。

一、教师的专业素养

教师的专业素养主要由专业精神、本体性知识、实践性知识和条件性知识四个部分构成，这是教师从事教育教学工作的前提条件。

（一）教师的专业精神

教师的专业精神是教师应具有的理想追求、道德规范和伦理要求等基本理性价值取向，是教师献身于教育事业的精神动力。教师的专业精神具体包括：第一，教育理念，即教师在对教育工作理解和体验的基础上，形成的个人的教育观念和理性信念，一个教师的教育理念显现出个人的教育理想，奠定了教师基本的教育判断能力；第二，专业态度，即教师在一定专业意识支配下形成的对专业活动对象的认识、评价与行为倾向，对教师的行为起到重要的指导与调节作用；第三，师德，教师对学生的教育作用不仅是在课堂上传授知识，还有在生活中的言传身教。只有在职业道德、人格修养、待人接物等方面都能起到典范作用，才能成为学生心目中的一名好教师。

（二）教师的本体性知识

教师的本体性知识是指教师具有的特定学科的知识，每个教师都有自己的学科专业，学科知识是教师知识结构中的主体部分，是教师的本体性知识。教师应了解学科内容，理解学科的知识是如何创造、如何组织、如何同其他领域的知识整合的。只有这样，教师才能有更多的精力去设计教学，才能更多地关注学生和整个教学的进展状态。教师要掌握与所教学科有关的知识，以及学科所提供的独特的认识世界的视角、工具与方法。虽然拥有丰富的学科本体性知识并不能保证每一个教师都能成为好教师，但也不能否定本体性知识在教育教学中的重要作用。

---

① 小学老师心里5个"压力山大"：不知如何管孩子[EB/OL].（2017-12-26）[2023-06-30]. https://www.sohu.com/a/69423963_119798.

（三）教师的实践性知识

教师的实践性知识是指教师在有目的的教学行为中所应具备的课堂情境知识以及与之相关的知识，这种知识属于实践性知识，主要包括教师积累的教学经验和在情境教学中间接获得的经验。教师的实践性知识的特点包括：第一，实践知识具有明显的经验性，它依赖于教学经验，缺乏严密性和普遍性，但却具有鲜活性和功能灵活性；第二，实践知识具有情境性；第三，实践知识具有隐蔽性，往往表现为直觉和自动化的过程；第四，实践知识具有反思性，是一般经验的积累，更是典型经验的总结和反思。

历年真题

【8.1】青年教师小王每次课后都认真回顾整个教学过程，把失败之处记录下来，教学水平不断提高。这体现了小王老师注重（　　　）。

　　A. 教学反馈　　　　B. 教学反思　　　　C. 教学创新　　　　D. 情境创设

（四）教师的条件性知识

教师的条件性知识是指教师具有的教育学与心理学知识及其应用性知识，涉及教师"如何教"的问题。教师要知道如何教，就需要认识教育过程的要素，除了教学内容之外，教师还需要掌握有关教育对象、教学过程、教学方法的知识。同时，在教学过程中，教师还要将学科知识转化为学生可以理解的知识，要能促进学生智能和情感的发展，并能运用教育机智有效处理教学中的偶发事件。由此可以说，条件性知识是一个教师成功教学的重要保障。

相关研究表明，教师往往把他们所具有的学科知识与课堂情境结合起来，形成一种与教学行为相关的知识。从某种意义上说，教学的中心任务就是对学科做出教育学的解释，这种解释要依据学生对该学科的掌握情况。如杜威指出的那样，科学家与教师的学科知识不一样，教师必须把学科知识"心理学化"，以便学生能理解。

历年真题

【8.2】郑老师在指导新教师时说，了解学生的身心发展规律、学习心理等，对做好教育教学工作极为重要。郑老师的体会表明，教师不可忽视（　　　）。

　　A. 政治理论知识　　　　　　　　　B. 文化基础知识

　　C. 学科专业知识　　　　　　　　　D. 教育科学知识

【8.3】万老师教学很认真，经常辛辛苦苦从上课讲到下课，嗓门特别大，被同事戏称为"全天候广播员"，可教学效果一直不好。万老师需要反思的是（　　　）。

　　A. 教学态度　　　B. 教学方式　　　C. 教学目的　　　D. 教学条件

【8.4】2021年教育部印发的《小学教师专业标准（试行）》规定，小学教师的专业知识包括（　　　）。

①小学生发展知识　②学科知识　③教育教学知识　④通识性知识　⑤实践性知识

A.①②③⑤　　　　B.①②③④　　　　C.①③④⑤　　　　D.②③④⑤

二、教师的人格特征

教师的人格特征主要体现在认知心理特征、情感心理特征、意志心理特征、人格素养与自我适应等方面。

（一）教师的认知心理特征

1. 细致的观察力

观察力是教师应具备的一种重要能力。教师要根据学生的外部表现了解其个性和心理状态，甚至根据学生的某一表现推知其接下来的表现。具有细致观察力的教师，能从学生细微的表现中，洞察其知识、智力和个性发展等情况；通过对学生的眼神、表情、姿态等的观察来了解学生的真实想法，从而为有针对性地进行教育提供参考依据。

2. 敏锐的注意力

在教学过程中，教师既要关注教材内容的讲解，又要关注学生的课堂表现，还要根据学生的表现进行反思，调整教学内容和教学方法。这就要求教师具备良好的分配注意的能力，以便在教学过程中做到眼观耳听、嘴说手动，从而达到良好的教学效果。

3. 清晰的记忆力

教师的记忆力主要表现在对教材、学生、活动及学生反映的情况等方面的记忆上。教师备课后要记住教材内容与课堂设计；要记住学生的名字，说出他的爱好特征；能清晰、准确地再现班集体活动的情况以及学生反映的情况，使学生感到教师对自己的关注，产生对教师的亲近感和信任感，从而提高教师的威望。

4. 创造性思维能力

教师是学生智力的开发者、心灵的塑造者，这就要求教师要具有创造性思维能力与创新精神。在教学上，教师能根据教学大纲的要求和学生的实际水平，创造性地把知识传递给学生；在教育工作上，能根据不同教育对象所遇到的不同教育问题因材施教；能批判性地接受他人的教育经验，不是生搬硬套，更不是因循守旧。

5. 良好的表达能力

良好的语言表达能力是优秀教师的基本心理特征之一。教师的语言表达应做到：简明扼要、内容具体、生动活泼、感染力强、符合逻辑、语法正确、流畅易懂；语音、语调要抑扬顿挫，语速适当。小学教师的语言尤其要有情感性，这样才能使学生心情愉快地接受教师传授的知识，进而提高教学效果。

6. 丰富的想象力

想象力丰富的教师能根据学生的特点创造性地安排教学内容。如想象力丰富的语文教师，能够有效地再造作品的情境，领会作品所蕴含的丰富内容，并将其有效地传授给学生，进而提高学生的想象力。

7. 较强的组织能力

教师的组织能力是保证教育教学工作顺利进行所必须具备的心理特征。教师的组织能力主要包括组织教材的能力、组织课堂教学的能力、组织班集体活动的能力以及组织教师集体（如教研组）活动的能力。教师只有具备了这种组织能力，才能有效地开展教育教学活动，保证教育教学工作的顺利进行。

历年真题

【8.5】下列不属于教师认知心理特征的是（ ）。

A. 观察力特征　　　B. 思维特征　　　C. 注意力特征　　　D. 意志力特征

（二）教师的情感心理特征

"爱"是教师最核心的职业心理特征。教师的爱既体现为热爱教育事业，又体现为热爱学生。热爱教育事业表现为教师对教育工作的高度责任感、荣誉感、事业心；热爱学生既表现为教师对学生的严格要求和尊重，又表现为教师毫无保留地将自己的学识传授给学生，以使学生在精神和智力方面获得最大发展。当然，教师热爱学生的情感是以教师对教育事业的热爱为前提条件的。

教师的情感对学生有直接的感染力，是开启学生心扉的一把有效的钥匙，在思想品德教育中具有不可低估的作用。教师热爱学生，学生就会热爱教师，并把对教师的热爱转移到学好教师所教的功课上，进而提高学生的学习质量。

（三）教师的意志心理特征

良好的意志品质是教师克服教育工作中的一切困难，持续做好教育工作的基本心理特征。教师的意志品质表现为：①目的性，是指教师在完成教育任务时都有明确的目的，并有力求达到这一目的的坚定意向；②果断性，是指教师善于及时决断的能力，特别是遇到突发教学事件时，教师的果断性和坚定性就体现为解决这一突发事件的教育机智；③自制性，是指教师能够掌握或支配自己行动的能力，教师的自制力与其沉着、耐心的坚持性联系在一起，可以有效地影响学生良好心理品质的形成；④坚持性，是指教师能够长期坚持精神饱满地完成教育教学工作。

良好的意志品质是教师提高业务水平和完成教育任务的基本心理特征，缺乏这种心理特征，教师就不可能长期坚持教育教学工作，对教育事业的发展和学生的成长都会造成不良影响。

（四）教师的人格素养与自我适应

作为教育事业的主要体现者和实施者，教师除了要有丰富的学识之外，还需要具备良好的人格素养。

1. 教师应有的人格素养

教师的人格素养主要表现在：专业的气质与敬业的态度；稳定的情绪；良好的人际关系；乐观、活泼的性格；高尚的品德以及教育机智。教育机智体现了教师的急中生智，是教师各种能力灵活运用的"合金"，没有固定的模式，常常运用在解决意料之外的问题上。如果没有教育机智，教师就不可能成为优秀的教育实践者。教育机智与教师的智力、教育能力密切联系，同时还与教师的教育技巧有着不可分割的联系，是教师所独有的心理特征。

2. 教师的自我适应

教师作为精神文明的开拓者，在传递科学文化知识，促进整个人类生存与延续方面始终起着十分重要的作用。但随着科技的进步，知识的不断更新，社会对教师角色的要求不再是单纯的"传道、授业、解惑"。正如《学会生存》中所阐述的那样：教师的职责现在已经越来越少地传递知识，而越来越多地激励思考；除了他的正式职能以外，他将越来越成为一位顾问，一位交换意见的参加者，一位帮助发现矛盾论点而不是拿出真理的人。由于信息源急剧增多，学生视野开阔、思维活跃、知识面广，对教师驾驭课堂的能力提出了更高的要求。因此，随着社会的变迁，教师只有具备良好的适应能力，才能成为一名合格的教育工作者。

教师的自我适应表现在：①工作之初的适应，表现在如何与学生相处、摆正自己的位置，如何从大学校园的生活转变到尽快适应繁忙、繁重的教学工作，如何从松散的学生生活转变到尽快适应教师严谨的行为规范，如何使学生能有效学习并提高效率等方面。②工作之中的适应，如在投入教育教学工作之后，要不断适应新的情境和要求，适应具有个性差异的学生以及适应新的教学理念、方法等。

> **历年真题**

【8.6】在教师人格特征中，有两个重要特征对教学效果有显著的影响：一是教师的热心和同情心，二是（　　　）。

A. 教学效能感　　　　　　　　B. 教师富于激励和想象的倾向

C. 职业性格　　　　　　　　　D. 职业理念

三、教学效能感

（一）自我效能感

自我效能是由美国心理学家阿尔伯特·班杜拉提出的概念，是指个体对自己是否能够成功地完成某项任务的主观判断、评价和信念。班杜拉指出，一个人的自我效能会影响其思维模式、行动和情绪的激活；换言之，自我效能是人类行为的强大力量，控制和调节人们的行为。人们选择投入某项工作的关键因素不是能力或水平，而是对能否胜任的评估，自我效能影响个体的行为选择与努力程度。自我效能感相当于人们通常所说的自信心，只是自信心是一个经验性概念。自我效能感作为心理学研究的结果，较具体地分析了自我效能的情绪和知觉特征，并且通过实验探讨了形成自我效能的途径，这样有助于人们在实践中有意识地采取具体行动有效地促进自我效能。

在班杜拉看来，人的行为是受两个因素影响或决定的：一个是行为的结果因素，即强化；另一个是行为的先行因素，即期待。其中，期待分为两种：一是结果预期，是指人们对自己某种行为可能导致什么样结果的推测。如果个体预测到某一特定行为或导致某一特定的结果，那么这一行为就可能被激活和被选择。例如，学生认识到只要上课认真听讲，就会获得他所期望的好成绩，那么他就很可能认真听课。另一种是效能预期，是指个体对自己能否实施某种行为能力的主观判断，即人对自己行为能力的推测。当确信自己有能力进行某一种活动时，他就会产生高度的"自我效能感"，并会去进行该活动。例如，学生不仅知道注意听讲可以带来理想的成绩，而且还感到自己有能力听懂教师所讲的内容时，才会认真听讲。显然，自我效能感产生于某一活动之前，是对自己能否有效地做出某一行为进行的主观推测。同时，班杜拉进一步指出，即便人们知道某一行为可能带来良好的结果，也并不一定去从事活动或做出某种行为。比如，每个学生都知道好的成绩会获得好的结果，但当学生感到无能为力时，他就不会实施某种努力学习的行为。所以，当有了相当的知识、技能和目标时，自我效能感就成了行为的决定因素。

班杜拉指出，影响自我效能感形成的因素主要有以下几种。

①个人自身行为的成败经验。这个效能信息源对自我效能感的影响最大。一般来说，成功经验会提高效能期望，反复的失败会降低效能期望。但事情并不这么简单，成败经验对效能期望的影响还要受个体归因方式的左右，如果把成功归因于外部机遇等不可控的因素，就不会增强效能感，把失败归因于自我能力等内部的可控的因素就不一定会降低效能感。因此，归因方式直接影响自我效能感的形成。

②替代经验或模仿。人的许多效能期望来源于观察他人的替代经验。这里的一个关键是观察者与榜样的一致性，即榜样的情况与观察者非常相似。

③言语劝说。言语劝说因其简便、有效而得到广泛应用。言语劝说的价值取决于它是否切合实际，缺乏事实基础的言语劝说对自我效能感的影响不大，在直接经验或替代性经验基础上进行劝说的效果会更好。

④情绪唤醒。班杜拉在"去敏感性"的研究中发现，高水平的唤醒使成绩降低而影响自我效能。当人们不为厌恶刺激所困扰时更能期望成功，但个体在面临某项活动任务时的身心反应、强烈的激动情绪通常会妨碍行为的表现，从而降低自我效能感。

上述几种因素对效能期望的作用依赖于个体对其是如何认知和评价的。人们必须对与能力有关的因素和非能力因素对成败的作用加以权衡，人们觉察到效能的程度取决于任务的难度、付出努力的程度、接受外界援助的多少、取得成绩的情境条件以及成败的暂时模式，班杜拉的社会学习理论认为，这些因素作为效能信息的载体影响成绩，主要是通过自我效能感的中介影响发生的。从这个意义上说，美国认知教育心理学家戴维·保罗·奥苏贝尔与教育心理学家加涅主张在某些条件下调动个体积极性的最好办法不是从动机入手，而是从认知入手，这是颇有道理的。

班杜拉等人的研究还指出，自我效能感对个体而言具有：①决定人们对活动的选择及对该活动的坚持性；②影响人们在困难面前的态度；③影响新行为的获得和习得行为的表现；④影响活动时的情绪等功能。

历年真题

【8.7】影响自我效能感的最主要的因素是（　　）。

A. 个人自身行为的成败经验　　　　B. 替代经验

C. 言语暗示　　　　　　　　　D. 情绪唤醒

（二）教学效能感

由于自我效能感所具有的影响作用，在教育研究领域，教师在教育教学过程中对自己能力的主观判断就成为研究者关注的重要内容。最早对教师效能感进行研究的是阿尔默和贝尔曼，他们在"教师教学效果评估研究"课题中表明，教师教学效能感是学生学习成绩好坏的重要预测变量。

1. 教学效能感的概念

教学效能感是指教师对于自己影响学生的学习活动和学习结果的能力的一种主观判断，被认为是影响教师教育教学工作效率的一个重要主观因素。教学效能感这一概念在理论上来源于班杜拉的自我效能感的概念。艾什顿提出，教师的教学效能感包括一般教学效能感和个人教学效能感两个成分：一般教学效能感指教师对教育在学生发展中作用等问题的一般看法与判断，即教师是否相信教育能够克服社会、家庭及学生本身素质对学生的消极影响，有效地促进学生的发展，这与班杜拉理论中的结果预期相一致。如果教师认为其教育教学比家庭等环境因素对学生学习的影响大，表明教师的一般教学效能感高；若相反，则表明教师的一般教学效能感低。个人教学效能感是指教师对自己的教学效果的认识和评价，即教师认为自己能够有效地指导学生，相信自己具有教好学生的能力，它与班杜拉理论中的效能预期相一致。这是教师对自己教育影响力的一种主观判断，也是教师工作积极性的直接来源。如教师认为"如果一个学生前学后忘，我知道如何去帮助他""如果班上某个学生变得爱捣乱，我相信自己有办法很快使他改正"。这类教师认为自己能够教好最缺乏学习动机的学生，表明他对自己的教育教学能力充满自信，其个人教学效能感高，当面对缺乏学习动机的学生时，他会采取比较有效的办法去帮助学生。

历年真题

【8.8】教师对自己影响学生行为和学习结果的能力的一种主观判断是指（　　）。

A. 教学效能感　　B. 教学归因　　C. 教学评价　　D. 教学判断

【8.9】教师的教学效能感包括（　　）。

A. 自我效能感和一般教学效能感

B. 一般教学效能感和个人教学效能感

C. 集体效能感和个人教学效能感

D. 自我效能感和集体效能感

【8.10】王老师是一位数学教师，相当自信，他认为只要他努力就能提高数学学习困难学生的成绩。这说明王老师（　　）心理特征较好。

A. 教学监控能力　　B. 教学应变能力　　C. 角色认同感　　D. 教学效能感

2. 教学效能感的作用

教学活动是一个极其复杂的系统。在这个系统中，存在许多相互联系、相互影响、相互作用的因素，其中既包含教师自身的因素（如教师的智力、教学能力、教学风格、动机水平、情绪状态、个性特征、自我概念、身体情况等），又包括教学环境方面的诸多因素（如学生状况、班级环境、班级气氛、学校风气、教师关系、师生关系、社会环境等），还包括教学媒体方面的因素（如教学任务、教学内容、教学手段、教学方法等）。好的教学效果是上述各因素的最佳相互作用的结果，但不可否认，教学效能感因素是一个教师做好教育教学工作最基础的因素。

教学效能感是教师心理特质的重要组成部分，每一位教师只有具有了较高的自我效能感，才能在工作中积极、主动，不断探究，才能更好地促进学生发展。很难设想一个对教育工作毫无兴趣、对自己的教学能力缺乏信心、见到学生就心烦的教师，会对自己的教学活动进行主动的评价、反馈和调控，这一点在教师教学能力的训练中体现得尤为明显，他们在教育教学过程中也是不可能取得优异成绩的。

心理学家从教学效能感的视角在教师教学行为对学生学习效果的影响方面进行了广泛的研究，结果发现，教学效能感高的教师，热爱教育教学工作，教学态度积极，愿意在教学上付出更多的努力，注意运用灵活多变的教学策略，愿意进行教学改革和冒险，并且对学生宽容、接纳、公平、民主，很少批判学生，也表现出很强的管理能力。教学效能感低的教师则视各种变革、尝试为一种威胁，更愿意循规蹈矩，其教学水平提高的速度明显偏慢。而教师教学效能感会进一步影响学生的学习动机、课堂参与、自我效能和情绪情感活动，进而影响学生的学业成就。同时，教师的教学效能感是解释教师动机的关键因素，会影响教师对教育工作的积极性和教学工作的努力程度，以及在遇到困难时克服困难的坚持程度等。作为衡量教师工作动机的一个敏感的指标，教师教学效能感对其教学工作的影响也就不言自明了。

3. 教学效能感的影响因素

艾什顿曾采用生态学的观点，把影响教师教学效能感的因素分为四个水平，即宏观系统水平（指社会的信念和习俗层次）、外部系统水平（指教师所在的社区环境）、中间水平（指教师所在学校的主客观因素）和微观系统水平（指教师所教学生的特征）。辛涛等人的研究表明，学校制度的完整性、工作提供的发展条件、学校的支持系统、学校风气、教师关系、师生关系六项学校因素与教师的个人教学效能感之间均有显著的正相关；而工作提供的发展条件、学校的支持系统和制度的完整性与教师的一般教学效能感之间存在显著的正相关。也就是说，学校的客观条件越好，风气越正，学校的制度越完整、合理，师生之间的关系越融洽，工作提供的发展条件越好，教师的自我效能信念就越强。

学历、学校风气、师生关系和教育工作提供的发展条件等因素对教师的个人教学效能感具有独立的、显著的影响。如那些学历相对较高的教师，那些感觉学校的风气健康、学生的学风浓厚、教师的教学科研积极性很高的教师，那些自认与学生关系良好、善于控制学生的课堂行为、受学生尊重的教师，那些认为目前的教学工作有利于自己发展、有利于自己价值实现的教师，有更强的个人教学效能信念，他们更相信自己有能力激发学生的学习动机，能教好任何学生。

而学校的支持系统、学历和教育工作提供的发展条件等因素对教师的一般教学效能感具有独立、显著的影响，即那些认为目前学校的工作条件不错、各方面的福利待遇还可以的教师，那些认为目前的教学工作有利于自己的发展、有利于自己的价值实现的教师，那些学历相对较高的教师，有更高的一般教学效能感，他们对教育价值的认识更准确。当然，学校因素只是影响教师教学效能感的一方面的因素，其他如教师的价值观、其所教班级学生的特征、社会文化与习俗等因素，都从各自不同的角度，以潜移默化的方式影响教师的教学行为，它们同样也影响教师教学效能感的内容、表现与发展。一项关于小学教师教学效能感的研究发现，小学教师的一般教学效能感与个人教学效能感都表现出高—低—高的趋势，而且，教龄和学历对教学效能感的影响存在交互作用，不同学历水平下，教学效能感随教龄增长变化的模式不同：中师学历的教师，随着教龄的增加，其教学效能感的高—低—高趋势变化明显；而大专以上学历教师随着教龄增加，教学效能感保持相对稳定。城市和农村的小学教师教学效能感水平也不一样，城市教师的个人教学效能感水平明显高于农村教师。在一般教学效能感和个人教学效能感方面，一般教学效能感通常高于个人教学效能感。

需要指出的是，上述各种因素对教师教学效能感的影响并不是孤立存在的，它们之间相互联系、相互作用，共同形成一个复杂的影响系统，作用于教师的教学效能感。这是我们在考察教学效能感的影响因素时所必须注意的。

4. 教师教学效能感的发展与提高

作为对教师的教学活动的独特的主观判断，教师的教学效能感并不是先天形成的，而是在教学活动中逐渐形成和发展起来的。有研究指出，教师的一般教学效能感随着其教龄的增长而呈下降趋势，而个人教学效能感则随着教师教龄的增长表现出上升趋势，但教学效能感的总体水平上，虽然也表现出随着教龄增长呈上升趋势，但这种变化很小，不存在统计学上的显著性。

就一般教学效能感随着教龄增长而下降这一点而言，普遍认为是由于师范教育的倾向性，师范大学的学生及刚走上教育岗位的教师一般多持有"教育决定论"的观点，他们很自然地认为，教育一定能促进学生的身心发展，它在学生的发展过程中起着决定性的作用。但随着从教时间的增加，教育现实中的许多现象和问题对"教育决定论"的观点提出了挑战，使这些教师对教育的决定作用产生了怀疑，他们的教育观念发生了动摇。他们不再坚决地肯定教育可以决定学生的发展了，而是认为学生的发展是一个复杂的过程，受多种因素的影响，教育不是万能的，教与学是辩证统一的关系，其中学生的学习、发展既受生理条件与心理发展水平的制约，又受社会条件的制约，且存在年龄特征与个体差异，青少年学生的发展是内外因交互作用的产物，并表现为一个从量变到质变的过程。鉴于上述认识，教师的一般教学效能感出现了随着教龄增长而下降的趋势。

而教师个人教学效能感的上升趋势，则是其教学经验积累的结果，也可视为教师个体文化发展的产物，这是学校教育活动与教师职业有机联系在一起的文化现象。一般来说，在校大学生和刚参加工作的教师，他们的教学经验很少，在教学中遇到问题时，常常会手足无措，缺乏教学方法和课堂管理的策略。随着教学年限的增长，教师的教学经验逐步丰富起来了，他们的个体文化概念也进一步得到了发展，他们的思想观念、价值趋向、审美意识和社会行为逐步稳定，角色特征、人格特征、形象特征和教学风格日益完善。于是，他们慢慢学会恰当地处理教学中出现的各种问题，教学的自信心不断地增强，其个人教学效能感也就表现出上升的趋势。

由此可见，教学效能感作为教师的一种重要的心理特质，其产生与发展是受多种因素的影响和制约的。无论是预备教师、新手型教师，还是熟练型教师，其教学效能感都是发展变化的。即都具有一定的可塑性，可以通过一定的方法与途径加以改变和提高，使其向更加积极有利的方面发展。对于预备教师和新手型教师，其一般教学效能感尚未定型，容易通过教学实践锻炼、观摩教学等方式加以改变与发展。对于职业熟练型教师，教学效能感已趋于稳定，但也可以通过进一步促使他们尝试新的教学方法、教学策略和教学技术以及进行教学改革等手段，使他们相信自己能够做得更有成效，以重塑、改变和提高原有的教学效能感。

要想提高教师教学效能感，应做到以下几点：①转变教师的角色，向教师反复地强调参加教育科研对教师素质提高的作用，使他们在思想上澄清对教学研究的认识，自觉地实现角色的改变；②树立正确的教育理念，通过向教师澄清认知行为矫正技术的原理，帮助他们发现自己对教育教学的作用和自己教学能力的不正确的认识和观念，进而促使教师更客观地认识和评价教育的价值和作用，坚定自己有能力教好学生的信心；③提高教学技能，采用团体归因训练方法，组织教师一起讨论教育对学生发展的作用，讨论教师在学生智力的增长和学习成绩提高过程中的作用，讨论教师在教学过程中遇到的困难、挫折及克服的方法，并对每个教师的具体情况做出较全面的分析，引导他们对自己教育教学中出现的问题作易控制的、不稳定的因素归因，使教师坚信教育对学生发展的决定性价值，坚信自己有教育好学生的能力，提高教师的工作积极性和责任感；④创设观察学习的机会和环境，通过学习专家型教师的教学经验和敬业精神，督促教师自觉地模仿，通过学习和模仿，端正教师的教学效能信念，最终促进其教学效能感的提高。

教学效能感作为一种内隐性的主观存在，是教育理论与教育实践的桥梁，但是在实际的教学过程中，教师个体的教学效能感并不都是清晰地存在于教师的意识层面，被自由自在地应用，许多教师的教学效能感等心理特征处于内隐的、无意识的状态。从当前的环境来看，社会对教育的要求越来越高，教育要承担起造就适应社会主义现代化建设的一代新人的艰巨任务。现代社会要求教师具有比以往任何时期都高的教育水平，现在的教师已不能仅是传统意义上的"教书匠"了，更要担负起培养学生全面发展的任务，成为教育教学工作中的专家。所以，首要的问题是解决教师动机和观念上的问题，促使教师观念的转变和更新，提高他们工作的积极性和责任感，观念上的问题解决了、思想通了，真正把教育工作作为自己的职业理想，愿意为教育事业而奉献自己，才谈得上对教师教学能力的培养，这是教师成长发展的基础。从这个意义上说，教学效能感是当前教师成长发展的一个核心问题。

第二节　教师成长心理

一、教师角色心理

"角色"这一概念，原来是指演员按剧本要求扮演某一特定的人物。20 世纪 20 年代，美国社会心理学家乔治·赫伯特·米德首先将这一术语引入社会心理学，称为社会角色。社会角色是由人们的社会地位决定的行为模式，一般包括三种含义：①特定的社会行为模式；②在群体生活和社会关系体系中所特有的位置和身份；③个体实现社会规定的权利和义务的行为规范。

在某一时间，每个社会成员都处于某个社会位置上，这时他便扮演着社会角色，教师也是一种社会角色。社会对处于某一社会位置上的角色都有一定的要求，为他们规定了相应的行为规范和要求，这就是社会对角色的期待。角色期待的内容是在长期的社会发展中形成的，对角色行为具有规范作用。每个人只有按角色期待行事，才能保证对社会的适应，其行为才会得到社会的认可和称赞。虽然角色期待并不像法则规范那样强制人们执行，但它是在一定社会群体中约定俗成并由公众舆论来监督执行的，只有符合角色期待的行为，才会受到公众舆论的赞许。角色期待的作用主要是规范了角色的行为，为角色行为的产生提供了依据。例如，在庄重的会议和在朋友聚会上，人们的举止言谈会有明显区别，因为在这两种场合中人们扮演的角色不同。

（一）社会对教师的角色期待

教师职业具有特殊性，教师职业的特殊性决定了社会对教师所扮演的角色充满期待。一般来说，社会对教师的角色期待主要体现在：①根据一定社会规定的教育目的和学生身心发展特点培养人才；②在教书育人中，遵循教育教学规律，针对实际情境创造性地因材施教；③言传身教，爱岗敬业，充当学生的楷模；④树立长远的育人目标，培养全面发展的人才。

历年真题

【8.11】社会或团体对某一特定角色所规定的一整套权利、义务和行为规范，代表社会的一种理想期望是指（　　）。

A. 教师角色　　　　B. 期望角色　　　　C. 领悟角色　　　　D. 实践角色

（二）教师的角色心理

教师的角色心理是指教师对自己所扮演的社会角色的认知和体验。它是教师自我意识的重要组成部分。明确的角色心理有助于教师不断地调适自己的职业行为，更好地履行自己的职责。教师的角色心理主要包括以下内容：①角色认知，即教师对其所扮演角色的社会地位、作用和行为规范模式的认识，当教师意识到自己所扮演的角色后，他就能够用相应的行为规范来要求自己，同时，清晰的角色认知也是教师规范自己的角色行为，达到良好职业适应的重要条件；②角色体验，即教师对自己所扮演的角色在履行角色职责的过程中产生的情绪体验，积极的角色体验可以使教师对自己的角色感到自豪，并从教育教学中获得满足和愉悦；③角色期待，即教师对自己所扮演的角色可能带来的心理满足以及对自我需要满足程度的一种期望，教师的社会地位和经济地位的提高，有助于增加教师角色期待的满意程度。

【8.12】教师角色态度动态发展的关键因素是（　　　）。

A. 学生的表现、要求和反馈　　　　B. 领导批评

C. 家长意见　　　　　　　　　　　D. 社会舆论

（三）教师的角色扮演

教师的角色扮演主要表现在以下三个方面。①社会的代表者。教师受社会指派并根据社会的要求对下一代实施有目的、有计划的教育影响。因此，教师的言行不仅是个人行为，而且也是社会规范行为的体现。使命感和责任感是教师角色心理的核心要素。②社会道德的实践者。教书育人是教师的天职。"育人"，即不仅要帮助学生掌握一定的知识技能，发展其智能，而且还要帮助学生形成良好的道德品质。学生道德品质的形成和发展不仅依赖于教师的"传道"，更取决于教师对社会道德的"践行"。③人类文明的建设者。教师的劳动是创造性劳动。在当今社会，一个合格的教师不但应具备所教学科的知识技能，而且还应具有强烈的创新意识，能不断探索教育教学中的未知领域，揭示教育教学的规律，传承并发展人类文明。

传统的教师角色比较单一，其职责主要是传递知识技能，师生之间是直接的传递和接受关系。然而，随着科技的飞速发展和社会的急剧变革，特别是以计算机为核心的信息技术在教育中的应用，从教育目标到教育内容、教育方法等都在发生巨大变化，教师的角色也相应发生了重大变化。具体来说，教师在教学中扮演以下重要角色。

1. 教学设计者

作为教学的设计者，教师要考虑的问题包括：①教学目标，即通过教学要让学生达到什么样的目标；②教学策略和方法，即采用什么样的方式、方法进行有效的教学，并达到预定的教学目标；③检测手段，即采用何种手段评估学生掌握的程度和教学目标的达成度；④学生，即要考虑学生的实际水平、接受能力和心理成熟度；⑤教学内容，即要考虑教学内容的难易程度，并结合学生的实际水平，对教学内容进行恰当的安排。

2. 主要的信息源和信息筛选者

作为主要的信息源，教师的作用主要体现在两个方面：①按照设计好的方案为学生提供信息；②主动为学生提供其在自主探究中所需要的信息。信息筛选者，主要是指在现代社会中，信息传播的途径日益丰富，教师不再是学生唯一的信息源，作为教育者，教师应承担为学生筛选有用信息的职责，尽可能为学生提供有效的支持和帮助。

3. 指导者和促进者

教师不仅是知识的传授者，更是学生的指导者和促进者。任何时候，教师的指导作用都是不能否定的。对小学生而言，必要的讲解和指点，永远都是不可缺少的。教师还要从单纯传授者的角色中解放出来，主动承担起促进学生个性和谐发展、引导帮助学生建构自己知识体系的职责。

4. 组织者和管理者

尽管不同教师对课堂控制的程度不同，但维持一定的教学秩序是进行教学的前提。

教师要激发学生的学习动机，进行班级管理，组织课堂教学，处理教学中的偶发事件等；要组织学生参加体育锻炼，准备考试；要记录学生的表现，并与家长和其他教师进行交流。随着人们对合作学习和交互性学习的重视，教师作为组织者和管理者的角色更为突出。如组织学习小组，引导学生进行讨论与合作活动等。

历年真题

【8.13】历史课上，教师讲到"楚汉战争"中项羽自杀时，一个学生突然说道："项羽真是个大傻瓜"，此时教师恰当的处理方式是（　　　　）。

A. 批评学生扰乱秩序　　　　　　　B. 视而不见，继续上课

C. 引导学生展开讨论　　　　　　　D. 要求学生不乱说话

5. 学习共同体中的首席

现代教育理论认为，在课堂教学中，教师和学生是一个学习共同体。尽管这一共同体的所有成员都是平等的，但教师应成为共同体的首席成员。只有这样，教师与学生之间才能建立友好融洽的关系，才能与学生共同进行意义的理解建构，共同解决问题。

6. 反思者与研究者

教学反思是教师专业发展和自我成长的核心因素，教师要不断反思教学活动中存在的问题，并提出改进方案。教师对教学的反思过程，就是教师以一定的元认知知识为基础，对自己的教学活动进行认知监控的过程。教师还是教学的研究者，教师的研究是一种以教学为核心的行动研究，这种研究解决的主要是教学中的实际问题。

7. 终身学习者

在科学技术飞速发展的社会，人们必须不断学习、终身学习，才能适应社会的变革。随着学生获取知识、信息渠道的多样化，教师作为学生唯一知识源的地位已彻底动摇。教师需要重新定位，以学习促发展，不断改变自己的生存状态以适应发展的需要。

历年真题

【8.14】邱老师经常梳理教学工作中遇到的问题，并运用教育学、心理学知识分析问题的成因，寻找解决策略，邱老师在这一过程中扮演的主要角色是（　　　　）。

A. 教育教学的研究者　　　　　　　B. 行为规范的示范者

C. 心理健康的维护者　　　　　　　D. 学生学习的组织者

【8.15】某老师常用周末向农民请教农业知识，并把内容融入教学中，而且制作成册发给同事，说明该老师具有（　　　　）。

A. 课程开发意识　　　　　　　　　B. 校本教研的意识

C. 课程评价的意识　　　　　　　　D. 团体培训的意识

【8.16】以下是钟老师班主任日志的一段话，这表明钟老师（　　　　）。

"一个月了，尽管我对××给予了更多的关心与鼓励。但依然看不到好转的迹象，是

方法不对还是……？看来，我得再找他的父母和原班主任交流，再深入一点，再调整策略。"

  A. 善于自我反思   B. 缺乏探索精神

  C. 善于引导学生   D. 缺乏问题意识

  【8.17】学校派骨干教师王老师外出参加培训。王老师说："我经常给别人做讲座，哪里还需要去接受培训？还是让刚参加工作的年轻人去吧！"关于此事的下列说法中，正确的是（ ）。

  A. 王老师具有团队协作的意识   B. 王老师具有专业发展的意识

  C. 王老师缺乏终身学习的意识   D. 王老师缺乏课程建设的意识

  【8.18】从教20多年的李老师教学经验十分丰富，但他还是很注意学习新知识，勇于探索创新，不断提高自己的专业素养和教育教学水平，这说明李老师具有（ ）。

  A. 爱护学生的情怀   B. 遵纪守法的自觉

  C. 团结协作的精神   D. 终身学习的意识

  【8.19】某小学要求教师重视教学科研。卢老师抱怨道："搞研究有什么用，上课又用不着。"卢老师的说法（ ）。

  A. 正确。但教师须服从学校的一切安排 B. 不正确。研究有利于教师专业发展

  C. 正确。小学教师搞研究没用   D. 正确。研究对应试帮助不大

  【8.20】在某校延续多年的"教研沙龙"活动中，老师们积极参与，讨论教学中的热点、难点问题，在相互启发中不断寻找新的教研生长点。下列对该案例中教师角色描述不恰当的是（ ）。

  A. 研究者   B. 合作者   C. 管理者   D. 学习者

（四）教师职业角色的形成

  教师职业角色的形成会经历三个阶段：①角色认知阶段，即了解教师职业角色所承担的社会责任，能将教师充当的职业角色与其他职业角色区分开；②角色认同阶段，即亲身体验并接受教师角色所承担的社会职责，并用职业角色规范来控制和衡量自己的行为，既认识了解教师角色的行为规范，又产生较深的情感体验；③角色信念形成阶段，即将职业角色的社会要求转化为个体需要，坚信自己对教师职业的认识是正确的，并将其作为规范自己行为的指南，形成特有的自尊心和荣誉感。教师一旦形成职业角色信念，就会表现出对教育工作的无限热爱和执着忘我的敬业精神。

二、教师成长历程

  教师是从事教育事业的主体，与其他职业不同，教师的劳动对象是各具特点的学生，因此教师专业化和职业化就显得尤为重要。追求职业成熟，成长为专家型教师是教师职业发展的最终目的。教师职业发展的核心问题是教师职业的专业化，而教师自身的专业成长是教师职业专业化的关键。

（一）有关教师专业成长的理论

在教师专业成长研究领域，也出现了一些理论研究，主要有以下几种。

1. 弗勒的生涯关注理论

美国学者弗勒和布朗等根据教师的需要和不同时期关注的焦点，把教师职业生涯分为以下四个阶段。

（1）教学前关注阶段。

该阶段是师资培养的时期，他们对于教师角色往往只是处于想象之中，关注的主要是自己。

（2）早期生存关注阶段。

该阶段是教师成长的第一阶段，是刚刚开始教学工作的时期，是刚入职的教师面临职业发展的关键期，突出特点是"骤变与适应"。由于对教学实践生疏，他们往往有很大的压力，因而关注的焦点主要是班级管理、熟悉教学内容、学校领导的评价等生存问题。这迫使他们常感到自己并未做好担任教师的专业准备，由此引发初任教师时强烈的焦虑和无助感。例如，"学生会喜欢我吗""同事们如何看我""领导对我是否满意"等是新教师常思考的问题，而对专业知识与能力的发展，他们往往难以顾及。

由于这种生存焦虑，有些教师会把大量时间花在如何与学生搞好关系上，而不是教他们；有些教师想方设法控制学生，而不是让学生获得学习进步。之所以会出现这种情况，是由于教师过分看重校方或同事的认可。在学校里，人们总希望把学生管理得老实听话。因此，教师都想成为一个好的课堂管理者。

（3）教学情境关注阶段。

该阶段是教师成长的第二阶段，是初步熟悉了工作以后的时期。随着教学基本知识、技能的掌握，教师的自信心日渐增强，教师开始关注各种教学情境或者环境的变化，以及对于教师在知识、技能、能力上的要求，重视教学情境所要求的知识学习和能力的提高，关心自己的教学表现，由关注自我生存转到更多地关注教学情境中来。原先的疑问常是"我能行吗"，现在常自问"我如何才能行"，即我们所说的教学技能或"基本功"的提高。

教师从"关注生存"到"关注情境"的过渡并不是无条件的。瑞士学者休伯曼等人通过调查归纳了教师职业生涯进入"稳定期"的必要条件：①承诺献身教学，不再在多种职业之间犹豫不决，把注意力和精力集中在教学专业上；②成为受益者，签订长期合同，享有多种福利；③拥有管理妥善的班级和满意的师生关系；④可以在自己最希望教学的年级、班级上课；⑤掌握了至为关键的一套教学技能，包括拥有恰当的维持课堂纪律的策略，具有学年教学规划的能力，储备了大量可以引发学生兴趣的练习和活动，善于在混合班级教学；⑥与其他作为专业人员的同事保持密切的联系，可以与他们一起讨论、合作；⑦恰当地处理工作需要和家庭需要之间的关系。

历年真题

【8.21】骨干教师华老师教学能力突出，经常一个人钻研教学，不愿意参加集体备

课，这说明华老师缺乏（　　）。

  A. 严于律己的意识   B. 团队协作的精神

  C. 严谨工作的态度   D. 敬业爱岗的品格

【8.22】夏老师和汤老师都在积极准备参加市小学教学基本技能大赛，首次参加比赛的夏老师向汤老师请教，汤老师因担心夏老师在比赛中超过自己，就说自己也不清楚，汤老师的做法表明她（　　）。

  A. 具有帮助同事自我创新的意识 B. 缺乏尊重同事人格的品质

  C. 具有促使同事自主发展的意愿 D. 缺乏与同事互助合作的精神

【8.23】当一位新入职的教师向经验丰富的张老师借教案上课时，张老师拒绝了，说道："我的教案不一定适合你，这个周末我们一起来探讨。"这表明张老师（　　）。

  A. 注重帮助同事的方法   B. 缺乏团结协作的品质

  C. 缺乏良性竞争的能力   D. 善于保护自己的隐私

【8.24】王老师经常反问自己：怎样科学设计教学目标？怎样有效改善教学效果？怎样提高学生成绩？这表明王老师所处的专业发展阶段是（　　）。

  A. 任教前关注阶段   B. 早期求生存阶段

  C. 关注教学情境阶段   D. 关注学生阶段

（4）关注学生阶段。

该阶段是教师成长的第三阶段。随着教师对常规教学的逐渐熟悉，专业自信越来越强，注意力可以更多地转移到常规教学以外的对象上。他们开始尝试通过教学对学生产生影响，使教学内容逐步适应学生的现有水平和需要，从而进入关注学生阶段。此时，教师的注意力转移到学生身上，关注学生的思想、品德、学习、需要，能够和学生建立真正的沟通和交往，能够站在学生的角度去思考问题，会考虑学生的个别差异，认识到不同发展水平的学生有不同需要，会做到因材施教。这时，教师也就达到了比较成熟的阶段。然而，在教学实践中，有的新教师容易忽视学生的个体需要，就连一些有经验的教师也可能会无视学生的个别差异。事实上，一部分教师从来就没有进入第三阶段。

历年真题

【8.25】衡量教师是否成熟的主要标志是（　　）。

  A. 能否充分考虑教学情境   B. 能否更多地考虑课堂的管理

  C. 能否自觉地关注学生   D. 能否关注自身的生存适应性

【8.26】弗勒和布朗是根据（　　）和不同时期所关注的焦点问题划分教师成长阶段的。

  A. 教师的教学能力   B. 教师的需要

  C. 教师的管理能力   D. 教师的课堂组织能力

【8.27】一个教师经常会反思同事们怎么看自己、领导觉得自己工作怎么样，这个教师目前处于（　　）。

A. 关注学生阶段

B. 关注生存阶段

C. 关注情境阶段

D. 虚拟关注阶段

2. 费斯勒的生涯发展阶段理论

美国教师发展研究领域的杰出学者费斯勒把教师生涯成长分成以下八个阶段。①职前教育阶段，即职业角色准备和教师培养形成阶段，主要内容是在大学进行专业的知识学习和训练，也包括教师从事新角色和新任务的再训练。②实习导入阶段，即教师任教的最初几年，需要学习教师的角色，完成职业的社会化，适应学校的运作，努力表现自己，争取得到学生、同事、上级的认可。③能力建立阶段，即改善教学技巧，提高教学效率，发现和运用教学新方法、新策略，此时的教师很好学，容易接受新观念，积极参加进修学习，努力提高自己的教学技能。④热心成长阶段，是教师在能力形成以后，还持续不断地成长，努力追求自我实现的阶段。在这个阶段，教师热爱工作，积极主动，不断充实自己的教学，有较高的工作满意度和成就感。⑤生涯挫折阶段。此时，教师可能受到某种因素的影响，产生了教学上的挫折感，出现工作不满意，情绪沮丧，开始怀疑自己的工作能力和所从事职业的正确性。该阶段也称职业倦怠期。⑥稳定、停滞阶段，该阶段是职业生涯发展中的高原期或平原期，教师的工作水平和能力没有提高，停滞不前，教师往往维持现状，缺乏挑战精神和进取心。⑦生涯低落阶段，即教师准备离开教师职业的低潮阶段。⑧生涯引退阶段，该阶段是教师离开教师工作岗位及其以后的阶段，教师离开岗位以后，或者休息，或者另外找一些工作来做。

3. 斯蒂芬和沃尔夫的教师成长生命周期理论

美国学者斯蒂芬和沃尔夫在综合有关教学理论研究和大量的教师教学实践活动的基础上，总结出教师专业能力发展阶段的规律，提出了描述教师成长的生命周期理论。这个理论认为，任何一个终身从事教育事业的教师都要经历几个相互区别而又相互联系的发展阶段，即实习教师→新教师→专业化教师→专家型教师→杰出教师→退休教师，并且认为发展最顺利的教师在五年内可以达到国家教师标准，即成为专家型教师，如果发展不顺利则会在某一个阶段停滞很长的时间，甚至退出教师队伍。根据斯蒂芬对当时美国教师从业情况的统计，新教师阶段大约有三分之一的教师离开教师队伍，是教师流失最多的一个时期。

历年真题

【8.28】教师考虑学生的个别差异，根据学生的不同发展水平进行教学材料的组织的阶段是（　　）。

A. 关注生存阶段

B. 关注学生阶段

C. 关注情境阶段

D. 关注生命阶段

（二）教师成长历程：新手—熟手—专家

教师的成长历程是一个由新手到熟手，再到专家型教师的发展过程。针对这个过程，美国心理学家波斯纳提出了教师专业化成长公式，即"教师成长＝经验＋反思"。

1. 新手型教师

在课堂教学中，新手型教师在授课时往往"口干舌燥、面红耳赤"，仍收效甚微，其中原因可能是教师认为只要把知识讲清楚就可以了，不需要顾及教授的对象——学生，更没有考虑到学生的错误知识可能对教学产生影响。应当注意的是，在学习中，学生不是被动地接收或记录信息，他们必须进行积极加工才能理解信息的含义。

有些新手型教师认为，学科知识包括了教学所需要的全部知识。但是，有关如何呈现教学内容、了解学生特点等知识技能，也是新手型教师所必备的知识。有研究者对新手型教师有效说明并呈现教学概念进行过研究，结果显示：在教学上，有专业教学背景的新手型教师与缺乏专业教学背景的新手型教师没有显著差异，这是因为他们缺乏教学法知识，即有效呈现教学内容的知识，包括如何为不同年龄的学生安排授课难度、如何为不同教学内容选择合适的教学方法等。值得注意的是，学科内容知识不会自动地生成教学法知识，这类知识的获得需要以相当长时间的教学经验为基础。因此，学会教学除了需要掌握本学科知识外，还需要其他类型的知识。新手型教师学习教育心理学的意义，就在于从中获得有效教学所需要的各类知识。

教学经验对新手型教师的成长固然重要，但仅有实践还远远不够。通过实践能够积累经验，但有些经验本身可能存在问题：①新手型教师观察到的教学或自己的教学不一定都很成功，因此这种经验并不一定有助于教学能力的提高；②即使是同样优秀的教师，在教学方法上也存在很大的差异，而滥学各类成功经验，不针对自己的特点和所教学生的情况，也无法有效地促进教学能力的提高。研究发现，学校或各类教师培训机构必须为观察者（新手型教师或实习教师）提供特定指导，提醒应关注的行为，否则观察者将无所适从，并可能学到不恰当或无关的教学行为。因此，除了教学实践外，新手型教师还要学习各类理论知识，而教育心理学将从理论上指导新手型教师的学与教活动。

任何领域的新手型教师刚入职时，都可能对自己所在的领域产生各类错误认识，并遇到各种看似无法解决的困境。关于教学，新手型教师往往存在三种错误观念：①教学只是传递知识的过程；②主修某一学科就能提供教授这门学科所需要的全部知识；③学会教学不过是经验积累的过程。这些错误观念交织存在于新手型教师复杂的知识网络中，并且可能持续较长时间，阻碍新手型教师的迅速成长。

2. 熟手型教师

熟手型教师是指按常规熟练地处理教学问题但教学创新水平不高的教师。连榕等人在研究的基础上认为，熟手型教师是从新手型教师到专家型教师的转变过程中一个主要的发展阶段。一般来说，新手型教师经过3～5年的教学实践，在获取了必要的教学经验后，大都可以顺利地成长为熟手型教师，但未必能成为专家型教师。

与新手型教师和专家型教师相比，熟手型教师的特点包括：①认知方面：课堂中的教学策略水平较高，已熟练掌握常规的教学操作程序，对课堂教学的调节和控制的水平比新手型教师高，能胜任常规的教学，但对教学全过程的监控能力不如专家型教师，因而，熟手型教师的教学创新水平不高。②人格特质：具有随和、关心他人、合群、宽容的人格特点，但情绪的稳定性和自我调节能力不如专家型教师，因而熟手型教师的专长发展的自主性不强。③工作动机：成就目标已从新手型教师以适应为主转化为任务目标为主，对教学问题的理解比新手型教师更深入，但与专家型教师强烈而稳定的内部动机相比，熟手型教师内部动机还不强，教师的角色意识还可能动摇，从教学工作中获得的乐趣与满足感不如专家型教师。新手型教师虽然以适应目标为主要工作动机，但由于外部动机强烈，反而在教学行为上表现得比熟手型教师更加热情。因而熟手型教师的工作满意度不高。④职业心理：熟手型教师在职业承诺上低于专家型教师，在职业倦怠上高于专家型教师，主要表现为情感投入程度不如专家型教师，教师职业的责任感、荣誉感、义务感和成就感不如专家型教师，因而熟手型教师的教师职业还未牢固确立。⑤学校情境心理：熟手型教师的心理契约（指教师感知到的学校与教师的相互责任和期望）低于专家型教师，比专家型教师更少感到学校领导、同事群体和相关物质条件的支持，比新手型教师和专家型教师都更多地产生苦恼、烦闷、抑郁、无助、疲倦、焦虑等消极情绪，因而熟手型教师是心理问题较多的一个教师群体。

3. 专家型教师

专家型教师是在教学领域中具有丰富的和组织化了的专门知识，能高效率地解决教学中的各种问题，富有职业的敏锐洞察力和创造力的教师。

（1）有丰富的和组织化了的专门知识并能有效运用。

专家与新手之间最基本的差异在于专业知识方面。一般认为，在专家擅长的领域，专家不仅在知识上比新手丰富，而且在运用知识上也比新手更有效。

美国学者舒尔曼提出专家型教师所具备的知识类型，主要包括：①所教学科的知识；②教学方法和教学理论，如课堂管理的原理、有效教学及评价等适用于学科的一般教学策略；③课程材料以及适用于不同学科和年级的程序知识；④教特定学科所需要的知识，教某些学生和特定概念的特殊方式，如以最佳方法对能力差的学生解释什么是分数；⑤掌握学生的性格特征和文化背景；⑥了解学生的同伴、小组、班级、家庭以及社区等学习环境；⑦清晰的教学目标和目的。

专家型教师不但具有丰富的知识，而且能将广博的、可利用的知识组织起来并运用在教学中。

专家型教师与新手型教师在知识背景和积累上的不同，使得他们在课时计划、课堂规则的制定与执行、吸引学生的注意力、教材的呈现、课堂练习、家庭作业的检查以及课后评价等方面都存在显著的差异。专家型教师能够使学生对课程具有清晰的知觉，他们能根据过去的教学经验有效地勾勒出对待优等生和后进生的方案，并且他们为了有效地组织课程和课堂活动，能够补充超出课本的、教学计划中缺少的内容。

（2）能高效率地解决教学领域内的问题。

研究发现，在解决教师教学技能的认知自动化、执行监控（包括计划、监控和评价）以及认知资源的再投入等教学领域内的问题时，专家型教师比新手型教师的效率更高，能在较短时间内完成更多的工作。这种解决问题的高效性不仅和他们有效的计划、监控和修正问题解决途径的能力有关，而且和他们将熟练的技能自动化的能力有关。

具体而言，专家型教师解决学科问题的高效率主要体现在以下几个方面。

①专家型教师善于利用认知资源。人类的认知资源是有限的，但专家似乎总能在有限的认知资源内做更多的工作。认知过程分为两个方面，即消耗资源的或被资源控

制的方面、相对自动化方面或自动化的方面。专家解决问题更多属于节约资源或自动化方面，而新手解决问题则主要是消耗资源。这样，专家可将节省的认知资源用于解决更复杂的问题，因此专家型教师能够比非专家型教师在单位时间里处理更多的信息。

②专家型教师善于监控自己的认知执行过程。研究表明，在元认知或认知的执行控制方面，专家型教师和非专家型教师是不同的，如在处理课堂纪律问题时，专家型教师比非专家型教师更有计划性。对教学过程的有效反思也是专家型教师常用的认知执行控制的一种方式。

③专家型教师善于将"节约"的认知资源再投入到更高的超出非专家型教师的能力范围的认知活动。贝伦格等认为，专家型教师在问题解决模型的逐步建立过程中更重视认知资源的再投入。在解决问题时，有经验的非专家型教师力图使问题适合已有的方法，而真正的专家型教师却在连续不断地利用自己的知识和技能，逐渐建立更复杂的图式，寻找更多、更巧的解法。

在教学领域内，专家型教师解决问题的效率高。他们靠类化了的广泛的知识经验，能够迅速且只需很少或无须认知努力来完成多项活动。尤其是程序化的技能使他们能够将注意力集中于教学领域高水平的推理和问题解决上，在接触问题时他们具有计划性且善于自我觉察，并随时做出调整。例如，专家型教师通常是在纪律问题发生前就处理掉潜在问题，新手型教师可能一直到学生的捣乱行为出现并干扰到课堂教学时才觉察到问题的存在，并专门占用课堂时间来处理问题。

（3）善于创造性地解决问题，有很强的洞察力。

专家和非专家都应用知识和分析来解决问题，但专家更能创造性地解决问题，他们的解答方法既新颖又恰当，往往能够提出独创的、富于洞察力的解决方法，这里的"洞察力"与美国心理学家斯腾伯格等提出的认知的"选择性编码""选择性联合""选择性比较"是相对应的。选择性编码旨在区分与解决问题相关的信息和无关的信息；选择性联合以有利于解决问题的方式将一些信息结合起来，如两项信息分开时是不相关的，而联系起来考虑对于解决当前的问题却是相关的；选择性比较涉及将所有在另一个背景中获得的信息运用到解决当前的问题上来。基于选择性比较的洞察力是通过注意找出相似性，运用类推来解决问题。选择性编码、选择性联合、选择性比较三种认知机制为有洞察力地解决问题提供了心理基础。

由此可见，专家型教师和新手型教师在知识、教学技能、问题解决、时间管理等各方面都存在本质的区别。深厚的知识背景、丰富的教学经验使得他们能够凭借直觉准确地抓住问题的实质，熟练地解决教学中的各种问题。

历年真题

【8.29】与新教师相比，专家型教师的课时计划简洁、灵活，以学生为中心并有（　　）。

A. 系统性　　　　B. 预见性　　　　C. 结构性　　　　D. 实效性

【8.30】专家型教师通常是用（　　），慢慢地引入要讲的教学内容。

A. 开门见山式　　B. 迂回曲折式　　C. 导入式　　　　D. 实验式

【8.31】提出教师成长公式"经验+反思＝教师成长"的是（　　　）。

A. 加涅　　　　　　B. 罗森塔尔　　　　C. 戴尔　　　　　D. 波斯纳

【8.32】教师在专业素质方面不断成长和追求成熟的过程叫作（　　　）。

A. 教师的成长心理　　　　　　　　B. 教师的成长历程

C. 教师的专业发展　　　　　　　　D. 教师的心理发展

（三）教师成长历程中的相关问题

1. 新手型教师成长中的适应期

这个时期实际就是教师成长的关注生存这个阶段。他们关心的首要问题就是得到别人的接纳，特别是学生的接纳。此时，他们一方面会因初为人师而兴奋，另一方面又对复杂的课堂教学或班主任工作感到无所适从。由于教育教学中心理准备不足，易受外界影响；对从学生转变为教师的角色认知模糊，有较强的盲目性；工作顺利时与工作不顺利时情绪反差大，易冲动。

新手型教师要从站上讲台到站稳讲台，需要过的第一关就是课堂教学关。因此，新手型教师应该尽快适应课堂教学，学会基本的教学模式，学会备课、上课、留作业、辅导、考试五个方面的基本技能；在这个过程中虚心向老教师和优秀教师学习是关键，通过共同备课、听课、评课，以及在示范课和汇报课中提高自己的教学水平。另一关就是职业理想的问题，初为人师的兴奋感会很快被日常的教育教学活动所掩盖，新手型教师会逐渐感受到教育教学实际与理想之间的差距，甚至产生失落感。此时强调教师的职责，加强立足教育事业、热爱教育的思想就显得尤为重要。它将直接影响新手型教师在教学工作中的态度和工作效率。

历年真题

【8.33】李老师尽管从教多年，但每次备课依然一丝不苟，同一节课在不同的班级往往采取不同的授课方式。下列对李老师的行为的评析，不恰当的是（　　　）。

A. 因材施教　　　B. 严谨治学　　　C. 严慈相继　　　D. 潜心钻研

2. 教师威信

教师威信是指教师的教育教学行为对学生所产生的众望所归的心理效应。它体现了对学生的凝聚力、吸引力、号召力和影响力，是完成教学任务的重要条件。教师威信是教师的人格、能力、学识及教育艺术在学生心理上引起的信服而又崇拜的态度，是教师拥有的为学生所共仰的声威和信誉，是一种可以使教师对学生施加影响并产生积极效果的感召力和震撼力。

苏联教育家马卡连柯曾经说过："威信本身的意义在于它不要求任何的论证，在于它是一种不可怀疑的长者资望及其力量与品质。可以说，这种资望、力量与品质，连单纯的儿童也看得很明白。"这就是说教师的威信主要有权力威信和信服威信两种基本形式。教师应该树立信服威信，而不是权力威信。那种以教师的职权威慑、压服学生，只能使学生产生惧怕和回避的心理，不仅不能在学生心目中产生威信，反而会压抑学生的身心发展，有损教师的形象，对教育教学起负面作用。

教师威信对学生的影响很大，特别是小学低年级学生，他们对教师的讲授、指示和教导的接受程度（教育的效果）常常以对教师的态度为转移。事实表明，在学生中有威信的教师，他的每一句话对于学生都是十分有力量的，学生乐于接受这样教师的讲授、教导，并迅速而认真地执行他的要求。相反，学生对没有足够威信的教师就不同了，会表现出在课堂上不那么注意和认真，对教师的赞扬和批评也不那么重视。

教师威信的形成必须经历一定的过程，有赖于一系列的主客观因素，如社会对教师的态度、家长对教师的态度、学生对教师及其工作的认识以及教师本身的条件等，都可能影响教师威信的形成。其中，最主要的还是教师自身的主观因素。教师的各种心理素养和崇高的思想品质以及高度的专业知识素养是教师威信形成的基本条件。教师的外表、生活作风和习惯等对教师树立威信也有一定的影响。正是教师本身所具有的这些条件决定着师生之间良好关系的建立或学生对教师的肯定的、积极态度的形成。教师的威信是不断变化和发展的，它可能随着教师教学水平的提高以及学生对教师更深入的了解而得到进一步的巩固和提高，也可能因某种情况而降低甚至丧失。教师若要恢复已经失去的威信，需要付出更大的努力。因此，为了保持和提高威信，教师需要经常进行自我反思，不断改进自己的教学，提高教育教学水平。

教师威信的形成经历了由"不自觉威信"向"自觉威信"发展的过程。新手型教师在学生心目中有一定吸引力和威信，但这种威信属于"不自觉的威信"。随着学生认可教师的学识、能力和品行，师生之间的情感就会加深和融洽，此时教师威信就由"不自觉威信"发展成为"自觉威信"。当然，如果学生不认可教师的学识、能力和品行，那么最初所形成的"不自觉威信"也可能丧失殆尽。教师的威信只能依靠教师个人的学识才智、育人成果、社会贡献而获得，重在通过教育实践活动进行自我培养和自我提高。教师威信形成后，并非一成不变。如果教师的素质是处于积极的发展状态，其威信可继续保持和不断发展；如果教师在文化、思想、道德、能力等方面不求进取，得过且过，其威信必然逐渐下降。因此，教师应该经常严格要求自己，做到德才兼备，不断进取，只有这样才能长期保持教师的威信。

3. 教师的职业压力

教师的职业压力是指教师对职业期望与现实状况冲突的一种心理状态。教师职业是一种压力颇重的职业，教师职业压力对教师的影响具有两重性：适度的职业压力能引起积极的反应，但过度的职业压力则会产生负面影响，严重影响教师的身心健康和工作。

在很多的研究中，教师的职业压力被视为教师健康下降的主要原因。理查德等人采用已有的教师职业压力问卷，选取大学教师进行研究，发现职业压力对身体紧张度的解释率是45%。斯普纳使用若干个生理指标，监控了13个小学教师在放假期间和学期中的血压、脉搏频率、皮肤电阻、尿的皮质醇等指标，发现这些测量指标在学期期间对压力反应是普遍上升的，在放假期间则下降。斯普纳认为，生理检验的结果证明了"压力是在工作期间引起的"这个事实。以上研究结果表明，教师的健康问题是由教师职业压力导致的。但由于有些研究采用了自我报告法和横断设计法等存在明显缺点的方法，在解释教师压力与其健康状况之间的因果关系时还显得不够有说服力。如吉里亚科等以"作为一名教师你感到了多大的压力"为题测量了教师的职业压力与其他相关变量的关系，发现压力与由于健康原因造成的缺勤次数之间没有相关关系。

研究结果的不一致也说明，教师的职业压力与其健康状况之间的关系比较复杂，两者之间的关系可能还受到其他因素的制约，教师的个体特征、教师的工作生活环境都可能起重要作用。但是当教师长时间地承受较大的职业压力时，势必会使其失去对教育教学工作的全部热情，甚至开始厌恶、恐惧教师职业，表现出明显的离职倾向，从而对教育教学质量造成严重的影响。此外，职业压力还会导致教师的消极行为增多，如冲动、情感失常、抽烟、酗酒、怠工、旷工等，这种消极行为常常会在教师之间相互强化，进而影响学校的士气。

教师职业的特殊性给教师心理带来了种种压力。这种压力的疏解，一方面要依靠教师学会自我心理调节，提供自我支持，在新形势下走出不必要的"神坛"带来的心灵束缚；另一方面，还有待于社会各界对教师的关心与支持，让教师拥有一个良好的心态，使教师在"传道、解惑"的教学活动中传给学生正面的力量。教师"减压"，实际就是为学生"减负"，只有教师的职业压力减小到适当程度，学校教育教学的质量才能得到最有效的保证和最大限度的提高，才能培养出出类拔萃的新一代接班人。

4. 教师的职业倦怠

职业倦怠是一种与职业有关的综合症状，源于个体对付出和回报之间显著不平衡的知觉，这种知觉受个体、组织和社会因素的影响。美国社会心理学家马勒斯将职业倦怠分为三个亚成分，即表现为疲倦、烦躁、易怒、过敏及紧张等的情绪衰竭；表现为对所从事事业冷淡和没有感情的去个性化；表现为在工作中效能感的降低以及对自己消极评价倾向增长的成就感降低。一般认为，职业倦怠具有五个方面的共同特征：①存在典型的疲劳症状；②发生各种各样的非典型的身体症状；③倦怠症状是与工作相关的；④症状出现在没有精神病理学原因的"正常人"身上；⑤由于负性的工作态度和行为导致个体工作绩效下降。

职业倦怠是教师生涯中常见的心理问题，出现职业倦怠的教师通常会表现出对教育教学的退缩和不负责任，情感和身体的衰竭，以及各种各样的心理症状，如易激恼、焦虑、悲伤和自尊心降低。造成教师职业倦怠的因素主要有：①与教师职业有密切关系。教师职业面临过重的社会期望、工作负荷的重压、多角色之间的冲突、理想与现实之间的差距等。②与工作环境有关。日益复杂的学生管理问题和学校中的人际关系与教师支持系统的缺乏是造成教师职业倦怠的重要工作环境因素。③教师自身的人格因素。教师个体的人格特质是倦怠产生的重要原因，不同的人格特质使倦怠的个体差异很大，同样的压力放在两位不同的教师身上，其反应是不一样的。教师若具有某些不良人格特质，如心理上处于紧张焦虑、不自信状态的教师容易产生倦怠感，对自身缺乏正确认识、期望值过高的教师也易产生倦怠感。④家庭经济状况。虽然教师目前的经济待遇不断提高，但在现实社会里，社会地位、经济地位、家庭地位与教师神圣的光环有相当差距。特别是部分农村教师，普遍工资不高，存在购房、赡养老人、子女上学等生活压力，使家庭生活处于困境中，从而失去了对教师职业的认同感，产生倦怠。

缓解教师职业倦怠是一个十分复杂的系统工程，它不仅需要社会各界、各阶层的广泛关注，而且还必须在学生和教师个人层面采取有效措施，改善学校办学和管理的现状，为教师的工作提供支持和保障。

> **历年真题**

【8.34】张老师一心扑在工作上，没有时间辅导自己的孩子学习，他既欣慰于学生的成长，又对自己的孩子感到内疚，张老师需要进行的是（　　）。

A. 行为取向的义利调试
B. 生活工作的角色调试
C. 行为选择的动机调试
D. 师生之间的人际调试

第三节　教师心理健康

教师是学校教育的关键所在，教师的人格和心理健康状况直接或间接地影响学生及其他教师的心理与行为。加强教师心理健康教育，提升教师的心理素质，促进教师的心理发展，不仅有利于其心理健康，有利于提高工作效率，而且也会影响学生的心理健康水平。

一、影响教师心理健康的因素

（一）小学教师心理健康的状况

小学教师心理健康状况既会影响小学生的健康成长，也会影响教师自身的生活质量。近年来，由于社会发展和竞争加剧，中小学教师也面临许多挑战。面对各方面的压力，尽管许多教师都能以较高的心理素质化解它们，但仍有部分教师由于不善于进行有效的自我心理调节，或者引起了心理冲突，或者导致心理失衡，或者造成心理上的挫折感，在一定程度上使他们产生焦虑、不安，造成沉重的心理压力。

（二）影响小学教师心理健康的因素

教师心理健康问题的表现是多种多样的，导致教师心理健康问题的因素也是多种多样的，主要包括以下几个方面。

1. 社会因素

从宏观上来说，教育的成败关系未来社会的发展和国家民族的兴衰；从微观上来说，孩子的成长和发展是每个家庭最为关心的问题。因此，社会各界都非常关注教师的工作质量，对他们的角色期望越来越多，要求也越来越高。但是，各方面对教师的评价标准又不太一致，如教育行政部门、社会要求给孩子减负，而部分家长却要求多给孩子留点作业。一旦出现学校暴力，社会、家庭、媒体等往往缺乏综合客观分析的态度，又直接将矛头指向教育行政部门和教师。过高的期望以及评价不确定性与不客观性，给教师带来了巨大的心理压力。

2. 职业因素

我国的教育事业正在进行着从课程、教学、评价到教师资格、职业要求、人事制度等全面的改革，在这一系列的变化中，教师必须吸收新的教育理念，改变自己的教学方法，进一步提升自己的专业水平，增加自己的职业竞争力等。有调查表明，许多教师认为教育改革的内容、形式和步伐都对他们构成了强大的冲击，使他们感受到了前所未有的压力。

与其他职业不同，教师的工作对象是具有独立思想的个体，学生的思想和行为被教师关注，但学生思想和行为受到来自家庭教育、社会舆论、媒体环境等多种因素的影响，且这种影响往往不能为教师所控制，这也对教师构成了心理威胁。学生中的矛盾冲突、不良行为、厌学情绪、较差的学习成绩以及对教师的不良态度等，都是教师每日必须面对并加以解决的问题，超负荷工作带来的身体疲惫感也极容易引发教师的职业倦怠。

在学校环境中，教师还需要处理各种复杂的人际关系，包括与学校领导、同事、学生以及家长等的关系。工作中的竞争、教育理念的不一致、人格特质的差异、领导的不恰当批评、学生家长的不信任等，都可能导致教师在这个人际关系网中心力交瘁，并产生心理健康问题。

3. 个人因素

同样身处教育改革的时代，面对同样令人头疼的学生，有些教师可能会出现心理问题，有些教师则能维持健康的心理状态。造成这些差别的主要原因在于个体因素，如：①人格因素。研究发现，不能客观认识自我和现实、目标不切实际、理想和现实差距太大的教师，或有过于强烈的自我实现和自尊需要的教师，更容易出现心理问题。此外，那些喜欢怨天尤人的教师也比那些乐观积极的教师更难以应付外界的压力情境或事件，因而心理健康水平也较低。②个人生活的变化。在人的一生中，经常出现生活的变化，无论这些变化是积极的（如结婚、升迁）或是消极的（如亲人死亡、离婚），都需要个体进行种种心理调整以适应新的生活模式。在调整时期，个体更容易发生心理问题。尤其是从一个人生阶段到另一个人生阶段的过渡时期，如埃里克森所说的"中年危机时期"，个体需要对自己、家庭或职业生活做出再评价和再定位，这些都可能会显著地影响个体的自尊、婚姻关系以及对工作的投入和忠诚度。因此，持有完美主义或情绪悲观的教师、面临变故或有中年危机的教师，其心理健康问题更值得关注。

二、教师心理健康的维护

教师心理健康的维护是一项系统的社会工程，需要社会、学校和教师个人通力配合。其中，社会和学校的关心与重视是维护教师心理健康的必要外部因素和前提条件，而教师的个人因素则是引发其心理健康问题的内部因素，要维护教师的心理健康，还需要教师学会进行自我心理调适。

（一）社会支持

教师的心理健康问题往往是各种社会问题在教育领域中的反映，因此在社会体制上，需要通过制定各种政策来提高教师的社会地位，加大教育投入，对教师的工作提供必要的支持和保障，形成有效的社会支持网络和尊师重教的社会风气。如：①应通过国家法律法规的规定及各种媒体宣传，营造出全社会重视教育、尊重教师、关心教师的社会氛围，真正形成"尊师重教"的社会氛围；②要加快教育体制改革，消除教育体制中的一些不合理因素，加强教师的专业化过程，"让专业的人做专业的事"，有助于改善教师与学生、同事、领导及学生家长之间的不和谐现象；③把教师心理健康教育纳入全社会公共心理卫生体系中，充分利用社会领域中的专业化心理辅导、心理咨询和心理治疗资源来加强教师心理健康问题的预防、诊断和矫治工作。

（二）学校引领

学校管理者对教师工作与生活的关心和激励，是维护教师心理健康的主要外部因素，同时也是调动教师工作积极性、优化学校管理工作效能的核心内容。学校管理者要善于了解并创造条件满足教师的合理需要，为教师营造一个安全的生活环境和一个民主、开放的工作氛围。学校应了解教师的工作情况，公平对待每一个教师，关心教师的发展前途，尊重教师的教学自主性，及时给教师的工作以鼓励和肯定，不断提高教师的角色认知水平，为所有的教师提供进修深造、自我提高和自我实现的机会，正确对待教师的心理冲突、心理矛盾，帮助其分析冲突原因，消除心理阴影等。这将有助于教师心情舒畅、满怀热情地投入教育教学，避免因不满、烦躁、沮丧、自卑、空虚等负性情绪对教学工作和自身心理健康造成危害。

在对教师进行的职前培训和职后培训中，应增加心理健康教育的内容，并通过开展心理健康教育讲座、校本培训以及建立教师心理辅导室等途径来帮助教师进行心理调适，增强应对困难和挫折的能力，使教师得到更多直接来自教学过程的内在奖励，减轻教师的精神紧张和心理压力，从而提高教师的心理健康水平。

优化校园文化建设，拓展教师的业余生活空间，帮助教师改变生活单调的局面，开展丰富多彩的文艺、体育、娱乐等健康休闲活动，不仅可以帮助教师缓解心理紧张、焦虑和抑郁等不良情绪，而且还可以帮助教师融洽与同事和领导之间的关系，在工作中能获得来自同事和领导更多的支持。

（三）自我维护

在社会高度重视教师心理健康、学校全力促进教师心理健康的前提下，要想真正提高教师的心理健康水平，教师个人加强自我维护才是根本途径。

1. 正确认识自己，接纳自己

只有坦诚地承认自己的缺点与不足，并肯定自己、尊重自己的优点，才能获得别人对自己相应的尊重。认识自己、接纳自己，主要包括两个方面的内容：一是对自己的能力、行为和性格特点等，能进行正确的自我评价；针对自己的长处和短处，能不受他人评价的左右，客观承认并加以接纳；二是对自己职业角色的认同，做到热爱教育事业、热爱学生，教师对自己职业角色的肯定，可以化消极的工作态度为积极的工作态度，不惧外来的冲击与挑战，对自己的本职工作能产生强烈的使命感，愉快而有效地完成工作。

2. 努力工作，学会休闲

教师的工作是十分繁忙的，每天除了备课、上课、辅导和批改作业之外，还要对学生进行思想政治教育，以及组织学生进行课外活动。可以说，教师的大部分时间是围绕学生度过的。在这种情况下，就应该有弹性地安排自己工作之余的时间，留给自己一点时间来培养各种兴趣爱好，使业余生活尽量丰富多彩。合理有效地安排好自己的工作和生活，既可以提高教学工作效率，又可调节情绪，训练体能，滋润心灵，增进心理健康。

3. 建立良好的人际关系

教师与其他各行各业的人一样，都生活在一定的人际关系之中。良好的人际关系是教师顺利工作的基础，也是教师心理健康的重要条件之一。紧张、不友好的人际关系会带来一定的心理负担、心理压力，会引起教师不愉快的情绪体验，导致一定程度的心理压抑。教师只有放弃权威的身份，平等、友好、和谐地对待学生，接纳学生，同时不把自己的标准加诸他人或不以自己的标准要求他人，尊重他人或学生的个性，这样才能获得自己所需的人际互动，才能愉快地投入工作、生活之中。

4. 培养乐观的人生态度

乐观是促进身心健康的一剂良药。积极稳定的情绪、乐观的人生态度是教师心理健康的重要标志，也是促进教师心理健康的重要条件。教师是社会的一分子，在生活和工作中不免会遇到这样或那样的困难，产生各种心理矛盾，如果得不到及时的调节、疏通，就可能引起强烈的心理冲突，并在一定条件下引发某些心理疾病。所以，应以乐观的心态来笑对困难，才能有机会重新恢复心理平衡，才能以健康的心态直面人生。

5. 培养良好的意志品质

良好的意志品质并不是天生就有的，而是在工作实践中、在克服困难过程中逐渐形成和发展起来的。因此，教师要在日常的工作和生活中，注意培养自身优良的意志品质，在各种困难和挫折面前保持乐观而平静的心态，保持积极稳定的情绪，冷静地解决一切令人不愉快的问题。

6. 学会调控职业压力

当教师承受职业压力时，身心会随之发生一系列的变化。职业压力会影响教师的身心活动，身心活动也在影响或改变着职业压力，对职业压力起着调节作用。具体做法是：第一，主动适应环境，勇于改变自我，采取积极的认知方式。任何事情都有两面性，积极的认知就是在看到事物不利方面的同时，更能看到有利的方面，教师要学会全面、客观地看问题，正确地认识和评价自己，形成积极正确的自我观念，扬长避短。第二，善于调节情绪，掌握缓解职业压力的方法。格瑞斯提出，情绪调节分为原因调节和反应调节。原因调节就是对引起情绪的原因进行加工和调整。如有的教师的职业压力源于不能有效处理与同事的关系，因此通过改善关系，可以避免产生紧张、焦虑等消极情绪。反应调节是指个体对已经发生的情绪在生理反应、主观体验和行为表现等方面进行调节。如不良情绪已经发生的时候，可以通过参加文体活动、听音乐、散步、做肌肉放松训练、找朋友倾诉等消除紧张、缓解焦虑，增强自我对情绪的调控能力，增进身心健康。

> **历年真题**

【8.35】张老师这段时间对工作失去了热情，觉得工作没意思，总是感觉很疲劳，工作效率不高，张老师目前的状态属于职业倦怠（　　　）方面的表现。

A. 去人性化　　　B. 个人成就感低　　C. 情绪耗竭　　　D. 缺乏工作动机

【8.36】教师职业倦怠的不良影响不包括（　　　）。

A. 教学效果下降　　B. 人际关系紧张　　C. 学校陷入混乱　　D. 造成自我身心伤害

【8.37】骨干教师闵老师在年终的同行评测中得分不高，他很郁闷，上课时学生出一点差错他就大发雷霆，闵老师应该（　　　）。

A. 严格待生，专注教学　　　　　　　B. 保持个性，坚持自我

C. 注重反省，调试自我　　　　　　　D. 迎合同事，搞好关系

【8.38】刘老师对于学习成绩优秀的学生格外器重，同学间有了矛盾，他往往不问缘由就责怪成绩稍差的学生，他认为成绩好的学生思想品质也不会差。他的这种行为和想法属于教师职业心理问题中的（　　　）。

A. 角色冲突　　　B. 认知偏差　　　C. 职业枯竭　　　D. 品质缺陷

　　总之，只有社会、学校及教师本身都能充分认识到教师心理健康的重要意义，齐心协力，科学对待，使教师心理健康得以维护，教育事业才会更加协调、健康地发展。

☞ 本章小结

　　本章首先从教师专业素养、人格特征、教学效能感等三个方面叙述了教师心理特征，其次从教师角色心理、成长历程、专家型教师三个方面阐释了教师成长心理，最后从影响教师心理健康的因素、教师心理健康的维护两个方面诠释了教师的心理健康。

☞ 本章要点回顾

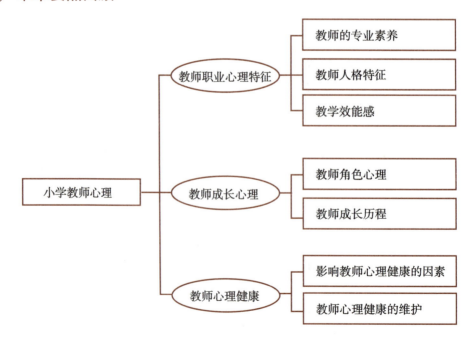

参考文献

［1］叶奕乾，祝蓓里，谭和平. 心理学［M］. 6 版. 上海：华东师范大学出版社，2021.

［2］郭永玉，王伟. 心理学导引［M］. 武汉：华中师范大学出版社，2007.

［3］林崇德. 发展心理学［M］. 北京：人民教育出版社，2009.

［4］范安平. 新编心理学［M］. 2 版. 上海：华东师范大学出版社，2013.

［5］郑宗军. 普通心理学［M］. 济南：山东人民出版社，2014.

［6］王雁. 普通心理学［M］. 北京：人民教育出版社，2002.

［7］郭黎岩. 心理学［M］. 3 版. 南京：南京大学出版社，2012.

［8］唐龙云. 心理学基础［M］. 杭州：浙江大学出版社，2015.

［9］桑标，刘俊升. 儿童发展心理学［M］. 2 版. 北京：高等教育出版社，2022.

［10］王振宇. 儿童心理发展理论［M］. 2 版. 北京：人民教育出版社，2016.

［11］郭亨杰. 童年期发展心理学［M］. 南京：南京大学出版社，2000.

［12］彭小虎，王国锋，朱丹. 儿童发展与教育心理学［M］. 上海：华东师范大学出版社，2014.

［13］特里萨·M. 麦克德维特，珍妮·埃利斯·奥姆罗德. 儿童发展与教育［M］. 李琪，闻莉，罗良，潘洁，译. 北京：教育科学出版社，2007.

［14］方富熹，方格. 儿童发展心理学［M］. 北京：人民教育出版社，2005.

［15］王惠萍，孙宏伟. 儿童发展心理学［M］. 北京：科学出版社，2010.

［16］冯维. 小学心理学教程［M］. 重庆：西南师范大学出版社，2014.

［17］陈威. 小学儿童心理学［M］. 2 版. 北京：中国人民大学出版社，2016.

［18］王耘，叶忠根，林崇德. 小学生心理学［M］. 杭州：浙江教育出版社，1993.

［19］吕静. 小学心理学［M］. 北京：教育科学出版社，1989.

［20］李晓东. 小学生心理学［M］. 北京：人民教育出版社，2003.

［21］朱智贤. 中国儿童青少年心理发展与教育［M］. 北京：中国卓越出版公司，1990.

［22］朱作仁. 语文教学心理学［M］. 哈尔滨：黑龙江人民出版社，1984.

［23］赵俊峰. 教育心理学［M］. 北京：高等教育出版社，2011.

［24］张大均. 教育心理学 ［M］. 3 版. 北京：人民教育出版社，2015.

［25］陈琦，刘儒德. 当代教育心理学 ［M］. 3 版. 北京：北京师范大学出版社，2019.

［26］连榕，罗丽芳. 教育心理学概论 ［M］. 北京：北京大学出版社，2009.

［27］钱铭怡. 心理咨询与心理治疗 ［M］. 北京：北京大学出版社，1994.

国家教师资格考试指导系列图书

书　名	作者	书号	定价
幼儿园笔试			
综合素质（幼儿园）（第二版）	傅建明	978-7-301-32698-5	45.00
保教知识与能力（幼儿园）（第二版）	王俏华	978-7-301-31069-4	42.00
《综合素质（幼儿园）》练习册	虞伟庚	978-7-301-24795-2	30.00
《保教知识与能力（幼儿园）》练习册	王俏华　傅建明	978-7-301-28107-9	34.00
小学笔试			
综合素质（小学）（第二版）	傅建明	978-7-301-31785-3	45.00
教育教学知识与能力（小学）（第二版）	谢先国	978-7-301-31616-0	48.00
《综合素质（小学）》练习册	王俏华	978-7-301-24793-8	30.00
《教育教学知识与能力（小学）》练习册	陈焕章	978-7-301-24796-9	36.00
中学笔试			
综合素质（中学）（第二版）	谢先国	978-7-301-32649-7	38.00
教育知识与能力（中学）（第二版）	洪　明　张锦坤	978-7-301-31073-1	58.00
《综合素质（中学）》练习册	傅建明	978-7-301-24794-5	34.00
《教育知识与能力（中学）》练习册	洪　明　张锦坤	978-7-301-24797-6	30.00
语文学科知识与教学能力（初级中学）	谢先国	978-7-301-26748-6	45.00
《语文学科知识与教学能力（初级中学）》练习册	谢先国	978-7-301-26811-7	38.00
语文学科知识与教学能力（高级中学）	柯汉琳　周小蓬	978-7-301-28305-9	48.00
数学学科知识与教学能力（高级中学）	张景斌	978-7-301-28191-8	48.00
英语学科知识与教学能力（高级中学）	孙森　林立　刘洁	978-7-301-26837-7	47.00
历史学科知识与教学能力（初级中学）	余柏青	978-7-301-26472-0	42.00
《历史学科知识与教学能力（初级中学）》练习册	余柏青	978-7-301-28558-9	45.00
信息技术学科知识与教学能力（初级中学）	乔爱玲	978-7-301-31074-8	45.00
《信息技术学科知识与教学能力（初级中学）》练习册	乔爱玲	978-7-301-31075-5	39.00
信息技术学科知识与教学能力（高级中学）	乔爱玲	978-7-301-30958-2	49.00
《信息技术学科知识与教学能力（高级中学）》练习册	乔爱玲	978-7-301-31038-0	33.00
面试教材			
中小学教师资格考试面试通关教程	叶亚玲	978-7-301-26547-5	38.00